Ensaios Sobre o Destino

Ensaios Sobre o Destino

Euler de Assis Ribeiro

Rio de Janeiro

2019

Foto da capa: Acervo do autor

ISBN: 978-65-900972-0-0

DEDICATÓRIA

Dedico esta obra a todas as pessoas que como eu, buscam respostas em um labirinto de tantas teorias. A todos aqueles que tem sede pelo conhecimento. A todos aqueles que acreditam que a vida nos guarda mais surpresas que possamos imaginar. Todos aqueles que não se enquadram nos conceitos materialistas da humanidade ... que se sentem como um peixe fora d'água. Sim queridos, me refiro aos autênticos revolucionários. Não os revolucionários que protestam contra a sociedade ou um sistema, mas sim aqueles que se encontram inconformados consigo mesmo. Saiba que a estes, eu dedico esta obra.

AGRADECIMENTOS

Agradeço a minha querida esposa Quezia, que esteve sempre presente não só em minha vida, como também em todas as etapas que envolveram a confecção desta obra. Também agradeço a todas as pessoas que de alguma forma me inspiraram para que fosse possível a realização deste livro. Agradeço sobretudo a Deus, sem o qual nada seria possível.

SUMÁRIO

CAPÍTULO 1

INTRODUÇÃO

Querido leitor, normalmente ao iniciarmos uma obra, descrevemos a que se propõe. Eu não fugirei ao protocolo. Você já deve ter se perguntado, se realmente existe aquilo que chamamos de destino. Aquilo que se destina a nós. O futuro esperado. Pois saiba que esta obra trata sobre a mecânica por trás do tal destino. Como os fatos se sucedem? O que há por trás de cada acontecimento? Ao fim deste livro, é bem provável que sua visão sobre os acontecimentos da vida mude completamente. Nos primeiros capítulos, vou fundamentar os conceitos que envolvem este tema sobre vários aspectos, do científico ao espiritual. A partir daí, a cada capítulo, vou apresentando uma nova visão e uma breve retrospectiva. Desta forma, vou aprofundando mais e mais na compreensão sobre a mecânica por trás dos acontecimentos. Saiba que o destino pode ser mudado. Para isso necessitamos entender seu funcionamento. Podemos escolher inteligentemente o que queremos para nós. Lógico que isso não nos isenta da responsabilidade sobre nossos atos.

Muitas pessoas costumam me perguntar se esse é um livro que segue uma linha, digamos mentalista. É verdade que do início do século XX para cá, houve várias ondas de abordagens sobre o tema mentalismo. É fato que esse tipo de literatura sempre obteve muito sucesso de público, pois mexe com o tripé dos interesses humanos mais básicos ... dinheiro, amor e saúde. Existem até livros direcionados especificamente para cada um destes temas. É interessante observar que essas ondas mentalistas vêm sempre em ciclos, com novas roupagens, novos argumentos a respeito dos últimos avanços da ciência, e muitas histórias de sucesso, mas no fim é sempre a mesma coisa. As pessoas esquecem, e aí vem uma nova onda com poucos acréscimos para quem já conhece, mas muito envolvente para um público mais jovem, ou para aqueles que ainda não tiveram contato. Por exemplo, as últimas ondas vieram ligadas a aspectos da física quântica, servindo assim como uma espécie de fundamento, já que poucos sabem ao certo o que é a física quântica. Também presenciamos nas últimas décadas, vários grupos envolvidos com práticas ligadas a uma espécie de "Reprogramação Mental". Pode ter certeza, daqui a um tempo quando esta onda esfriar, virá outra.

Respondendo claramente a essas perguntas eu digo ... esse livro não é um livro mentalista, e muito menos materialista. De forma alguma eu poderia afirmar que não existe um poder mental, mesmo porque pela observação do dia a dia verifica-se que é verdadeira a atratividade exercida pela mente. Desta forma, esta obra vai muito além dos limites da mente, além de não ser direcionado aos interesses egóicos. Lógico que a mente tem seu papel, sua importância, ela deve estar a serviço da consciência, e não do desejo.

Nem sempre aquilo que julgamos ser o melhor para nós é realmente o que precisamos. Só a consciência nos faz senhor da nossa vida e não escravo de nossos prazeres. Parecem palavras bonitas? Mas as conquistas de cunho interno são sem dúvida muito difíceis. É uma luta diária, constante e sem glória. Por isso poucos se interessam por esses assuntos. Embora esse livro não seja sobre mentalismo, se bem compreendido sugere uma mudança de conduta que realmente pode mudar em muito sua vida para melhor em todos os níveis, inclusive no tocante a dinheiro, amor e saúde. Só que de forma muito mais profunda e perfeita, sem gerar percalços futuros ou ferir as leis que regem a criação. Não há nada de errado em possuir bens materiais se utilizados com consciência. Desfrutar de uma boa saúde para o bem viver com equilíbrio, é uma dádiva. Se relacionar em todos os níveis, respeitando o outro, sem desejos de posse, com o profundo sentimento de bem-querer requer muita consciência. Isso porque é preciso estar a par das características do caráter humano, que não são das melhores. Perceber os defeitos do outro e sobretudo os nossos próprios, é o caminho para a consciência. Estar apto para a vida, começa com a percepção dos fatos que nos cercam. Consciência não é inocência, pelo contrário, a conduta correta, assim como a própria bondade deve ser uma opção consciente, e de forma alguma a ação esperada, resultante da falta de vivência e entendimento.

Querido leitor, há ainda aqueles que perguntam se esse é um livro de autoajuda. Bem, eu posso dizer que é um livro que leva o leitor a pensar e tirar suas próprias conclusões. Não é uma obra que possa ser definida como doutrinária. Acredito que o ato de pensar e construir por si só a própria visão de mundo, resulta muito positivo para o desenvolvimento de cada um.

Antes ainda de iniciar esse livro, gostaria de dispor algumas considerações relevantes a essa obra. Esse livro não é uma obra, digamos filosófica, embora deva conduzir o leitor a uma reflexão profunda sobre sua vida, dos acontecimentos que o cercam, como também das relações que regem todas as coisas. Nem tampouco esse livro tem o intuito de ser uma obra espiritual, embora seu conteúdo caminhe por muitas questões que envolvam a espiritualidade. Será inevitável abordar aspectos que tocam as questões internas de cada um como do próprio sentido da vida, e da sucessão dos fatos que marcam a nossa existência. Esse livro também não tem nenhuma pretensão de ser uma obra científica. Aqui, apenas será exposto alguns fatos científicos no intuito de construir uma linha de raciocínio dando sentido a ideia do livro.

Os fatos e ideias que aqui vou abordar são bastante objetivos, sem devaneios filosóficos. A minha linguagem será a mais direta possível, sem rodeios. Qualquer pessoa está apta a compreender os argumentos que aqui abordarei. Apenas levarei o leitor a raciocinar comigo ... passo a passo ... apresentando os elementos, e refletindo sobre cada novo elemento, traçando assim uma linha lógica. Eu quero provocar o leitor, no sentido de tira-lo do conforto, e faze-lo observar melhor os acontecimentos do dia a dia. Me refiro não só as coisas externas, como também em tudo aquilo que se passa no seu íntimo. Pretendo com isso conduzi-lo a reavaliar sua visão das coisas. Porque as coisas nem sempre são o que parecem ser. Às vezes um pequeno detalhe vem como um estopim, e nos conduz à iluminação.

Você poderá discordar desta obra ... eu compreendo. Mas antes de mais nada, eu te digo que não tenho o intuito de ser dono da verdade, muito menos de te convencer. Mas, no entanto, vou expor conceitos e ideias que venho construindo por toda a minha existência. Pretendo dessa forma conduzi-lo, de forma gradativa, a compreensão dos fundamentos que consolidam as ideias deste livro. Cabe a cada um extrair o que lhe cabe, e com o tempo, amadurecer os conceitos aqui expostos. Eu não quero um leitor passivo, e sim um questionador assim como eu. O sentido dessa obra é levar as pessoas a pensar ... a edificar sua própria verdade ... a aguçar seus sentidos, no sentido de estar atento aos fatos que o cercam. Deixar de viver a vida no "automático".

Eu sou apenas um buscador. Passei minha vida inconformado com as respostas prontas dadas pela sociedade para todas as coisas. Isso fica ainda mais claro quando percebemos que estas respostas são profundamente simplistas. É inequívoco que elas não contemplam a totalidade dos fatos que podemos observar. Sempre tive a sensação que por trás de tudo, existe uma realidade bem maior que permeia todas as coisas, e dá um sentido perfeito aos acontecimentos cotidianos.

Desde criança me via como alguém que queria saber mais sobre tudo ... extrair uma síntese profunda das coisas. Por isso até hoje foco minha vida na busca da tal "verdade". Contudo é imprescindível não deixar que os interesses e anseios pessoais contaminem a percepção dessa verdade, fazendo dela a mais pura possível. Eu sei que isso é muito difícil.

Bem, o que vem a ser a verdade? Sabemos que não há uma compreensão que seja completa e definitiva, já que a verdade é relativa. Existem níveis e níveis de entendimento. Logo a percepção da verdade passa pela compreensão de cada um, que é particular e limitada, inerente ao momento de cada pessoa. Assim sendo, a verdade é um processo infinito e individual. Não existe uma única verdade. Ninguém pode vivenciar ou compreender nada por nós. E mesmo assim estamos em constante transformação. Desta forma, nossa compreensão também muda de instante em instante. Por isso mesmo, nada justifica a crença em verdades absolutas. Talvez, as verdades absolutas sejam uma das maiores causas dos grandes conflitos da humanidade. Se a verdade é uma questão de percepção e consciência, então a humanidade precisa dialogar mais ... trocar, questionar, abdicar do orgulho da sapiência. Saber que nunca saberemos tudo, e que a verdade é apenas o caminho, e não o destino.

E imprescindível aprender a nos colocar na condição dos nossos semelhantes. A essa capacidade, costumamos chamar de empatia. Perceber que podemos estar errados, já que "erro" e "acerto", assim como "bem" e "mal", são conceitos relativos. É fundamental sempre duvidar das nossas certezas. Ter em mente que a nossa visão dos fatos muda com o tempo, e isso nos faz de certa forma, seres contraditórios frente a visão dos outros que não vivenciaram o nosso processo de mudança. Se é assim conosco mesmo, então o que dirá dos conflitos oriundos das diferenças frente as ideias das outras pessoas? Talvez o sentido de estarmos aqui seja esse mesmo, aprender a conviver com as diferenças ... contemporizar ... ouvir ... ceder ... aceitar ... aprender. Perder a arrogância de querer se impor ... de se fazer sentir. Ser maleável a ponto de ouvir muito mais que falar. Os conflitos sempre existirão, mas a nossa postura perante todas as vicissitudes da vida deve mudar.

Os argumentos desta obra usam a ciência e a religião como sendo instrumentos que se complementam harmonicamente ... de forma nenhuma são incompatíveis, pelo contrário, onde um termina, inicia o outro. Muitos vão torcer o nariz. Vão reclamar sobre as evidências científicas. Eu só poderei dizer que esta obra não é, e nem pretende ser, um tratado científico, mas é um convite a profunda reflexão. Já os religiosos poderão discordar dos conceitos aqui expostos, e isso é inevitável. Mesmo assim é sempre possível extrair muita coisa desse livro. Pelo menos vai lhe fazer pensar, já que esse é o intuito principal desta obra. Portanto leia essa obra como uma criança, sem nenhum prejulgamento.

Então caro leitor, esteja pronto para discordar à vontade, reflita, reflita e reflita novamente sobre tudo que aqui você irá encontrar. Não aceite o que eu digo como verdade, só porque eu te disse. Vamos refletir juntos ... desconstruir antigos conceitos, colocar nossas verdades em xeque. Você vai ver que é sempre positivo reavaliar nossas certezas, nossas crenças secretas. Dói às vezes, mas no fim também é transformador. Quando compreendemos algo, inevitavelmente nos transformamos e passamos mesmo sem perceber, a ter uma outra visão perante a vida ... e não será mais possível voltar a ser aquela mesma pessoa de antes. Por isso é sempre importante aproveitar os acontecimentos da vida para adquirir aprendizado. Aprender com tudo, com os acontecimentos agradáveis e desagradáveis. Cada evento que nos cerca, guarda uma oportunidade de aprendizado. Mas para isso precisamos estar atentos. Observar e avaliar tudo, a fim de melhor digerir os fatos e captar melhor a profunda lição que a vida tem a nos oferecer.

A vida se apresenta por uma sucessão de eventos. Uns agradáveis, e outros não. Mas nem todas as pessoas conseguem extrair conhecimento desses eventos. Muitos dormem profundamente, e perdem miseravelmente as oportunidades que a vida lhes oferece. E digo mais, mesmo aqueles que lutam pela tal iluminação, extraem a seu momento o que é proporcional a seu nível interno. Sem entrar profundamente no campo da espiritualidade, verifica-se a importância do silêncio interno, da auto-observação de instante em instante, e da meditação como instrumento fundamental para alavancar uma transformação íntima. Temos a opção de chegar ao fim da vida como "velhos" ou como "sábios". Porque todos envelhecem, mas nem todos se tornam sábios.

A humanidade sempre buscou respostas para algumas questões que a acompanham desde seus primórdios. As perguntas clássicas de: "Quem sou?", "De onde vim?", e "Para onde irei?"... Essas questões continuam ecoando no íntimo de cada um. As incertezas que envolvem o fato de estar vivo, sem ter nenhuma noção do processo que nos trouxe até aqui, provoca medo e fascínio, porque o desconhecido nos assusta, mas também nos atrai. Essas indagações conduzem o homem a estar sempre em movimento ... buscando de todas as formas dar um sentido para sua existência. Seja nas religiões, na sua relação com a vida, no campo profissional, político, social, etc. Tentando assim obter um alento para sua condição. É verdade que muitos nem pensam sobre isso, apenas vivem mecanicamente. É quase certo que essas pessoas não vão ler esse livro, pois esses assuntos não lhes interessarão. A inquietude é algo que brota do íntimo, e nos conduz a buscar respostas.

É fato que temos a necessidade de dar um sentido a nossa existência. Talvez por isso mesmo existam tantas pessoas numa busca frenética pelo prazer sem limites. Mas até quando o prazer por si só nos basta? É bem verdade, que muitos são os que procuram uma causa para defender, ou um objetivo para alcançar, ou mesmo sucesso material, etc. Assim as pessoas vão acrescentando algum sentido as suas vidas. O homem precisa sentir ter alguma importância nesta existência, mas na verdade ninguém é insubstituível. No fundo, todos bem sabem disso. Parece que as pessoas buscam alguém, ou algo que lhe conduza a algum destino. Às vezes não importa onde. Depositam assim sua confiança em um caminho guiado pelos outros, o que é um perigo. Isso demonstra o quanto a humanidade anda perdida. As pessoas precisam primeiro buscar um sentido interno. Resolver as questões existenciais que lhe atormentam. Estar bem consigo mesmo ... se bastar. A carência é resultado de uma grande inconformidade existencial. Isto tudo faz com que as pessoas percam o foco de si mesmas, perdendo sua própria identidade, e assim ficam suscetíveis a servir aos interesses dos outros. Aprender a tirar proveito dos eventos da vida, resulta em uma medida inteligente. Porque na verdade nada é para sempre. Tudo sempre passa.

Embora o homem possa estar cercado de pessoas, no fundo ele sempre estará apenas consigo mesmo. Podemos ir a qualquer lugar, mas nunca poderemos fugir de nós mesmos. Quando descansamos em nossas camas é justamente quando percebemos melhor essa realidade. No silêncio, escutamos apenas o murmúrio dos nossos pensamentos ... eles vão e vêm. Podemos reparar nas batidas do nosso coração ... na nossa respiração ... nos sentimentos que brotam do nosso coração. Perceber que cada experiência da vida como o nascimento, a dor, a morte, como também a alegria, enfim tudo que experimentamos, só podem ser vivenciadas intimamente. Ninguém pode vivenciar nada por nós. E a nossa verdade vai se formando pela experimentação íntima ... isso que chamamos vivência. Por isso a importância de aprofundar cada vez mais a relação com o interno. Se autoconhecer é fundamental. Temos que buscar nos ver na integralidade da nossa manifestação. Conhecer cada detalhe da nossa personalidade. Desbravar os mais profundos recôncavos da nossa psique. Porque pode ter certeza que tudo que carregamos dentro também existe no outro. Logo, quanto mais nos percebemos, mais compreendemos o nosso semelhante e as relações que envolvem a convivência humana.

Imagine se nos fosse tirado todos os sentidos, como a visão, a audição, o tato, e etc., este mundo externo não mais existiria para nós, mas o interno continuaria, pois dele nós jamais escaparíamos. Viveríamos profundamente apenas em nós mesmos. Se há vida eterna, então podemos dizer que estamos condenados a viver conosco por toda eternidade.

Querido leitor, espero que esta obra seja um instrumento de reflexão em sua vida. Uma peça a mais no tabuleiro da sua existência, que te possibilite a burilar um pouco mais a tua verdade. Se assim for, estarei muito feliz por isso. É sempre bom ser um agente transformador. Gerar novos horizontes. Poder ajudar no sentido de proporcionar uma nova visão das coisas. Fazer as pessoas saírem das verdades prontas. E que elas simplesmente não aceitem as respostas que sejam minimamente satisfatórias a seus olhos. Procurar a razão em tudo. Fugir do fanatismo das religiões prontas ... dos posicionamentos políticos inflexíveis ... de levantar bandeiras sem um consciente posicionamento pessoal ... de seguir grupos e instituições por puro modismo, ou para buscar uma identidade, ou seja, para se sentir integrante de algo. Ter coragem de discordar, apesar de todos dizerem o contrário, se assim lhe parecer o certo a fazer. É sempre bom lembrar que por trás de muitas verdades proferidas pelo mundo, há sempre o interesse de alguns. Pode ser uma ideologia política, uma empresa, um líder religioso, etc. Logo é sempre bom, preservar a sua posição consciente, e bem calcada em seus argumentos. Estar aberto a escutar qualquer argumentação, se provida de razão. Isso pode não parecer, mas é pura libertação. Muitas das verdades criadas servem no fundo para nos aprisionar. É muito mais barato escravizar pelas convicções do que prendendo correntes aos pés. Quanto a isso, tanto os grandes Impérios como as grandes religiões sempre souberam fazer muito bem. A satisfação de levar as pessoas a pensar sobre tudo, vem do fato de ajudar a que elas por si só se tornem livres. Porque a verdadeira liberdade, é uma conquista interior. Às vezes temos conceitos tão antigos, que nem nos damos conta da sua existência. Muitos deles nos são incutidos desde a nossa infância, e temos quase certeza absoluta de sua veracidade. Eles sempre se manifestam meio que no automático. Estar atento para poder colocar luz sobre essas verdades, se faz muito importante. Eu sei que é difícil, mas tomar consciência das coisas e sobretudo de nós mesmos evita muitos dissabores em nossas vidas, e vai nos tornando livres.

Bem, eu gostaria de falar um pouco sobre os motivos que me

levaram a essa busca. Acredito que possamos, querido leitor, ter muita coisa em comum. Já que mesmo de diferentes formas, há sempre um impulso, algo que vem muito lá de dentro, que nos tornam inconformados com as repostas óbvias ... parece haver muito mais para compreender, além do que os sentidos possam captar.

Nasci em Copacabana, Rio de Janeiro nos anos 60. O Rio era uma cidade calma, alegre e bonita. O tempo parecia passar lentamente naquela época. A vida era bem mais simples. Copacabana era um bairro contraditório, pois além de ser um lugar tranquilo, também era bem caótico, com muitos prédios e pessoas por todo lado. Ali eu cresci e fui indagando por tudo que eu via e experimentava. Desde criança, eu sentia que as repostas que me eram dadas, não me satisfaziam. Pobre dos meus pais, pois eu era uma máquina de fazer perguntas. Às vezes eu perguntava algo, e antes que eles conseguissem me responder, eu mesmo formulava uma resposta secretamente. Quase sempre, a minha própria resposta me parecia mais convincente que a deles. Com o tempo eu fui perguntando menos e observando mais.

Quando criança, gostava de observar os adultos falando, sentir suas expressões faciais, seu jeito de se expressar, sua postura corporal. Ficava atento a seu aparente estado emocional. Tentava desvendar as emoções que passavam por trás daquela fala. Sabia que nem tudo que a gente fala condiz com o que se passa por dentro. Tentava imaginar o que de verdade aquela pessoa queria com aquelas palavras e o que se passava em seu coração. Quais eram suas reais intenções? Queria entender o que havia por trás de tudo ... já que era assim comigo mesmo. Às vezes observava atentamente meus pais, e tinha a nítida impressão que no fundo eles eram crianças como eu. Possuíam a mesma conduta óbvia ... eu sabia exatamente o que iam fazer, e dizer ... e quase nunca me surpreendiam. Com o tempo, fui vendo, que eles não tinham todas as respostas, assim como eu.

Querido leitor, sempre há aquele momento em que você

percebe que ninguém possui todas as respostas, principalmente aquelas ligadas as questões clássicas da vida. Eu sei que isso assusta. Fica a sensação que estamos todos abandonados a nossa própria sorte, e que dependemos exclusivamente uns dos outros. Quem sabe a ideia não seja essa ... aprendermos a conviver e solucionar nossas próprias questões juntos, como irmãos.

CAPÍTULO 2

OS EVENTOS DA VIDA

Desde os primórdios o homem procura compreender a relação que existe por trás dos eventos da vida. Isso que chamamos de "destino". Será que o tal destino existe, ou tudo que acontece é apenas fruto da casualidade? Se pararmos para observar detidamente o desenrolar dos fatos da existência, podemos chegar a muitas indagações interessantes. Por exemplo, quando percebemos que tudo concorre para um determinado desfecho, e neste caso parece mesmo que o Universo conspira para que certos eventos se concretizem. Como se fosse uma grande influência agindo em tudo. Seria isso apenas uma coincidência? Mas o fato é que isso pode ser observado. Quem nunca vivenciou esse tipo de acontecimento? Onde tudo conduz a um determinado desfecho, e por mais que você lute para mudar uma situação você simplesmente não consegue. É quando todas as possibilidades te levam para um mesmo lugar. Como se o destino não te proporcionasse outra alternativa.

Outra coisa é o caráter cíclico que podemos observar em todas as coisas. Veja como tudo parece oscilar como um pêndulo. Hora tudo corre para um evento, depois com o tempo tudo parece se voltar para um evento oposto, e mais tarde volta ao início.

Impressionante que esses ciclos às vezes têm suas fases bem regulares. Seria isso também mera coincidência?

Perceba também as coincidências da vida ... aquela pessoa que a muito não víamos e encontramos casualmente. Será que se nós nos atrasássemos alguns minutos, aquela pessoa também se atrasaria de forma a nos encontrar? Será que o destino sincroniza os eventos de forma a influenciar todas as coisas? Será que o destino se comporta como um jogo complexo de forças que atraem os eventos os ajustando, de forma a buscar o equilíbrio? Mas se você observar detidamente parece ser algo assim. Imagine se de alguma forma, talvez através de um oráculo ou um sonho, você conseguisse obter os números do próximo resultado da loteria. Será que isso por si só já não seria suficiente para mudar o resultado no dia do sorteio?

Interessante, mas certa vez um senhor, pessoa muito simples, estava dizendo que sonhou com o resultado da loteria. Deram os números, mas ele não jogou. Logo ele comentou: — Se eu tivesse jogado, o resultado do sorteio seria outro. De certa forma na sua simplicidade é bem possível que ele tivesse razão.

Existem eventos que sempre acontecem na vida de uma pessoa. Parecem se repetir ao longo da existência, enquanto outras pessoas jamais experimentam essas ocorrências mesmo estando às vezes, mais propensas a elas. Seria isso também mera coincidência? Perceba que às vezes lutamos por algo e jamais alcançamos, e outras coisas vem, como diria, de graça, sem esforço ... simplesmente acontecem. É quando nos encontramos no lugar certo, e na hora certa ... quando tudo flui. Veja que existem eventos na nossa vida que vêm de forma tão natural, que nem concebemos a possibilidade de ter sido diferente. Contudo se estivermos observando atentamente todos os acontecimentos cotidianos, vamos ter a nítida impressão que seria pouco provável que tudo fosse apenas coincidência.

Existem algumas crenças populares que fazem muito

sentido. Por exemplo: Minha avó dizia que se você estiver em dúvida entre dois caminhos a seguir na sua vida, faça um teste com os dois. Avalie em qual caminho as coisas fluem naturalmente (perceba que não é o caminho mais fácil ou mais difícil e sim o que flui mais). Esse caminho poderá não ser o melhor em uma análise meramente intelectual, mas com certeza será o melhor para a sua vida. Sabe ... ela tinha razão. Todas às vezes que eu tomei o caminho em que tudo fluiu, no fim foi muito tranquilo e proveitoso. Já às vezes em que eu coloquei o intelecto a frente, e decidi seguir o caminho que não fluía, foi uma caminhada com muitas dificuldades e poucas recompensas.

Parece mesmo que há um estado de influência que permeia todas as coisas. Muitos podem chamar de Deus, outros colocam essas influências como sendo fruto da mente do homem, e há aqueles que buscam uma explicação mais científica. O fato é que fazendo uma analogia com a atração dos corpos celestes, parece existir uma certa atratividade nos eventos como um arrasto gravitacional, puxando-os para um determinado desfecho. Esse arrasto seria como um estado de influência, que pode efetivamente influenciar você, as pessoas a sua volta, seu bairro, sua cidade, seu país, a humanidade, e até mesmo todo o Universo. Se é assim, que mecanismos seriam responsáveis por essas influências? Que lógica poderia explicar tudo isso?

Da mesma forma que parece termos um destino que nos influência, há também de haver alguma autenticidade nas nossas ações. Não é possível que tudo que aconteça já esteja programado, e que não possamos de certa forma fazer um novo futuro. Pois se assim fosse, qual seria a graça da vida? Apenas esperaríamos sentados pelos acontecimentos ... no mais, tanto faz. Veja que as nossas ações provocam transformações no mundo, e isso parece inegável. Alguns podem até dizer que o nosso ímpeto do fazer, agir, desbravar, também é influência do destino. Acredito que até seja em parte, mas existe também uma fração de autenticidade nas nossas ações. A isso costumamos chamar de "livre-arbítrio". Veja que toda sequência de fatos tem um fato, ou fatos, que proporcionaram o seu início. Existem também fatos que alteram significativamente essa cadeia de acontecimentos. Quero dizer com isso, que parece evidente que existam ações autênticas na nossa existência, que caminhem fora do tal destino.

É difícil identificar o que é autêntico, e o que vem desta influência. Ou seja, até quando uma ação é em parte destino, e em parte autêntica. Talvez esta influência seja muito mais sutil que possamos imaginar, mas ao mesmo tempo poderosa. Talvez mexa profundamente com as nossas emoções, vontades, desejos, impulsos, nos tornando meras marionetes. Sim, marionetes sinceras, pois julgamos autênticos os impulsos de nossas ações. Sentimos verdadeiramente vontade de agir desta ou daquela forma. Nós nos identificamos profundamente com o ímpeto da ação. Seria uma influência consentida, passional, fundamentada no próprio eu. Sim, aparentemente autêntica. Mesmo sem perceber, passamos a fazer parte do próprio estado de influência que permearia tudo e todos. Mas se estivermos acordados, nos observando detidamente ... inquerindo sobre todo desejo, impulso, vontade, sentimento atrativo ou repulsivo, podemos então observar essa influência silenciosa dentro de nós. Seria essa influência algo relativo à nossa realidade dimensional e a própria relação espaço tempo?

*** A Colheita e a Semeadura

Existem alguns princípios que são inerentes à natureza humana. A ideia de justiça ... o impulso natural de organizar o caos do Universo, de numerar, classificar, definir, sintetizar, são coisas que brotam do nosso íntimo. Assim sendo, desde os primórdios o homem clama por dar um sentido a tudo que o cerca, e sobretudo avaliar a relação com seu próprio semelhante. Desta forma buscando classificar a natureza da conduta humana, toma ele como base a esse julgamento, conceitos comuns daquilo que deveria ser "o certo", e "o errado". Inevitavelmente em virtude do caos da vida real, que quase sempre não se encaixa ao nosso mundo conceitual, surge naturalmente a ideia de uma justiça maior, além dos limites da imperfeição humana, proveniente da própria divindade.

O nosso Sol é uma estrela de quinta grandeza, modernamente se diz "magnitude 5", ou seja, uma pequena estrela. Em nosso Sistema Solar possuímos 8 planetas. Eram 9, mas com a saída de Plutão, ficaram 8. Veja que os sóis maiores que o nosso, possuem possibilidade de ter mais planetas. Em nossa galáxia, a Via Láctea, acredita-se haver de 100 a 400 bilhões de sóis. Existem galáxias muito maiores que a nossa. Até o momento estima-se a existência de 100 bilhões de galáxias, e isso apenas no nosso Universo observável. Não se tem a menor noção do tamanho do Universo fora dos limites em que nossos instrumentos consigam detectar. E para finalizar, ainda existe o conceito de multiversos, ou seja, múltiplos Universos. Você vai me perguntar: — Onde eu quero chegar com essa explanação? Nesse ponto apenas quero acentuar a noção do tamanho absurdo do Universo. Veja que nós, o nosso planeta, nossa cultura, toda a história humana, não é nada frente ao Universo. Somos insignificantes. Digo isso não só a nível espacial, como também a nível temporal. É consenso a ideia que exista vida em abundância em todo o Cosmos. Seria inconcebível acreditar na possibilidade de só haver vida aqui.

Se existe uma divindade que rege esse Universo ... ela com certeza não está identificada com os nossos conceitos, cultura, crenças, etc. Ela provavelmente encerra em sua manifestação uma consciência universal, muito além do que possamos conceber. Vendo por esse ângulo, não temos a menor noção de todo o mecanismo que rege a manifestação, e muito menos onde nos encaixamos nele. Porém é fácil imaginar que as regras que regem esse mecanismo proporcionem a existência do próprio Universo, porque senão, ele simplesmente não existiria. Simples assim. Toda criação precisa se justificar, sobreviver, ter como função dos seus mecanismos o princípio da sua própria continuidade. Seria pouco provável que todas as condições necessárias para a existência do próprio Universo, e da vida, acontecessem casualmente sem um princípio inteligente. Talvez uma vontade, um desejo, um impulso ... quem sabe ... seria justificativa para a realização de tão grande obra. Esse é o maior mistério da existência. O fato é que somos uma minúscula peça em um gigantesco quebra-cabeça.

Na literatura antiga encontramos vários textos que abordam a ideia de causa e efeito, ação e reação, karma e dharma, etc. Esses textos foram escritos por vários povos, em épocas distintas. O mais interessante é que em síntese eles falam a mesma coisa embora sejam oriundos de culturas totalmente diferentes.

Como exemplo temos algumas passagens na Bíblia Sagrada falando sobre a semeadura e a colheita. Esses textos nos trazem o conceito das consequências dos nossos atos. Agora veremos alguns exemplos de passagens bíblicas que eu gostaria de destacar:

"Não vos enganeis: de Deus não se zomba; pois aquilo que o homem semear, isso também ceifará. Porque o que semeia para a sua própria carne da carne colherá corrupção; mas o que semeia para o Espírito do Espírito colherá vida eterna" (Gálatas 6:7-8).

"O que semeia a injustiça segará males" (Provérbios 22:8a).

"O perverso recebe um salário ilusório, mas o que semeia justiça terá recompensa verdadeira" (Provérbios 11:18).

"Porque semeiam ventos e segarão tormentas" (Oséias 8:7a).

Parece óbvio que toda ação acarreta suas consequências naturais, e isso é inegável. Mas neste caso se extrapola o conceito a uma resposta digamos, divina a essas ações. Coisa que vem como o destino para punir, ou premiar os frutos destas ações. Ações estas praticadas pelo livre-arbítrio simbolizada aí como a "semeadura". Como consequência, acontecimentos interferindo assim como uma influência que age promovendo a justiça entre os homens, no sentido de aplicar a eles o resultado de suas ações, representada aí como a "colheita".

Veja que o conceito de punir as más ações e premiar as boas, parece uma atitude justa vinda da divindade. Mas vamos ser sinceros, o mundo não é justo, nunca foi, pelo menos não parece ser. Basta olhar um pouco a nossa volta para vermos muita injustiça por todos os lados. Sim, muitas são as pessoas que passam a vida inteira levando muitos semelhantes ao sofrimento e gozam de uma vida relativamente boa. Da mesma forma há aqueles que passam suas vidas servindo aos outros e vivem muitas vezes doentes e em profunda miséria. Há aqueles que nascem em berço de ouro, com uma boa família, em um país com boas condições de vida, são agraciados com boas oportunidades na vida e gozam de um corpo saudável. Enquanto outros nascem em zonas de guerra, às vezes não tem sequer família, não tem o que comer, carecem de saúde, e nem possuem condições mínimas para galgar um futuro melhor. Há ainda aqueles que perecem muito cedo, às vezes recém-nascidos.

Para que esse conceito de punir as más ações e premiar as boas seja verdadeiro, precisamos inferir que entre a ação(causa) e sua resposta(efeito), em muitos casos, necessitaria de um tempo muito grande ... tempo este, que necessariamente precisaria extrapolar o tempo de vida de um ser humano. Desta forma, se quiséssemos validar esse conceito, precisaríamos então aceitar a ideia da reencarnação. Ou seja, para isso necessitaríamos aceitar a ideia das múltiplas existências como condição para ser possível este conceito. Caso contrário a própria observação dos eventos da vida o colocaria em xeque. Digo isso, principalmente em resposta aos acontecimentos atuais, que teriam que ter uma relação com os eventos do passado de uma pessoa, e que simplesmente não se justificam, pois não ocorreram. Logo teríamos que inferir que os acontecimentos presentes poderiam se justificar nas ações desta pessoa em uma reencarnação passada.

Exemplificando o que eu disse, imagine uma pessoa muito boa que tenha uma vida regrada e uma conduta correta. Então em determinado momento de sua vida esta pessoa é acometida de uma grave doença que a faz sofrer muito. Se há essa relação de causa e efeito, qual causa justificaria essa doença (efeito)? Na verdade, não existe uma justificativa para tal. Logo teríamos que imaginar que a causa seria anterior a sua atual existência. Podemos inferir que algo muito errado esta pessoa deva ter cometido em outras existências para justificar assim sua atual doença. Lembre-se, isso no caso de querermos validar o conceito de causa e efeito.

Nesse momento eu gostaria de diferenciar o conceito de causa e efeito, dharma e karma, ação e reação, entre outros que aparecem nos textos religiosos, do conceito de causa e efeito tão bem descrito pelo matemático e astrônomo inglês Isaac Newton. Esse se refere apenas às relações dos elementos físicos entre si sob regência das forças da natureza. Logo, esse conceito quando visto sob o aspecto religioso, extrapola as interações físicas e induz ao conceito de uma justiça divina, ajuizando ao homem o destino como resultado de suas ações, sejam elas boas ou más.

*** O Bhagavad-Gîtâ

Eu gostaria de falar um pouco sobre o Bhagavad-Gîtâ. Esta obra faz parte da epopeia Mahâbhârata. Também conhecida como O Canto Divino, pois contém as citações de Krishna, a própria divindade encarnada. Essa obra foi compilada em seu formato atual entre os séculos 5 e 1 A.C.. O texto foi escrito em sânscrito. Krishna orienta a Arjuna, o homem, o caminho da iluminação e liberação.

Interessante que essa obra se passa todo o tempo no meio do campo de batalha. Krishna aconselha Arjuna sobre vários assuntos de cunho iniciático, e principalmente sobre o porquê de matar a sua própria família. A guerra vai começar. E eles estão ali parados bem no meio do campo entre os exércitos inimigos. Todos aqueles que compõem os exércitos, simbolizam os "eus" que formam o Ego de Arjuna, a sua família, no sentido de serem partes equivocadas dele mesmo ... todas as ilusões, identificações, delírios, representações encrustadas nos recôncavos mais profundos da sua mente. Para lograr a iluminação, tudo deve morrer diz Krishna. Arjuna está relutante, pois o homem gosta do Ego ... aprecia o sabor do desejo ... se delicia na embriaguez da ilusão ... logo é escravo de si próprio. Quase nunca faz a sua própria vontade, e sim a vontade dos "eus". Deixa de ser senhor da sua vida, para virar um mero espectador. Está à mercê da sorte, como um lenho largado nas turbulentas águas da vida. Sem dúvida o Bhagavad-Gîtâ é uma obra belíssima, que leva o leitor a uma reflexão profunda sobre a sua própria natureza.

Gostaria de citar um pequeno trecho do Bhagavad-Gîtâ relativo ao karma:

Então, dirigiu-se Arjuna a Krishna (O Verbo Divino) algumas perguntas, entre elas: ... "Que é o Karma?" ...

Então explica Krishna: "Karma, é a Lei da Casualidade, a que chamam também essência da ação, é aquele princípio emanado de mim, que faz com que os seres vivos nasçam, se movam e ajam."

Interessante que Krishna fala aqui da "Lei da Casualidade", pois todo karma tem sua causa. Também fala do "nascimento" dentro deste ciclo, relativo à reencarnação, como um retorno à vida terrena no sentido de efetivar os processos karmicos pendentes. Fala da "ação" e do "movimento", como consequência natural dos próprios processos que envolvem o destino. E Krishna ainda afirma que aqueles princípios emanam dele, a própria divindade, o Verbo Divino. Tomando para si o papel de criador de todas as coisas, logo sendo também o regente de todo karma.

Na literatura, encontramos inúmeras definições para os termos karma e dharma. Cada grupo, religião, ou escola espiritual possui uma compreensão às vezes discordantes sobre esses termos. Alguns utilizam as raízes linguísticas para fundamentar suas definições. Outros usam suas próprias doutrinas para assim definir estes termos. Há ainda aqueles que os definam utilizando elementos da história de sua própria cultura. Dharma é um termo sânscrito que significa religião, dever, obrigação, viver em conformidade com a grande lei ... o próprio livre-arbítrio. Uma das principais leis dharmicas é a lei do karma, que significa ação, movimento, atividade, o resultado das obras em atividade, ou seja, o próprio destino. Entre as definições mais comuns encontramos aquele conceito muito popular no ocidente, que é o de atribuir ao termo karma o resultado das más ações como um castigo, e dharma como resultado das boas ações como um prêmio. De qualquer forma, neste momento eu tenho que escolher um conceito para dar seguimento a essa obra. Caso contrário poderíamos ter um entendimento distorcido sobre o que está sendo proposto aqui. É claro que cada um tem a sua definição, e de forma alguma eu quero ir contra estas convicções. O importante aqui é sermos claros nas nossas explanações, para que possamos nos entender. Por isso vou usar a definição mais comum que define karma como sendo o resultado das más ações, um castigo, e dharma como uma moeda divina; sendo então o resultado das boas ações, aquilo que temos a receber pelas boas obras.

*** O Ciclo das Ações

Nesse momento vamos pensar um pouco ... se cada ação gera uma reação perfeita, matematicamente exata, então eu posso dizer que o destino é uma reação de natureza mecânica. Sim mecânica. Ou seja, para cada ação uma reação perfeita. Um mecanismo fechado ... ação, reação. Uma vez que foi realizada a ação, a reação será inevitável, virá mecanicamente, como consequência natural. Isso assusta, porque em parte, seríamos marionetes ... é bem verdade que as ações que iniciaram o processo foram feitas por nossa própria vontade. Mas como poderíamos escapar desta mecanicidade? Como poderíamos lidar com esses processos?

Vamos analisar agora as características cíclicas deste processo. Se praticamos uma ação, essa por si só gera uma reação, e se pararmos para pensar essa por sua vez pode gerar outra ação, que gera uma reação, que gera uma ação, e assim indefinidamente. Por exemplo uma pessoa "A" insulta uma pessoa "B", logo esta pessoa "A" adquire um karma. Em um futuro qualquer esta pessoa

"A" terá como consequência ser insultada por alguém. Então o destino faz aparecer uma pessoa "C" que a insulta. Logo essa pessoa "C" adquire um karma ... e o ciclo continua indefinidamente. Lógico que isso serve tanto para as boas ações como para as más ações. Veja que toda ação tem o seu executante, logo necessariamente alguém tem que ser o agente do desenrolar do karma. Isso gera uma cadeia de eventos, tornando as relações humanas muito casadas com eventos resultantes de outros eventos e arrastando mais eventos. Para piorar a situação, vamos tomar o exemplo anterior e imaginar que a pessoa "A" que adquiriu o karma, ao encontrar a pessoa "C" que a insulta, ela por sua vez reage insultando também a pessoa "C". Neste caso temos agora duas pessoas com esse karma, a pessoa "A" e a "C". Podemos dizer então que o karma termina para nós, quando não revidamos, embora ele sempre prossiga através de outras pessoas que surgem para se tornar agente do karma.

Você pode me perguntar agora: — E quanto à pessoa "B"? Exato, a pessoa "B" tinha esse karma por ter insultado alguém no passado. Logo ela atraiu alguém para o desfecho do karma dela, e essa pessoa foi a pessoa "A". Embora a pessoa "A" tenha agido por livre-arbítrio, pois até então ela não fazia parte desta cadeia karmica, passou a agente do karma quando realizou a ação de insultar a pessoa "B". Ela, assim como todas as pessoas ao redor da pessoa "B" sofreram uma atração para buscar assim um agente do karma. Lógico que a pessoa "A" não precisava ter sido o agente do karma. Se ela não se identificasse com aquela situação apareceria outra pessoa para realizar esta função. Talvez aí esteja a palavra-chave, "identificar". Se nos encontramos adormecidos ... fantasiando coisas que não aconteceram ... envolvidos com questões referentes ao passado ou futuro, fora do momento presente ... somos vítimas fáceis dos eventos karmicos. Passamos a reagir por qualquer coisa e acabamos por nos tornar agentes do karma. Temos que parar de viver assim à mercê dos egos. Precisamos estar conscientes ... sempre presentes, aqui e agora, com a atenção não só para os eventos externos, como também para tudo que se passa dentro. Assim não nos identificamos com os acontecimentos da vida. Desta forma não atendemos às atrações do karma dos outros. E imprescindível não reagir, não revidar, não responder. Avaliar os eventos da vida conscientemente antes de agir. Ver a vida como um filme, sem nos polarizar, sem fantasiar, enxergando as coisas como elas são. Podemos ser senhores das nossas ações ou vítimas das circunstâncias.

Pare um instante ... se aquiete ... observe tudo que se passa dentro de si, sem, contudo, se identificar. Separe o pensamento do pensador. Não é tão difícil assim. Basta começar a treinar. Relaxe. Apenas observe. Basta voltar a atenção para dentro, e perceber o burburinho dos pensamentos e emoções. É aí que notamos que não temos uma unidade ... somos na verdade uma legião de eus. Existem muitas pessoas dentro de nós. Umas são ruins, outras melhores, mas no fundo todas adormecem a nossa consciência. Elas desviam nossa atenção daquilo que estamos fazendo, e inevitavelmente acabamos por perder o foco. Pois a atenção consciente é a única atitude que nos unifica aqui e agora. Caso contrário, viveremos como legião, à mercê de todos os eus que compõem o Ego animal. A busca da unificação da consciência é o caminho para a iluminação. É a boa forma de viver e se relacionar com o mundo. De ser o senhor da própria vida e não escravo da legião. Repare que existem pessoas que dizem que devemos fortalecer os bons eus. Que equivoco terrível! Os eus sempre adormecem a consciência. Não importa se o eu é aparentemente mau ou bom, ele nos leva a identificação, e ao adormecimento. Não existem bons eus. O Ego sempre será um impedimento para manifestação do Real Ser.

Repare que nem sempre o agente do karma é uma pessoa. Pode ser um grupo, uma instituição, um governo, os próprios eventos naturais da vida, etc. Como exemplo, imagine uma pessoa que trabalha em uma grande empresa. Então essa pessoa faz um péssimo serviço, atendendo mal as suas demandas, procurando se esquivar de qualquer responsabilidade. Logo, esta pessoa adquire um karma, sendo provável que no futuro sofra com o desemprego. Repare que ela não prejudicou a uma pessoa específica, mas sim a uma coletividade, no caso à empresa e seus clientes. Se essa pessoa sofrer no futuro pelo desemprego, quem será o agente do karma então? O desemprego em si não tem um agente aparente, é uma condição natural. Veja que não é uma pessoa, e sim uma situação. Interessante ver as várias possibilidades das relações karmicas como também as dharmicas. Veja que da mesma forma, aquele que faz um bom trabalho adquire um dharma pelas boas obras prestadas, tendo em vista que ele poderia não ter feito.

É interessante inferir que não se adquire karma apenas pelo que se faz, mas também pelo que se poderia fazer e não se faz. Imagine uma pessoa que tendo muitas posses e poder, poderia contribuir para a melhoria da vida de muitas pessoas e não o faz. Porque em um mundo onde as relações estão tão amarradas, ninguém se encontra em uma posição por acaso. Imagine na política, onde pessoas depositam seus votos a um candidato, para serem representadas e assistidas em suas reinvindicações. No entanto, logo que esse dirigente assume o cargo, vira as costas ao povo que o elegeu, e passa a governar visando interesses próprios. Esses quase sempre são contrários aos interesses de seus eleitores. É sempre bom parar para avaliar o que estamos deixando de fazer ... como podemos melhorar a nossa conduta? O que esperamos dos outros, que em contrapartida não fazemos aos mesmos? Aquela máxima que diz *"Não faça aos outros o que não gostarias que fizestes a ti"*, cabe perfeitamente aqui. É bem verdade que existe também o dharma naquilo que poderíamos fazer, e fazemos. Encontramos o dharma nas boas obras, na conduta correta, na ação com retidão. Pena que podemos não ver o resultado dessas ações nessa existência.

Nesta perspectiva podemos verificar ainda, que muitas vezes a ação não é cometida por uma única pessoa, e sim por uma coletividade. Pode ser uma família, uma empresa, um bairro, uma cidade, um país, todo o planeta, etc. A esses eventos costumam-se classificar como karma coletivo ... poderia ser dharma coletivo também. Veja que se a ação é coletiva, a resposta a essa ação também será coletiva, envolvendo todos aqueles que participam daquela família, empresa, cidade, país, etc. Na verdade, qualquer grupo pode ser o agente de um karma. Temos como exemplo de karma planetário, a ação do homem contra a natureza. Isso se dá, pelo desmatamento, consumo desenfreado, desperdício e má utilização dos recursos naturais, tratamento aviltante aos animais com fins de prover alimento à população, descaso no descarte de produtos manufaturados, poluição, etc. São inúmeros os exemplos de ações que causam karma coletivo, o fato é que não é por acaso que nascemos naquela família, em um determinado lugar, estudamos em uma determinada escola, conhecemos aquelas pessoas, fizemos aquelas amizades, namoramos com aquela pessoa, nos casamos com certa pessoa, e assim por diante. Acredito que muito pouco do que acontece em nossa vida seja por acaso. Volto a relembrar da minha avó quando dizia que quando é para ser, tudo simplesmente flui. Parece mera coincidência, mas é pouco provável que seja.

Muitas vezes o karma, embora seja coletivo, não provém de um grupo definido, mas se desenrola por simples afinidade com as dívidas karmicas individuais ... Seria uma grande coincidência? Temos como exemplo um avião que cai. Perceba que os passageiros não pertencem a um grupo definido, mas todos têm como resultado das suas dívidas karmicas, o mesmo desfecho fatal. Logo são atraídos para aquele voo. Esse é um excelente exemplo para pensar no processo de atração desencadeado por esses mecanismos. Sempre há aquela pessoa que se atrasa, ou desiste daquele voo na última hora ... como também há aquela pessoa que entra no voo no último instante. Eu gosto muito de ouvir esses relatos. Cada um conta sua história e suas supostas coincidências.

*** O Caminho dos Pescadores

Quero relatar algo que aconteceu comigo. O ano era 1988. Estava de férias e resolvi fazer um programa diferente. O tempo estava nublado e frio. Queria passar aquele dia no Caminho dos Pescadores, que fica no bairro do Leme, mais precisamente no Pedra do Leme. É um caminho que rodeia a encosta com o mar. Na placa diz que foi inaugurado em 1985, mais já existia antes de forma mais precária. A Praia de Copacabana tem a forma de uma ferradura. O Forte do Leme fica em uma ponta de Copacabana, na outra ponta fica o Forte de Copacabana, no posto 6. Naquele dia queria apenas passar o dia descansando na ponta da pedra do Leme, curtindo o visual único de Copacabana, fazendo minhas meditações, e aproveitando o fim das minhas férias. Eu gosto muito de observar o mar revolto batendo nas pedras. Há tempos não fazia esse programa. Aquele dia parecia ideal para estar no Caminho dos Pescadores. Coloquei algumas coisas na mochila, uma garrafa d'água, um livro, um casaco. Peguei uma cadeira de praia bem confortável, e desci para a garagem. Eu tinha uma moto. Prendi a cadeira de praia ao bagageiro com alguns elásticos. Coloquei o capacete. Chequei todas as coisas, e enfim estava pronto para partir. Interessante que eu tinha uma relação, digamos, espiritual com aquela moto. Ela parecia se comportar de acordo com o meu estado emocional. Eu sentia como se ela fosse realmente uma extensão do meu corpo. Então quando estava pronto para sair, acionei o quique, e nada ... a moto não ligava de jeito nenhum. Raramente ela afogava. Mas com tranquilidade refiz os procedimentos para liga-la ... e nada. Empurrei. Fechei o registro de combustível. Dei um tempo para secar o carburador. Voltei a tentar ... e nada. Interessante que ela não emanava aquele cheiro de gasolina característico de quando está afogada. Repeti tudo várias vezes ... e nada. Isso nunca tinha acontecido. Ela realmente não ligava de jeito nenhum. Depois de quase 2 horas de luta, me dei por vencido. Estava tão cansado que desisti do passeio e voltei para casa, embora desse para ir a pé, ou de ônibus até a pedra do Leme. Bem, o que ocorreu então é que no final daquela tarde, resolvi sair para um outro programa. Já ia saindo de casa, quando decidi tentar ligar a moto novamente. Não custava nada. O que aconteceu é que ela simplesmente ligou de primeira. Seu motor soava maravilhosamente como sempre. Sai com a moto e ela se comportou muito bem, como se nada tivesse acontecido. Fiquei intrigado com aquilo. No dia seguinte, ao ver o jornal, tive a notícia de que um inglês, marido de uma bailarina clássica famosa no Brasil, havia morrido. Ele tinha sido arrastado por uma grande onda no Caminho dos Pescadores. Se eu estivesse lá, provavelmente teria sido arrastado também, pois eu gostava de ficar bem no fim da trilha. Justamente onde a onda costuma lavar a pedra. De certa forma a minha moto salvou minha vida.

Muito se fala sobre a "Lei dos Acidentes". Muitas vezes estamos em um grupo, e mesmo sem ter dívidas karmicas comuns a essas pessoas, acabamos por ser arrastados juntos para um mesmo evento. Usando como exemplo o avião que cai, imagine uma pessoa que entre neste avião, embora não tivesse nada a ver com o karma daquele grupo. Em suma, é quando uma pessoa simplesmente não deveria estar lá. É quando se está no lugar errado, na hora errada. Saiba que isso é sempre possível. Interessante que a influência karmica, atrai e executa o que for possível, pois a complexidade das relações karmicas são muito grandes. É quando a maioria atrai os acontecimentos. Ou seja, não é uma ação exata, tem seus limites. É realmente uma influência, no sentido da palavra ... pois atrai, mas não tem 100% de efetividade. Como em toda influência, sempre há uma resistência a ela. Algo que a suporta, que consegue persistir sem ser desviado. A Lei dos Acidentes é o resultado destas possibilidades. Ela se dá em virtude das limitações do próprio desenrolar do karma em um ambiente extremamente amarrado e complexo. A pergunta que fica é a seguinte: — O que acontece com a pessoa que é submetida a um evento indesejado, em virtude do karma de outras pessoas? Seria ela recompensada com um dharma? Os acidentes karmicos gerariam por si só uma contrapartida? Uma espécie de compensação?

Veja que também podemos receber "vantagens" por estar em um grupo. Desta forma teríamos um karma como ajuste. Veja o seguinte exemplo: Um prêmio da loteria sai para um grupo de pessoas, o que chamamos de bolão. Uma pessoa que não possuía aquele dharma entra por acaso naquele grupo de apostadores, sendo então agraciada com aquele prêmio. Como ela pagaria o que recebeu a mais? Veja que pela "Lei dos Acidentes", um acidente karmico geraria um dharma, e um acidente dharmico, geraria um karma. Seria isso possível? É bastante provável que sim. Repare que quando paramos para pensar um pouco sobre esses assuntos, vamos nos deparando com uma infinidade de possibilidades. São infindáveis as questões pertinentes ao modus operante dos processos karmicos e dharmicos.

*** Desvendando o Futuro

Interessante que em todas as épocas o homem procura desvendar os acontecimentos futuros. Se antever estrategicamente aos fatos resulta em uma vantagem atraente. Os líderes do mundo sempre quiseram deter esse poder. O fato é que sempre se buscou essas possibilidades. Historicamente as pessoas que possuíam faculdades especiais, ou que detinham conhecimento sobre alguma ciência divinatória, foram usadas para prestar seus serviços aos reis, imperadores e governantes em várias épocas. Com isso elas eram muito respeitadas, pois passavam a ser conselheiros do poder vigente. De certa forma detinham alguma influência sobre as decisões dos governantes.

Existem infindáveis formas de se tentar desvendar o futuro. Através das faculdades transcendentais que se encontram latentes em todo homem, se abre um leque de possibilidades. Desde a simples premonição, como também a clarividência, a clariaudiência, a interpretação dos sonhos, até o uso das ferramentas que ajudam na decodificação das previsões. Essas ferramentas possibilitam ao sensitivo expressar suas faculdades, pois elas funcionam como um amplificador. Dentre elas temos: o uso da bola de cristal, das ferramentas clássicas da radiestesia como o pêndulo radiestésico, a vara radiestésica e o aurameter entre outros. Encontramos também nos oráculos como: o tarô, as runas, os búzios, etc. Existem ainda aqueles que detém algum conhecimento sobre certas artes divinatórias como: a astrologia, o mapa astral, o biorritmo, a leitura das mãos (quiromancia), a numerologia, etc.

Percebemos que os interesses mais frequentes que levam as pessoas comuns a buscarem essas formas de previsão, são normalmente três: "Amor", "Dinheiro" e "Saúde". Se diz que esse é o tripé dos anseios do homem comum. Sem dúvida, quando o indivíduo procura um praticante das artes divinatórias para se consultar, normalmente está preocupado com alguma dessas questões. Veja que a pessoa pode se encontrar carente no tocante as questões amorosas, buscando a tal "sorte no amor". Pode ser que lhe pareça insuficiente seus proventos frente as suas expectativas de consumo, ou ainda como necessidade para realização dos seus sonhos. Ainda há aqueles que se encontram enfermos, ou apenas preocupados com as questões voltadas para a saúde. Embora eu conheça muitos sensitivos que fazem um trabalho excepcional, e isto é inegável, infelizmente existem alguns que se utilizam deste tripé para enganar as pessoas. Com uma conversa antecipada, reparando bem no aspecto do consulente, vai se tentando extrair dele o máximo de informação possível. Pode-se perceber facilmente qual é o seu problema principal: "Amor", "Dinheiro" ou "Saúde". Aí então o suposto sensitivo faz previsões evasivas, testando as reações do consulente, para poder corrigi-las a seguir. Eles sempre procuram falar o que a pessoa quer ouvir. Fazem observações no sentido de enaltecer o consulente, como se ele fosse alguém muito especial ... o Ego gosta disso. Indo neste mesmo caminho, há muitos videntes que podem ser facilmente questionados quanto as suas previsões, pois carecem de conteúdo e foco. Como exemplo, é o caso daquela pessoa que prevê um terremoto naquela semana. Ora, quase toda semana ocorre um terremoto em algum lugar. Esta pessoa faz muitas previsões, logo acaba por acertar algumas. Nada que estatisticamente não se justifique.

É fato que algumas pessoas conseguem realmente prever os eventos futuros, pois as exatidões das suas previsões não deixam dúvidas. O que acontece é que normalmente esses sensitivos não conseguem repetir as previsões ... não tem controle sobre o que vão ver, e nem quando vão ver. É algo na qual ele realmente não tem o menor controle. É verdade que existem raríssimos casos de pessoas que apresentam um certo domínio sobre suas faculdades. Mas o normal é de previsões esporádicas, recebidas quando a pessoa menos espera. Parece ainda que nem a relevância dos fatos futuros possuem força de influência sobre esses sensitivos.

Como exemplo disso, quero relatar um fato que ocorreu a alguns anos atrás. Havia uma moça, que residia com sua mãe. Elas eram muito ligadas, pois só tinham uma a outra. Essa moça possuía algumas faculdades, entre elas a premonição. Com frequência fazia previsões com grande acerto. Ela previa, viagens, casamentos, morte, melhora profissional, sexo do futuro bebê, e coisas do gênero. Ela não cobrava nada por isso, e nem realizava consultas, era algo que fazia de coração. Uma vez ela previu a morte do pai do amigo de um amigo seu. Veja que interessante, ela não conhecia o senhor que morreu, nem seu filho que era amigo do seu amigo. Veja que ela só o conhecia de nome através de relatos desse amigo. Simplesmente essa moça teve um sonho premonitório, e viu com detalhes a passagem deste senhor. Até aí tudo bem, mesmo porque não era a primeira vez que ela tinha feito esse tipo de previsão. O insólito deste relato vem agora. O que ocorreu é que alguns meses depois, sua tão amada mãe veio a falecer. Foi uma morte súbita pois ela não estava acamada. Essa senhora teve uma parada cardíaca. Foi um ataque fulminante. No entanto esta moça, não previu nada ... nem um sonho ... nem uma visão ... nem um sentimento ... nada.

Quero ressaltar que relatos como este existem aos milhares. Por que será que esses sensitivos, no tocante a suas previsões, em boa parte das vezes não possuam uma coerência? Quero dizer, por que não detém em suas previsões um certo grau de relevância? Como se ele fosse uma antena que capta qualquer coisa, assim sendo o sinal mais forte acaba por prevalecer. Quais mecanismos seriam responsáveis pelo produto das suas faculdades? Parece que isso não está vindo de um interesse pessoal, e sim de algo oriundo do coletivo. Será que estas previsões provêm da própria influência do karma em movimento? Será que essas pessoas são como um canal aberto para captar os eventos karmicos? Pois se existe uma influência karmica, uma espécie de arrasto atraindo tudo para que alguns eventos venham a se concretizar, ela está presente digamos, no ar ... pode ser sentida ... pode ser verificada pela própria movimentação dos fatos atraindo tudo para um desfecho específico. Logo não seria difícil imaginar que ela possa ser captada. Essas são questões interessantes a serem analisadas.

CAPÍTULO 3

O ÁTOMO VAZIO

*** Do que será que o Universo é feito?

Afinal, do que é feita a matéria? Incrível que até hoje não se sabe ao certo do que ela é realmente composta. São muitas teorias, mas na verdade, apesar de todos os avanços da ciência não se tem certeza sobre sua composição. A ciência caminha para solucionar vários mistérios sobre essa tal matéria. Embora sejam propostas novas partículas e novas relações, para tentar elucidar algumas propriedades que podem ser observadas, tudo é apenas conceitual. Podemos imaginar como devem ser as partículas formadoras da matéria ... podemos ainda inferir as possíveis relações entre elas com intuito de dar uma explicação plausível para tudo que se pode perceber a respeito da matéria, mas o fato é que não podemos ver. Conforme se aprimoram os experimentos, muitos conceitos são derrubados, e novas hipóteses vão tomando força. Para se ter uma ideia da complexidade destas relações, sabemos que o elétron permanece apenas uma fração do tempo em sua órbita, e depois simplesmente desaparece para surgir de novo mais tarde. Nesse interim, ninguém sabe por onde ele esteve. Ainda por cima ele parece estar em vários lugares simultaneamente, além de se comportar hora como partícula e hora como onda.

Sabemos que tanto a nível molecular como a nível subatômico, a matéria parece conter muito espaço vazio. Mesmo as coisas mais duras e consistentes como o aço, as pedras, são na verdade em maior parte, espaço vazio.

*** A História do Átomo

O entendimento da estrutura atômica foi fundamental para o avanço da química. Desta forma tornou-se possível compreender as relações que propiciam a formação dos materiais, e suas propriedades, como também prever como esses materiais vão se comportar.

A ideia do átomo foi concebida pelas indagações de alguns filósofos na antiga Grécia. A ideia é que se você dividisse um objeto ao meio, e essa metade fosse novamente dividida ao meio, e assim indefinidamente, chegaria um momento que você encontraria a unidade fundamental de todas as coisas. Algo que não poderia ser mais dividido. Essa ideia foi burilada mais precisamente por dois filósofos gregos, Demócrito e Leucipo que em aproximadamente 442 A.C., pensavam que a matéria seria formada por pequenas partículas indivisíveis. Demócrito denominou essas partículas de "átomo", palavra de origem grega onde "a" é um prefixo que dá sentido de negação ou ausência, e "tomo" que significa parte. Tanto que uma enciclopédia é formada por vários livros chamados de "tomos", ou seja, "partes". Então a palavra "átomo" significa "sem" "partes", ou seja, algo indivisível, que não pode ser desmembrado. Seria a menor unidade possível. Desta forma, todas as coisas seriam então compostas por essa partícula fundamental.

Mas os filósofos da época não deram muito crédito a ideia de Demócrito. Então Aristóteles apresentou sua teoria, propondo que a matéria seria composta por quatro elementos: terra, fogo, água e ar. Essa teoria persistiu por aproximadamente 2000 anos. Aristóteles achava que a matéria era sobretudo formada pela mistura desses quatro elementos. Desta forma todas as coisas seriam nada mais que uma composição em proporções diferentes destes quatro elementos ... do ar a pedra, da terra ao oceano, enfim tudo que pudéssemos ver seria estruturado desta maneira. Como essa era uma época em que a alquimia tinha muita influência sobre os conceitos filosóficos, o que acontecia era que os filósofos estavam mais preocupados com as possibilidades de transformação da matéria de uma coisa para outra, do que a sua constituição em si.

A alquimia é muito mais antiga do que se acha, ela já era praticada no tempo dos Sumérios. Muito se fala sobre alquimia ... cada um tem a sua definição, e são muitas ... mas poucos sabem realmente o que é alquimia. Só posso dizer que alquimia não é algo mental como afirmam os mentalistas. A alquimia constitui-se de um trabalho triplo: Primeiro, edificar o templo interno ... ou seja, construir os 7 corpos; segundo, levantar a serpente nestes corpos depois de edificados; terceiro, eliminar totalmente a segunda natureza, que é o Eu pluralizado ou Ego. Isso tudo pela sublimação dos mercúrios, que são as águas filosofais. Estas são aquecidas sobre o efeito do fogo interior, como em um processo de destilação. Sim, água e fogo. A igreja está dentro de nós, assim como todas as possibilidades de manifestação e ascensão do Ser. Sem dúvida Aristóteles estava concebendo a matéria pelo prisma espiritual, não físico. Ele a observava pela sua integração com os Reinos Elementais. Sem falar do quinto elemento, o "Éter", que Aristóteles não contemplou em sua teoria. É verdade que tudo que vemos possui sua contraparte etérea, embora isso esteja relativamente fora do escopo da ciência. Isso não se dá pelo fato de não ter essa hipótese como uma possibilidade, mas sim, por não ter como criar um ambiente propício para poder realizar experimentos em laboratório. Até hoje temos muito pouco conhecimento sobre o tema "dimensões". Veja que existe uma limitação técnica muito clara, que coloca as outras possíveis "dimensões" fora da possibilidade de ser avaliada sob um ambiente controlado. O fato aqui, é que se buscava uma compreensão da matéria física tridimensional, e suas relações com o mundo que podemos ver, tocar, perceber, detectar ... pois qualquer coisa fora disso seria pura especulação, sem aplicação aparentemente prática.

Já em 1800, John Dalton (1766/1844) apresentou um novo modelo atómico onde postulava que:
- Tudo é composto por átomos que são indestrutíveis e indivisíveis.
- Os átomos que compõem um mesmo elemento são idênticos em massa e propriedade.
- Os compostos são constituídos pela combinação de dois ou mais átomos distintos.
- As reações químicas nada mais são, que a recombinação dos átomos para formar um novo composto.

Vale salientar que o modelo de Dalton era composto por muitos postulados, e poucas comprovações.

Esse modelo apresentado por John Dalton, teve como base as proposições levantadas por dois cientistas na época. Esse conjunto de proposições são conhecidas como "leis ponderais". Mais precisamente no fim do século XVIII os cientistas, Antoine Laurent Lavoisier e Joseph Louis Proust, através de vários experimentos, postularam essas leis. Eles concluíram que as relações químicas seguem algumas regras bem definidas. Essas regras se relacionam com as massas dos compostos e do resultado verificado em uma reação química. As leis ponderais são basicamente duas:

A primeira é a Lei da Conservação das Massas de Lavoisier. Esta Lei diz que em um sistema fechado a soma das massas dos reagentes é igual a soma das massas dos produtos. Ou seja, se submetermos algumas substâncias a uma reação química, a soma das massas destas substâncias, antes da reação química, será igual a soma das massas das substâncias resultantes desta reação. Onde se conclui, "Na natureza, nada se perde, nada se cria, tudo se transforma".

A segunda é a Lei das Proporções Constantes de Proust. Esta Lei diz que em uma reação química, verifica-se uma certa proporção entre seus reagentes e seus produtos. Ou seja, as massas dos reagentes assim como as massas dos produtos sempre se relacionam em uma proporção constante. Tomamos como exemplo a água, que é composta por hidrogênio e oxigênio. Verificou-se nesta reação que o hidrogênio e o oxigênio se combinam em uma proporção constante de 1 para 8 em suas massas. Ou seja, uma parte de hidrogênio para 8 de oxigênio. Qualquer quantidade fora desta proporção sobra na reação, ou seja, não reage pois não encontra seu par para tal. Esses componentes que reagiram, não só se relacionam proporcionalmente entre si, como já foi dito, como também com a "água" gerada como resultado desta reação.

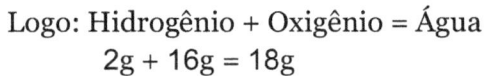

Logo: Hidrogênio + Oxigênio = Água
      2g + 16g = 18g

Através das Leis Ponderais se tornou possível calcular as massas desconhecidas dos componentes e dos produtos em uma reação química. Esse cálculo é conhecido como cálculo estequiométrico.

O modelo atômico de Dalton persistiu por aproximadamente 100 anos, de 1800 a 1900, onde o átomo se assemelhava a uma bola de bilhar, por ser maciça, esférica e indivisível.

A natureza elétrica da matéria já era observada há muito tempo, pois já se percebia que a matéria quando atritada se carrega positiva ou negativamente. Mais precisamente a 2500 anos essa característica já havia sido descrita pelo filósofo grego Tales de Mileto, que atritava âmbar com um pouco de lã.

O elétron foi descoberto por Joseph John Thomson (1856-1940) em 1897. Thomson começou a trabalhar em seus experimentos com fenômenos elétricos. Ele fez com que altas voltagens passassem por um tubo contendo gases, conhecido como ampola de Crookes. A essa radiação observada neste tubo foi denominada de "raios catódicos".

O modelo atômico de Thomson foi concebido em 1904 e ficou conhecido como o "pudim de ameixa". Recebeu esse nome pois nesse modelo Thomson imaginou o átomo sendo uma espécie de gelatina de cargas positivas (como um pudim), onde os elétrons de carga negativas (as ameixas) estavam embebidos nessa estrutura. Perceba que nesse modelo, o átomo ainda não tinha um núcleo, ele era uma coisa só, onde os elétrons estavam engastados em uma estrutura estática.

Ernest Rutherford, nasceu em 30 de agosto de 1871 na Nova Zelândia, e faleceu em Cambridge, Inglaterra, no dia 19 de outubro de 1937. Como bolsista na Universidade de Cambridge, atuou no laboratório de Cavendish, sob a tutela de nada menos que Joseph John Thomson, descobridor dos elétrons. Ele estudava as emissões de radiação do elemento recém descoberto, Rádio. Através de suas pesquisas com o uranio na Universidade McGill de Montreal Canadá em 1899, descobriu a emissão das partículas alfa e beta, além de estudar a meia vida deste elemento.

O modelo de Ernest Rutherford foi concebido por volta de 1910, e ficou conhecido como o "Átomo de Rutherford". Neste modelo os elétrons com carga negativa orbitavam um núcleo positivo, como um sistema planetário em miniatura. É interessante observar que esse modelo se encaixa perfeitamente ao axioma hermético onde se diz que "O que está em cima é como o que está em baixo" e por corolário "O que está em baixo é como o que está em cima". Veja que o axioma diz que é "como" ou seja, semelhante, não igual. Sim, as coisas costumam se assemelhar em escalas maiores e menores. Por exemplo, na composição das Galáxias, um grande número de sistemas solares além de outros corpos, poeira, e outras estruturas, orbitam um buraco negro massivo, ou um conjunto deles. Da mesma maneira que de forma reduzida, os planetas orbitam o seu sol. Já os satélites como a lua orbitam o seu planeta. Logo podemos imaginar ... porque esse padrão não continuaria a se repetir no diminuto? Essa sacada de Rutherford deu dinâmica a estrutura atômica, possibilitando imaginar o fluxo das partículas envolvidas por exemplo, na corrente elétrica. Veja que nesse modelo, os elétrons estavam em constante movimento, e digo mais, eles tinham uma certa independência do núcleo, possibilitando a troca ou compartilhamento de elétrons entre os átomos. Isso por si só fornecia solução para muitas indagações que pairavam sobre as cabeças dos cientistas na época. Como por exemplo: Qual o mecanismo que possibilita os compostos de reagirem quimicamente? Como isso se processa? O que é uma corrente elétrica? O que possibilita um acúmulo de carga, tanto positiva como negativa? E muitos outros.

Mas voltando ao assunto deste capítulo, é fato que o modelo de Thomson era puramente teórico, já Rutherford apresentou o seu modelo embasado em experimentos científicos. Desta forma quero agora enfatizar as observações tiradas por Rutherford em um experimento clássico feito em 1911 com dois colaboradores, Johannes Wilhelm Geiger e Ernest Marsden. Neste experimento ele usou as partículas alfa oriundas do núcleo de um átomo pesado, neste caso o elemento 84 da tabela periódica, o polônio. Esse elemento foi descoberto por Pierre e Marie Curie, em 1898. Recebeu este nome em homenagem a Polónia. Essa partícula chamada "alfa", possui carga positiva. Ela é nada mais nada menos que o núcleo do elemento hélio. Rutherford então bombardeia uma lâmina de ouro bem fina (cerca de 10 elevado a -4 milímetros), com essas partículas. O polônio era encerrado em uma caixa de chumbo, onde por um pequeno orifício permitia somente a saída das partículas alfa. Foi colocado também placas de chumbo com orifícios, para desta forma orientar as partículas para colidirem com a lâmina de ouro. Em seguida foi colocado um anteparo atrás da lâmina, revestido com sulfeto de zinco, substância que apresenta fluorescência. Com isso era possível ver a trajetória percorrida pelas partículas. É interessante salientar que Rutherford imaginava a princípio, que as partículas passariam diretamente pela lâmina metálica, pois caso elas fossem bloqueadas ou rechaçadas pela folha de ouro, dariam subsídios ao modelo atômico de Thomson. Vamos ser francos, no fundo o intuito de Rutherford quando idealizou esse experimento era justamente esse, colocar à prova o modelo de

Thomson dando respaldo a apresentação das suas próprias ideias sobre a composição do átomo. Mas o que sucedeu foi insólito ... a maior parte das partículas (99%) atravessaram a folha de ouro diretamente, o que era esperado por Rutherford. Já o 1% restante das partículas, sofreram um certo desvio. Sabendo que as partículas alfa são positivas pois elas são uma parte do núcleo do polônio, concluiu-se que elas tinham interagido com o núcleo dos átomos do ouro também positivo. Com isso as partículas alfa bombardeadas, foram desviadas por sofrerem repulsão ao passarem próximas ao núcleo de algum átomo de ouro. Lembrando que partículas de mesma polaridade se repelem, e partículas de polaridade diferente se atraem.

Querido leitor, nesse momento eu quero dar uma pequena pausa para lembrar o que eu já disse em um capítulo passado. Este livro é direcionado a todas as pessoas, sem exceção. Por isso me preocupo para que todos, da criança ao adulto, da dona de casa ao técnico, do estudante ao doutor, enfim todos realmente entendam o que estou colocando aqui. Por isso meu linguajar é o mais simples possível ... minhas explicações são dirigidas no sentido de dar subsídios à compreensão de todos. Logo darei explicações, às vezes, bem elementares, mesmo porque o sentido deste livro não é de cunho acadêmico, e sim um convite a repensar a própria vida. O ato de viver e observar curiosamente os aspectos que permeiam a existência é fundamental. Eu sei que esse capítulo é um pouco mais técnico, mas seu conteúdo é importante no contexto desta obra.

Prosseguindo ... voltando ao experimento de Rutherford que eu acabei de narrar, você pode imaginar o seguinte: O átomo deve ser composto por alguma massa, mas em maior parte por espaço vazio. Observando vários experimentos deste tipo, foi possível fazer um cálculo aproximado das dimensões da estrutura atômica. Se chegou à conclusão que seu núcleo, que era onde havia alguma concentração de matéria, ocupava somente cerca da trilhonésima parte do espaço ocupado pelo átomo. Isso significa que o átomo é praticamente vazio. Mal comparando, se o átomo fosse representado por um grande estádio de futebol, o núcleo seria algo um pouco menor que uma bola de gude no centro do estádio, e todo o resto, a eletrosfera. Se o átomo fosse um campo de golfe, seu núcleo seria do tamanho de uma das suas caçapas. Já o elétron tinha massa praticamente desprezível.

Logo, Rutherford pôde provar que o átomo não era uma esfera maciça como imaginava Thomson. Ele propôs um novo modelo, onde haveria um núcleo muito pequeno e denso com carga positiva, e o resto, a eletrosfera repleta de elétrons com carga negativa. Pelo baixo número de desvios sofridos pelas partículas alfa no experimento de Rutherford pôde-se concluir que o elétron possuiria massa praticamente desprezível, e que o átomo era quase composto de nada.

Perceba que a concentração de matéria no núcleo é tanta, que um centímetro cúbico desta matéria nuclear, pesaria algumas milhares de toneladas.

O núcleo atômico proposto por Rutherford, era apenas o pontapé inicial para descoberta de novas partículas, como por exemplo a descoberta do nêutron feita por James Chadwick, em 1932.

Querido leitor, neste momento você deve estar se indagando sob a insubstancialidade da matéria, mas saiba que isso é só o início da história. Veja que até então tínhamos um núcleo atômico que parecia apresentar alguma substância. Mais então nos resta propor algumas perguntas: Do que será que esse núcleo é composto? Será que ele é compacto? Será que o próton e o nêutron são partículas indivisíveis? Foi nos anos 70 com o auxílio do grande acelerador de partículas SLAC da Universidade de Stanford, na Califórnia que então foi possível bombardear esse núcleo para ver o que tinha dentro. Só que desta vez com partículas beta, que nada mais são que elétrons. Essas partículas foram então aceleradas próximo a velocidade da luz. Foi descoberto então, que não só os prótons como também os nêutrons não eram partículas sólidas, e sim compostas por partículas ainda menores que giram no interior deste núcleo. A essas partículas deram o nome de quarks. São seis os tipos de quarks: Up, Down, Charm, Strange, Top e Bottom. Somente os quarks tipo Up e Down se encontram manifestos agora, os outros existiram somente durante a criação do Universo, e foram descobertos durante os experimentos utilizando os aceleradores de partículas, onde eles foram gerados por um curtíssimo período de tempo. No núcleo atômico essas partículas são encontradas sempre em grupo de 3. O Próton é composto de dois Up e um Down, já o Nêutron, é composto de um Up e dois Down. O fato é que foi verificado no núcleo atômico, independentemente do elemento em questão, que não há somente um núcleo e sim 3 regiões com concentrações de matéria. Temos também outra partícula denominada lépton. Da mesma forma que os quarks, existem na estrutura atômica 6 tipos de léptons, porém só 2 são encontrados atualmente na composição da matéria estável, são eles o Elétron e o Neutrino do Elétron.

Agora só resta responder ... Qual o tamanho de um quark em relação ao próton ou ao nêutron? Pasmem ... sabe-se que o quark ocupa um volume 100 trilhões de vezes menor que um próton. Você não leu errado querido leitor, é isso mesmo "100 trilhões". Lógico que isso são cálculos aproximados, mas de qualquer forma o seu tamanho real não deve ficar muito distante disto. Logo o núcleo que se julgava possuidor de alguma substancialidade, também é praticamente vazio. Aliás, é muito mais vazio do que poderíamos imaginar. É interessante verificar, que quanto mais nos aprofundamos em descobrir a substancialidade de uma partícula, acabamos por encontrar outras partículas cada vez menores. E essas partículas são compostas por algo ainda menor que ocupa ainda menos espaço ... isso parece não ter fim. Vamos ser francos, é muito provável que a matéria não exista, e tudo que vemos seja apenas uma ilusão. Sim ilusão, não só as coisas que percebemos assim como nós mesmos, o espaço que nos separa, e talvez o próprio tempo. Na verdade, o que deve ser de fato a manifestação? Será uma espécie de estado vibratório? Uma intenção? Vontade? Bem, se tudo é vibração, quem mantém e sustenta essa vibração? Que desejo tão magnânimo sustentaria todo o Universo? Quem sabe tudo seja apenas o pensamento manifestado de um grande Ser, ou de um conjunto de Consciências.

É fato que quando dizemos que a matéria não existe, podemos nos contrapor, afirmando que temos a possibilidade de toca-la, senti-la ... e então? Pois ela possui uma realidade claramente percebida. Então quero falar agora sobre o "princípio da exclusão" proposto por Wolfgang Pauli em 1925. Este é um dos principais princípios da mecânica quântica. Ele afirma que duas partículas com a mesma carga não podem ocupar um mesmo espaço, porque se tentarmos comprimi-las, elas reagirão se repelindo. Isso explica o motivo de podermos tocar e sentir, embora a matéria possa não existir. O fato é que nosso corpo também é composto da mesma matéria que todas as coisas. Somos da mesma natureza, logo estamos sob a mesma forma de manifestação. Isso sem dúvida não exclui a insubstancialidade da matéria, como uma possível realidade.

Mas ainda assim você pode me dizer: – Eu existo. Eu experimento o ato de existir agora dentro de mim. Quanto a isso querido leitor, eu tiro o meu chapéu ... esse é sem dúvida o grande mistério ... o mistério dos mistérios ... o mistério justificado pela própria vida. Muitos homens passaram sua existência tentando decifrar este enigma. Quanto a isso eu apenas posso me calar.

O princípio da exclusão proposto por Pauli explica porque as estrelas quando morrem ao esgotarem seu combustível nuclear, podem se comprimir até se tornar uma anã branca, ou um buraco negro dependendo da massa, porém não podem se comprimir indefinidamente. Existe um limite. Lógico que isso vai depender da massa do astro, mais há sempre um limite calculado.

Perceba que quando observamos o Universo muito provavelmente estamos vendo apenas a ponta do iceberg ... um reflexo de uma realidade muito maior. Ele parece ser muito mais complexo que imaginamos. É provável que existam muitas realidades além da nossa, que interajam diretamente com tudo que vemos, embora não consigamos detecta-las. Se isso é verdade, será pouco provável que consigamos ir muito além sem abrir nossa mente a novas possibilidades. Os grandes cientistas sempre fizeram isso, por isso estiveram além do seu próprio tempo. Focaram suas pesquisas usando muito da sua intuição. Diziam os antigos sábios que "cérebro" e "coração" devem estar em equilíbrio. A realidade espiritual da matéria parece intrínseca a sua manifestação. O tecido que forma o espaço parece vivo, pois ele é mantido por alguma vontade maior. Além disso ele se comporta como se estivesse todo interligado, agindo como uma só coisa. Parece que tudo está em tudo ... que tudo depende de tudo. Se é assim, o que poderíamos concluir se de fato existir muitas outras dimensões? É muito provável que elas também estejam na mesma malha da existência. Logo as relações que influenciam a manifestação parecem ter muito mais vetores que possamos imaginar. Se apresentando como um tecido muito extenso e complexo.

*** O que é a Física Quântica?

O que chamamos de "Física Quântica" se refere ao estudo dos fenômenos que envolvem todas as partículas atômicas e subatômicas. Ou seja, tudo que se pode observar do átomo para dentro. Pois essas partículas possuem características que não podem ser explicadas pela física clássica. Além disso, é bem verdade que várias leis da física convencional, simplesmente não se aplicam quando analisamos a nível atômico.

O físico Max Planck foi um dos pioneiros no estudo da Física Quântica, e postulou grande parte dos seus princípios. Contudo, foi Albert Einstein que deu o nome a equação de Planck de "Quantum" ... esta é uma palavra de origem Latina, que significa quantidade. Logo esse termo simplesmente pegou, e assim esse ramo da ciência ficou sendo conhecido por "Física Quântica" ou posteriormente de "Mecânica Quântica".

*** A Teoria da Relatividade de Einstein

Foi em 1905, que Albert Einstein publicou a sua Teoria da Relatividade Restrita. Com o tempo os cientistas, através de seus experimentos só vem demonstrando que as proposições de Einstein estavam corretas. O fato é que foi preciso de muitas décadas para podermos ter condições técnicas para coloca-las à prova.

Eu sei que é difícil entender a relação entre o tempo e a velocidade da luz na relatividade de Einstein. Para ser mais didático, eu vou criar uma história como analogia. Pode parecer uma história bobinha, mas as coisas diferentes a gente nunca esquece, não é mesmo? Vamos imaginar que você está em uma nave espacial. Essa nave é movida, de alguma forma por um motorzinho elétrico. Nessa nave também tem um reloginho que marca o seu tempo, que também é elétrico. Imagine agora que tanto o motorzinho como o reloginho são alimentados por uma mesma bateria. Interessante ressaltar que quando a nave se desloca mais rápido, o motorzinho consome mais energia, logo não sobra muita energia para alimentar o reloginho que começa a andar mais devagar. Quanto mais rápido você se desloca o reloginho anda ainda mais devagar. Quando você atinge a velocidade da luz, o motorzinho consome toda a energia da bateria, e o reloginho simplesmente para. E é assim mesmo que acontece, quanto mais rápido a gente se desloca, parece que a energia para esse deslocamento consome a energia que move o tempo que fica mais lento. Porém temos que ressaltar que para você que está dentro da nave, o tempo parece passar normalmente, pois o tempo desacelera na perspectiva de quem está fora da nave, em condição de repouso. Logo você não percebe nada. Veja que se você pudesse olhar para alguém fora da nave, essa pessoa pareceria se mover freneticamente a grande velocidade. E para a pessoa que está fora da nave, se pudesse te ver, diria que você parece se mover muito devagar em slow motion. Essa história é hipotética, pois sabemos que é impossível viajar na velocidade da luz, pois quanto mais rápido viajamos, de acordo com a lei da Relatividade, a massa da nossa nave e de nós mesmos, vão aumentando até chegar ao infinito. Desta forma precisaríamos de uma energia infinita para chegar a essa velocidade, o que é impossível. Outro fato interessante relativo à luz, é que se por exemplo nós tivéssemos uma arma e atirássemos de cima de um carro em movimento para frente, poderíamos concluir que a velocidade da bala seria a soma das velocidades do disparo mais a velocidade do automóvel. Isso já não acontece com a luz. Ela sempre tem a mesma velocidade independente se quem disparou o feixe de luz está em movimento ou não.

*** As quatro Forças Fundamentais

Os fenômenos relativos as interações entre os elementos que observamos a nossa volta, também conhecidos como fenômenos físicos, são descritos como resultado de 4 forças fundamentais. Já em meados do século XX se detinha grande conhecimento sobre essas forças que regem toda a natureza, do mais diminuto como o átomo até o mais macro como as interações entre os corpos celestes. Essas 4 forças são conhecidas como: Força gravitacional, Força eletromagnética, Força nuclear fraca e a Força nuclear forte.

Força Gravitacional: Esta força é a mais fraca das 4, mas, contudo, é a que atinge as maiores distâncias. Com o aumento da distância ela diminui exponencialmente tendendo a zero, porém nunca zera completamente ... ou seja, sua ação se estende ao infinito. É importante salientar que a força gravitacional é sempre atrativa, nunca repele. Ela é cerca de 1038 vezes mais fraca que a "Força Nuclear Forte". Ela foi muito estudada e discutida em todas as épocas, desde filósofos até grandes cientistas. Sua ação pode ser observada pelo peso das coisas, como também pela atração dos astros, mantidos em suas órbitas, desde a Lua pela terra, os planetas pelo Sol, e todos os corpos da Galáxia. No nosso planeta, qualquer objeto que seja jogado em queda livre está sob influência desta força, e será verificado uma aceleração de aproximadamente 9,80665 metros por segundo ao quadrado. Essa força está ligada a massa dos corpos, desta forma em cada planeta, devido a sua massa, teremos uma força de atração distinta. Logo se visitássemos outros planetas pesaríamos diferente do que pesamos sobre a superfície da Terra. Newton publicou em 1687 a sua "Lei da Gravitação Universal", na qual define que a força gravitacional é "diretamente proporcional ao produto das massas e inversamente proporcional ao quadrado das distâncias que separa dois corpos". Albert Einstein em 1915 em sua "Teoria Geral da Relatividade", explica a gravidade como sendo a consequência da deformação na malha hipotética que forma o espaço-tempo, e não uma força propriamente dita. Assim, Einstein redefiniu a teoria de Newton, relacionando a gravidade e a massa com o espaço-tempo. Modernamente as últimas teorias ligam a gravidade a ação de uma partícula subatômica chamada Gráviton.

Força Eletromagnética: Esta força é responsável pela ligação entre os átomos e as moléculas na formação da matéria. Ela possui duas polaridades. É repulsiva em cargas de polaridades iguais, e atrativa em cargas de polaridades diferentes. Logo ela é responsável pela atração entre o núcleo positivo e os elétrons negativos. Ela se manifesta a partir de distâncias maiores que o núcleo atômico e se estende até a enormes distâncias. Um exemplo de sua ação fora do átomo, é o campo magnético formado ao redor do nosso planeta gerando a atração dos polos norte e sul, que são sentidos quando usamos uma bússola. Ela é cerca de 1036 vezes mais forte que a "Força Gravitacional". Ela também é sentida quando atritamos determinados materiais, pois com isso existe perda e ganho de carga entre eles ... então eles passam a se atraírem.

Força Nuclear Fraca: Essa força atua no processo de decaimento radioativo das substâncias instáveis. Sua atuação é de pouca distância. A primeira teoria postulada sobre as interações fracas, foi formulada em 1933, por Fermi. A teoria mais recente também chamada de "Teoria de Glashow-Weinberg-Salam", unifica as interações fracas e a força eletromagnética como sendo manifestação de uma só força, conhecida como "Força Eletrofraca". A "Força Nuclear Fraca" é 1013 vezes mais fraca que a "Força Nuclear Forte", e 1025 vezes mais forte que a "Força Gravitacional".

Força Nuclear Forte: Essa força atua apenas no núcleo atômico, e não tem ação sobre os elétrons. Ela é responsável por manter o núcleo unido. Perceba que em termos de "Forças Eletromagnéticas" é sabido que cargas de mesma polaridade se repelem, e as contrárias se atraem. Logo, se não fosse a "Força Nuclear Forte", os prótons que são de carga positiva, se repeliriam e o átomo se desintegraria. Logo a "Força Nuclear Forte" sendo 100 vezes mais forte que a "Força Eletromagnética" é a responsável pela coesão do núcleo atômico.

A unificação destas 4 forças é o sonho dos cientistas. Muitas teorias vieram nesse sentido a partir do fim do século XX, mas ainda há muitas lacunas a serem acertadas. Logo a tão sonhada unificação parece distante. É bem verdade que foi observado, que as forças eletromagnética e nuclear fraca, se comportaram de forma idêntica quando se atingiu uma altíssima temperatura em um experimento de fusão nuclear. Desta forma foi possível concluir a unificação destas duas forças. Logo surgiu a teoria que se essa temperatura fosse muito maior, poderia então se verificar a unificação de todas as 4 forças. Mas essa temperatura é tão alta, que só foi conseguida instantes depois do Big Bang. Logo por questões técnicas não temos como colocar isso à prova. Mas é possível que esta teoria esteja certa, e que em uma pequena fração de tempo logo após o Big Bang, com temperaturas na ordem de trilhões de graus, realmente as 4 forças se comportassem de uma só forma.

*** Experimento Teste de Bell

Nesse instante eu gostaria de dissertar um pouco sobre um experimento feito em 1982 pelo físico francês Alain Aspect, bacharel da École Normale Supérieure de Cachan na França. Este experimento foi chamado como o "experimento teste de Bell", pois nele se prova que as desigualdades de Bell foram efetivamente violadas. Esse experimento vem contribuir para a demonstração que não parecem proceder as proposições feitas por Albert Einstein quando argumentava em um artigo publicado 1935, dizendo que a teoria quântica estaria incompleta. Esse artigo iniciou o chamado Paradoxo de EPR (Einstein, Podolsky e Rosen). Uma das questões que foram questionadas, era a possibilidade em certas condições, de medir velocidade e posição de uma partícula subatômica ... o que fere o princípio básico da física quântica, o "Princípio da Incerteza" de Heisenberg. Esse princípio diz ser impossível saber ao mesmo tempo o momento e a posição de uma partícula, ou se sabe uma coisa ou outra, nunca as duas.

Desta forma, o questionamento de Einstein foi proposto da seguinte forma: Se conseguirmos fazer que um átomo emita duas partículas em sentidos perfeitamente opostos uma em relação a outra, bastaria então medir o momento de uma das partículas e a posição da outra, logo você concluiria a posição e momento das duas por correlação, pois você sabe o ponto de partida delas. Interessante, não? Logo o princípio da Incerteza estava sendo questionado. Contudo, neste experimento de Aspect, foi demostrado que quando você tenta medir uma das partículas, você acaba por alterar a outra instantaneamente, logo a sua medição se torna equivocada. Isso porque as partículas parecem se comportar como se fossem uma coisa só, quando você altera uma, a outra também se altera. Einstein não acreditava que isso poderia ser possível, e dizia que isso seria "spooky action at a distance" (ação fantasma à distância). Realmente a comunicação instantânea entre duas partículas além de tudo, fere também a teoria de Einstein que diz que nada pode se mover mais rápido que a velocidade da luz. Logo, como é possível que essas partículas se comuniquem instantaneamente, independente da distância entre elas, para conhecer sobre o estado da outra?

Neste experimento, Aspect demostrou a interação em tempo real das partículas quando separadas ao serem alteradas, logo a teoria quântica parece estar correta, até que se tenha outra. Aspect foi sem dúvida o primeiro cientista a fazer testes conclusivos sobre o paradoxo.

É bem verdade, que as questões descritas pelo paradoxo

EPR foram estudadas mais tarde por John Stewart Bell (Belfast, 28 de junho de 1928 — Belfast, 1 de outubro de 1990). Em 1964 concluiu o seu famoso Teorema de Bell, postulando que nenhuma teoria de variáveis locais ocultas teria validade dentro do contexto da mecânica quântica. Desta forma, Bell descreveu algumas desigualdades que pareciam violar a relação envolvendo as partículas subatômicas. Por isso mesmo foi dado esse nome ao experimento.

O "experimento teste de Bell" foi a conclusão de uma história longa e complexa, envolvendo os defensores da física quântica encabeçados por Niels Bohr, e os que achavam que a teoria quântica estava incompleta, encabeçados por Einstein. Por isso vou simplificar e ir direto aos fatos, que é o que nos interessa.

Muitos anos se passaram e as questões envolvendo o paradoxo de EPR não podiam ser comprovados por limites puramente técnicos. Até que em 1982 Aspect com esse experimento relativamente simples conseguiu enfim colocá-lo a prova, e dar uma resposta a que todos esperavam.

Através de decaimento radioativo de um átomo de cálcio excitado, se gerou um par de fótons. Esses fótons foram dirigidos a dois analisadores que estavam a 12 metros de distância um do outro, onde esses fótons eram medidos. Conforme era previsto pela teoria quântica, os dois fótons sempre apresentavam a mesma polarização, qualquer que seja a sua orientação. Mesmo trocando os polarizadores aleatoriamente. É muito interessante observar que independente da distância que eles se separassem, os fótons apresentavam sempre a mesma medição. Ou seja, quando medimos um deles, o outro simplesmente troca de fase instantaneamente. Como um fóton sabe a medição do outro?

É bom ressaltar que depois deste experimento, muitos outros foram feitos no intuito de provar isso que foi chamado de "entrelaçamento quântico". Veja que em todos esses experimentos, sempre os resultados verificados foram semelhantes.

Certa vez, Born escreveu uma carta a Einstein em que dizia que apesar das leis da física convencionais funcionarem bem para toda matéria, quando se tratava de partículas subatômicas elas simplesmente não atendiam as expectativas, pois os princípios que regem essas partículas parecem ser outros. É verdade que elas se comportam como se pertencessem a uma realidade bem distinta da nossa, isso é inegável. Quem sabe um estado não dimensional, ou até mesmo, um mundo unidimensional, onde tudo está no mesmo lugar, logo as partículas são no fundo uma única coisa? O mais interessante é que essas propriedades valem apenas entre as partículas de um mesmo átomo. Como se cada átomo fosse soberano, e manifestasse sua própria dimensão e vontade, sem se confundir com a dos outros átomos. Sim, um ser inteligente, individualizado, encerrando em si uma realidade dimensional totalmente particular. Será que os antigos Gnósticos estavam certos quando falavam de inteligência atômica? Seria o átomo um ser vivo espiritual? Por analogia, se nós somos compostos por células, que possuem sua própria vida, porque a matéria não poderia ser algo igualmente vivo? Sendo o átomo o princípio elemental da manifestação de um grande ser.

*** A Teoria das Cordas

No contexto destes aspectos das partículas eu gostaria de referenciar uma teoria muito discutida na atualidade, ela é chamada de "Teoria Das Cordas". Ela foi criada na tentativa de unificar as duas principais teorias da física moderna; a teoria da Física Quântica, e a teoria da Relatividade Geral de Albert Einstein.

A Teoria da Relatividade não explica o Big Bang, nem o comportamento dos buracos negros. Já a Física Quântica não consegue demonstrar claramente os processos que envolvem a gravitação.

Em 1919, Theodor Kaluza, deu início a Teoria das Cordas.

Muitos cientistas deram sua contribuição no aperfeiçoamento desta teoria, que continua sendo melhorada até hoje. Uma das principais atualizações foi desenvolvida por Edward Witten entre 1994 e 1997.

A Teoria das Cordas diz que as partículas são compostas por finíssimos filamentos unidimensionais de pura energia que vibram como "cordas" e não por partículas pontuais como se pensava até então. Ou seja, os quarks são compostos por elas. Esses filamentos vibrariam como cordas, e dependendo da sua frequência vibratória formariam toda a diversidade de partículas que compõem o Universo.

A Teoria das Cordas tenta definir uma partícula definitiva, formadora de tudo, por isso também é chamada de Teoria de Todas as Coisas, ou "Theory of Everything (TOE)". Sim, porque ela consegue com isso unificar todas as teorias em uma só, pois tudo seria formado por um só princípio, "a vibração".

Interessante salientar que para a Teoria das Cordas poder ser demostrada matematicamente, foi necessária a concepção para tal, de um Universo com mais de 3 dimensões. Mais precisamente, ela requer 7 dimensões a mais, além de uma dimensão temporal. Logo, ela propõe um Universo com 11 dimensões, sendo 10 Espaciais e uma Temporal.

Veja que interessante, essa teoria exige naturalmente mais dimensões além das conhecidas. Todos já imaginavam que por trás do Universo visível deve existir muitas outras realidades que daria explicação a grandiosidade e diversidade de toda a criação. E digo mais, é muito provável que existam muito mais de 11 dimensões no Universo ... isso é só o princípio. Outra coisa interessante, é o fato das cordas serem filamentos unidimensionais. Veja que desta forma, ela pode esticar infinitamente sem perder a unidade. Isso explicaria os resultados da experiência de Aspect. Logo a matéria seria composta apenas por esses filamentos Unidimensionais. Mas por que unidimensionais? Porque o diâmetro deste filamento seria da ordem da bilionésima parte, da trilhonésima parte, da trilhonésima parte de um centímetro ... isso é tão irrisório que por essas medidas todo o Universo caberia em menos de um centímetro cúbico. Basicamente esses filamentos ocupariam o espaço percorrido pela sua própria vibração (como uma corda vibrando), mas o filamento em si seria imaterial, apenas pura energia. Eles se apresentariam como sendo pequenos laços energéticos.

*** Experiência da Dupla Fenda

Isaac Newton acreditava que a luz era composta por corpúsculos, logo se comportava como uma partícula. Christiaan Huygens discordava, pois acreditava que a luz tinha um comportamento ondulatório. Por mais de 100 anos prevaleceu a ideia de Newton. Em 1801, o físico e médico inglês Thomas Young realizou o célebre experimento conhecido como "experimento da dupla fenda" onde provou que a luz se comportava como uma onda, provando que Huygens tinha razão. Nesse experimento se colocava um anteparo entre uma chapa fotográfica e um emissor de luz. Foram utilizados vários anteparos.

O primeiro era um anteparo com uma única fenda. Se a luz fosse um corpúsculo, ela atingiria a chapa fotográfica apenas onde a fenda permitisse, ou seja, uma projeção do emissor de luz passando pela fenda, deixado um risco forte e claro na chapa. Mas o que ocorreu foi que a luz sofreu uma difração ao passar pela fenda deixando uma marca extensa e suavizada na chapa, evidenciando o comportamento ondulatório.

No segundo foi usado o anteparo com duas fendas, e mais uma vez foi evidenciado o comportamento ondulatório. Em seguida se diminuiu o tamanho das fendas, e então se verificou que a chapa ficou com regiões mais marcadas e menos de forma intercalada, como uma franja. Mostrado claramente a interferência das duas ondas que partiram das fendas.

Esse experimento também foi feito mais tarde com prótons,

nêutrons e elétrons onde se evidenciou que essas partículas ora se comportavam como partícula ora como onda.

Na atualidade, a teoria mais aceita é a postulada pelo físico francês Louis Victor Pierre Raymond, príncipe de Broglie, que fala sobre a dualidade onda-partícula. Importante lembrar que Louis se baseou nas conclusões propostas por Albert Einstein, sobre o comportamento dos fótons.

Na teoria de Broglie ele postula em sua análise sobre a mecânica ondulatória também conhecida como "Pesquisa sobre a teoria dos quanta", que a energia radiante tem características ondulatórias, mas também está ligado a propagação de uma partícula. Logo toda partícula também se comporta como onda.

*** O espaço vazio no Cosmos

Falamos sobre o vazio na composição das coisas, mas não podemos esquecer do vazio do Universo ... sim, quanto espaço há entre os astros. Imagine a infinidade de espaço vazio entre a terra e a lua. Para ter uma ideia de distância vamos usar o diâmetro das coisas. Neste caso pegamos o diâmetro da Terra, ou seja, se você cavar um buraco até chegar ao outro lado da Terra vai percorrer a distância de 12.742 Km em média, já que a Terra não é uma esfera perfeita. A lua está a cerca de 30 diâmetros da Terra de distância. Ou seja, se colocarmos 30 Terras lado a lado essa é a distância entre nós e a lua. Agora vamos mais além e imaginar o espaço entre os planetas. Demoraremos 150 dias para viajar até Marte que está aqui ao lado. Quando conseguimos a maior aproximação de Marte, podemos ficar a aproximadamente 55.000.000 Km, que dá 4.316 diâmetros da Terra. Agora, quanto ao nosso sistema solar, a luz do sol leva cerca de 8 minutos para chegar aqui, pois a distância é de 150.000.000 Km ou 11.772,09 diâmetros da Terra. Os planetas mais distantes estão a distâncias infindáveis. O nosso Sistema Solar parece ser ainda mais vazio.

E o que dizer agora da distância entre o nosso sol e outros sóis, quanto espaço existe dentro da nossa galáxia, a Via Láctea. A estrela mais próxima de nós é Alfa Centauri que está a 4,24 anos luz. Um ano luz equivale a distância de 9,46 trilhões de quilômetros aproximadamente. Levando em consideração que o diâmetro do Sistema Solar equivale a 1 ano luz, mais precisamente 9,5 trilhões de quilômetros, então Alfa Centauri está a 4,24 diâmetros do Sistema Solar de nós.

Agora imagine a infinidade de absolutamente nada entre as galáxias. A galáxia mais próxima de nós é Andrômeda a 2.540.000 anos luz. Vale lembrar que o diâmetro da nossa Via Láctea é de 110.000 anos luz, já Andrômeda tem o dobro 220.000 anos luz. Logo a distância entre a Via Láctea e Andrômeda é de 23 diâmetros da Via Láctea. Se formos parar para pensar, o Cosmos é em sua grande parte composto de espaço vazio. Isso só vem a corroborar a ideia do axioma Hermético, que diz que as coisas parecem se repetir do muito grande ao muito pequeno.

*** Os conceitos sobre o vazio na História

Pela perspectiva da física, o espaço vazio foi visto de diferentes formas no decorrer da nossa história. Newton via o espaço como sendo um mero palco onde o teatro da criação se desenrolava. Logo o espaço era estático, apenas demarcava a posição dos acontecimentos sem participar. Einstein então formulou teorias que colocavam o espaço e o tempo como participante da peça, pois eles se deformavam como uma malha interagindo com a massa dos corpos, o que é incrível. A física quântica veio e provou que o espaço que aparentemente era vazio, estava repleto de um outro tipo de matéria e energia que influenciava toda a matéria detectável, e que por sinal era muito mais abundante e pesada, e compunha a grande parte do Universo. Logo o espaço vazio era um ator muito importante e não um mero coadjuvante.

*** O Big Bang e a expansão do Universo

Em 1925, utilizando o mais novo telescópio da época, que ficava no Observatório de Monte Wilson, se verificou que as chamadas nebulosas extragalácticas, que a princípio, eram vistas como sendo feitas de poeira e gases oriundas da nossa própria galáxia, na verdade eram outras galáxias. Isso foi sem dúvida um assombro para os astrônomos da época, pois ampliou em muito a sensação de vastidão do nosso Universo.

No fim da década de 20 os pesquisadores se detinham em observar o comportamento das galáxias, quando em 1929 o astrônomo Edwin Powell Hubble fez uma descoberta desconcertante. Ele observou que as galáxias estavam se afastando não só de nós, como uma das outras, e além disso observou que quanto maior a distância, mais alta a velocidade de distanciamento. Essa foi a evidência que permitiu concluir que todas as galáxias deveriam ter se originado em um único ponto no Cosmos, e vinham se expandindo desde um passado remoto até a atualidade. Possivelmente, uma grande explosão arremessou a matéria em todas as direções. Nascia então a teoria do Big Bang. Pelos cálculos mais recentes foi estimado que o Universo se originou a cerca de 13,7 bilhões de anos. Para ter uma ideia, o planeta Terra tem 4,5 bilhões de anos. Vamos ser francos, a idade da nossa Terra em relação a idade do Universo é de apenas um terço, parece que tudo se formou bem rápido, não? Então o que a teoria do Big Bang propõe é que a matéria estava toda concentrada em um único ponto, e em um determinado instante tudo se expandiu ... uma grande explosão deu origem a toda a criação. Você pode perguntar: — Como toda essa matéria chegou lá? De onde ela veio? O que havia antes? Sim, a teoria do Big Bang não parece ser o início, e sim um processo que remete a algo ainda anterior. Vale lembrar que é apenas uma teoria.

Para corroborar essa teoria, em 1964 dois radioastrônomos, Arno Penzias e Robert Wilson, trabalhando no Laboratório da Bell, foram responsáveis pela descoberta da "radiação de fundo" que parecia ser o eco do Big Bang. Ela é uma radiação eletromagnética que preenche todo o Universo. Penzias e Wilson, receberam o prêmio Nobel em 1978. Sendo assim a teoria do Big Bang ficou sendo a mais plausível e mais aceita.

*** Matéria Escura e Energia Escura

Em 1997 várias observações foram feitas em muitos observatórios espalhados pelo mundo, inclusive no Chile, com o intuito de verificar se a expansão do Universo persistia. Para tal, foram observadas algumas supernovas em galáxias distantes. Desta forma, foi incrível quando constataram que o Universo continuava expandindo, e o mais incrível, ele estava acelerando. Ou seja, cada vez mais as galáxias se afastavam com maior velocidade.

Vamos parar para pensar um pouco. Se os corpos se atraem, e isso é uma verdade inegável, pois os planetas orbitam seus sóis, e a própria galáxia tem em seu centro grandes buracos negros mega massivos, e assim por diante ... como o Universo poderia estar se expandindo, e ainda acelerando? Desde o suposto Big Bang, o Universo foi arremessado para longe, e poderia estar até se expandindo em virtude do impulso inicial. Mas com a ação gravitacional dos corpos, o mais lógico era imaginar que ele estaria desacelerando gradativamente, nunca acelerando. Como poderia isto estar acontecendo? Logo os cientistas começaram a pensar que no Universo deveria haver uma espécie de energia que atuasse no sentido contrário ao da gravidade, empurrando o Universo como uma mola. Deram o nome a essa energia de "energia escura" pelo fato de não emitir nenhuma radiação, e não poder ser detectada. Atualmente calcula-se que a energia escura constitua 73% do Universo, sendo então a maior parte.

Einstein já havia percebido muito tempo antes, que o Universo no mínimo se parecia constante em sua dimensão, o que contradizia suas previsões sobre o Universo. Já que pelos seus cálculos ele deveria estar se contraindo. Então ele criou a "Constante Cosmológica". Uma solução não muito elegante que define uma força contrária a gravitação. Ela faria o Universo se afastar de forma a equilibrar as forças. Na verdade Einstein estava certo, pois desta forma ele já havia previsto a energia escura.

Não devemos confundir "energia escura" com "matéria escura", são coisas distintas.

Toda a galáxia gira em torno de um centro devido a atração gravitacional exercido pela concentração de matéria. É possível estimar a quantidade de matéria dentro de uma galáxia, pela observação do movimento dos seus componentes. O astrônomo suíço Fritz Zwiky foi o primeiro a perceber a existência da "matéria escura" estudando aglomerados de galáxias, e calculando a sua massa pelas suas interações. O que ocorreu é que surpreendentemente a velocidade de rotação das estrelas no interior da galáxia era muito superior ao esperado, tendo em vista a quantidade de massa calculada. Logo deveria haver muito mais matéria, e que de alguma forma não estava sendo percebida. Através da observação do desvio da luz na periferia das galáxias, conhecido como fenômeno das "lentes gravitacionais", foi constatado uma espécie de alo gigante ao redor das galáxias. Essa matéria comprimia as estrelas como uma manta circundando toda a galáxia mantendo a coesão do conjunto. De qualquer forma ela pode ser chamada de matéria, pois possui massa já que desvia a luz. A essa suposta matéria foi denominada de "matéria escura". Sim escura, pois ela não pode ser detectada dentro do espectro eletromagnético. Foi estimado que a matéria escura constitui a maior parte da matéria da nossa Via Láctea, quase 90%. E em relação a todo o Universo ela é responsável por cerca de 23%.

Pelos cálculos atuais, o Universo é constituído da seguinte forma: 73% por "energia escura", 23% por "matéria escura", e apenas 4% pela "matéria normal". Incrível saber que a matéria percebida e palpável, constitui apenas 4% do nosso Universo.

Euler de Assis Ribeiro

*** A Matéria surge espontaneamente do nada?

Ainda me recordo da minha bisavó ... uma doce velhinha. Apesar de sua idade avançada, e das fortes rugas que transpassavam o seu semblante, guardava um eterno sorriso e um brilho nos olhos que transmitiam a mais pura jovialidade. Rapidamente ela se punha a varrer os cômodos do antigo casarão colonial. Ela sempre dizia que era importante tirar bem a poeira entre as tábuas corridas do velho piso, pois se não o fizesse, das frestas empoeiradas brotariam pulgas e outros insetos. Sim, até o início do século XX muitas pessoas acreditavam na "Geração Espontânea". Achava-se que era possível que a vida fosse gerada espontaneamente dentro de certas condições. Por exemplo, se fosse colocado roupas sujas no canto de um quarto, de lá surgiriam espontaneamente ratos. Interessante, não? Caro leitor, dentro desta linha, o que você me diria sobre a geração espontânea de matéria? Seria possível que a matéria pudesse surgir do nada? Parece incrível, mas saiba que isso acontece o tempo todo. No vácuo absoluto do espaço, a matéria surge espontaneamente por curtíssimos períodos de tempo e volta a sumir no vazio.

Em 1948 Hendrik Casimir faz um experimento em que coloca duas chapas metálicas no vácuo. Essas chapas são separadas por uma ínfima distância. Mais precisamente 0,02 milímetros. O incrível é que elas ficaram eletrificadas. De onde surgiu aquela corrente? Atualmente se acredita que essas partículas brotaram da energia do vácuo.

Sem desmerecer a minha bisavó, todos nós sabemos que não há geração espontânea. Simplesmente as condições insalubres atraíram os animais, além do que alguns insetos surgiram pelo fato dos ovos já estarem lá. Vamos ser francos, da mesma forma, não deve haver uma geração espontânea de matéria. É muito provável que a matéria já estivesse lá de forma latente, pronta para cruzar o umbral para a nossa realidade. Depois do Big Bang o Universo foi esfriando, e já se sabe que muita matéria se escondeu sob outras realidades. Por exemplo, 96% do Universo é composto por Matéria Escura e Energia Escura ... isso porque essas duas realidades podem ser detectadas de alguma forma. Imagine que deva existir muitas outras realidades que não podem ser detectadas, logo ainda estão ocultas para nós.

*** Multi-Universos

Temos que aceitar a nossa insignificância, frente ao Universo. Primeiro julgávamos que o nosso planeta era o centro de tudo. Logo o Sol tomou esse lugar. Depois percebemos que o princípio de tudo parecia estar no centro da nossa Galáxia. Então veio a constatação que haviam milhões de galáxias como a nossa. E agora, o que virá depois?

Há uma teoria que diz existir muitos Universos iguais ao nosso, em todas as direções do Cosmos. A esses Universos dá-se o nome de Multiversos, ou Multi-Universos. Agora vamos pensar um pouco. Podemos chegar a algumas conclusões que parecem proceder. Esses supostos Universos também devem estar se expandindo, e acelerando assim como o nosso. A Energia Escura os acelera. Desta forma, chegaria uma hora em que o nosso Universo assumiria um tamanho tal que começaria a interagir com outros Universos. Logo a nossa energia escura entraria em confronto com a dos outros Universos, empurrando toda a matéria. Desta forma, é provável que ela vá aos poucos, novamente se concentrando em determinadas regiões. Depois, de alguma forma essas concentrações de matéria eclodiriam em um novo Big Bang.

*** Considerações Finais

Chegamos a esse ponto com a impressão que dentro da nossa realidade tridimensional, a matéria parece não existir. Temos no fim apenas estados vibratórios, ondas ... não uma realidade mensurável do ponto de vista material. É muito interessante lembrar de alguns textos antigos que dizem ser o Universo, algo ilusório. Se é assim, nós também somos ilusão, e manifestamos sentimentos, emoções ... quem sabe somos pensamentos na mente de um grande pensador?

Max Planck disse que depois de estudar detidamente o átomo, evidenciou que toda a matéria é criada, e existe, por meio de alguma inteligência que a mantém vibrando. O fato é que muitos daqueles que estudaram a matéria em suas partículas fundamentais acabaram por admitir a presença de uma inteligência superior, que pudesse exercer uma vontade soberana sobre toda a criação. Desde as diminutas partículas subatômicas ao conceito de multi-universos, parece que tudo faz parte de um plano maior.

CAPÍTULO 4

TUDO É VIBRAÇÃO

Querido leitor, analisando os fatos apresentados até agora temos que admitir que a criação parece ser uma espécie de holografia, uma forma de pensamento plasmado, um estado manifestado de imaginação e consciência. Ela não existe substancialmente, mas nós a experimentamos aqui e agora, e nos parece bem real. Temos a ideia de substancialidade atrelada ao que podemos tocar neste estado dimensional em que nós habitamos, mas quem pode dizer quantas dimensões existem além desta? De qualquer forma, no fim das contas chegamos ao ponto de poder afirmar que tudo é apenas vibração, onda, estado vibratório, etc. É bem verdade, que tudo vibra, mas a pergunta é: Quem mantém tudo vibrando? Qual a real intenção da manifestação? Que vontade é essa tão magnânima que sustenta uma criação tão vasta? Qual é o nosso papel em tudo isso? O que é esperado de nós? Se toda manifestação tem suas leis, como devemos fazer para percorrer esta existência de forma mais suave, não se contrapondo inutilmente aos desígnios da grande obra? Me parece mais inteligente, buscar primeiro conhecer as regras para então poder posicionar-se frente à vida, poder decidir que caminho trilhar. Por mais que expliquemos algo sobre a vida a alguém, só a vivência realmente lhe trará uma melhor consciência dos fatos. Por mais que uma pessoa estude sobre um assunto que se relacione a vida, só a experimentação dos acontecimentos a torna capaz de resgatar uma tomada de consciência a ponto de poder decidir de forma mais acertada como proceder perante os eventos cotidianos. Lógico que cada pessoa vai extrair consciência dos acontecimentos de acordo com a sua própria vivência. Cabe a cada um estar atento, para não perder as oportunidades que a vida lhe oferece. A consciência é algo que se desenvolve lentamente, uma coisa depende da outra, mas paulatinamente vamos crescendo sem nos darmos conta.

É evidente o estado vibratório em toda a criação. O fato é que tudo na verdade está em constante pulsação e movimento ... perceba que todas as partículas que compõem este mundo estão em movimento. Não há nada parado no Universo, o movimento é a regra. Mesmo a pedra, a montanha, enfim todas as coisas que aparentam solidez e inflexibilidade estão em movimento. Sem contar com a evidência que nós estamos em movimento devido ao fato de estarmos na superfície de um planeta que gira sobre seu eixo, logo nós giramos junto ... além do movimento do nosso planeta ao redor do sol, o movimento da galáxia, e por aí vai. Do muito pequeno ao muito grande, nada está parado. Além dos movimentos cíclicos, temos que admitir que tudo também vibra, o estado vibratório também é uma regra. Toda vibração possui seu ciclo, sua frequência. Desta forma podemos verificar a diversidade de coisas no Universo, mas, no entanto, tudo é só vibração. Do ar à água, da pedra tão dura à pétala da flor, no fim das contas tudo se resume a estados vibratórios. A existência de várias dimensões se faz possível, pelo espectro de frequências que possibilitam infinita gama de manifestações, do mais denso ao mais etéreo.

Se neste mundo físico tudo é vibração, o que dirá dos estados mais sutis? Onde está o Universo interior que compõe a psique humana? Por exemplo os sentimentos, os pensamentos. É inegável que eles também existam. Se é assim, onde eles se encontram? Isso por si só, já é evidência da existência de outras regiões mais sutis na criação, pois tudo que vemos ou experimentamos, mesmo de forma íntima, espelha uma realidade vibratória. As emoções assim como os pensamentos vibram e interferem neste mundo através de nós, o fato é que eles existem, e isso é inegável. Pergunto então: Até quando as regiões mais sutis interferem aqui nesta dimensão tridimensional? E eu não digo isso pela influência em nós, que é óbvia, mas sim através dos eventos da vida ... pelo que chamamos de destino ... pelo curso que as coisas vão tomando naturalmente. Veja que pensar e sentir é algo natural. Que fique claro, pois eu não estou nem me referindo ao próprio estado de existir, o princípio que anima tudo ... pois pensar e sentir já é uma consequência, uma manifestação do "existir".

É inegável que há uma influência, digamos discreta naquilo que pensamos. Mas o fato que quando nós nos polarizamos com um pensamento que se repete com frequência, acaba por ocorrer eventos que se relacionem com aquela ideia. Não é que o pensamento necessariamente se concretize no físico, isso pode até acontecer, mas me refiro a pequenas coisas que se relacionem com ele, e se você estiver atento pode perceber durante o seu diário viver. Como exemplo vamos supor que você está pensando muito em fazer uma nova faculdade. É algo que vem martelando na sua cabeça. Você inclusive sonha com essa ideia. Dessa forma você acaba por perceber que misteriosamente, aonde você vai, encontra propagandas de universidades, passa alguém na rua e te dá um panfleto sobre vagas e cursos oferecidos por alguma instituição, liga a Tv e estão falando sobre o programa de bolsas universitárias, etc. Parece que há uma interferência ao seu redor, gerado pelo seu pensamento. Uma espécie de estado de atratividade, o que evidencia uma influência do que pensamos com o mundo a nossa volta. Você pode me dizer, que da mesma forma que eu penso que o meu pensamento acabou por influenciar o mundo a minha volta, também pode ser que o fato do exemplo em questão, possa expressar na verdade que você sim, é que esteja sendo influenciado pela vida, no sentido de querer fazer um novo curso universitário. Isso é uma grande verdade, a atração é uma relação de mão dupla. Existe uma influência de nós para o todo, como do todo em nós. No fim, todas as relações se fecham e acabam por se anularem. A lei da correspondência pode ser aplicada aqui. Perceba que a

Correspondência dita as relações que propiciam o mecanismo do próprio karma. Vou falar mais sobre essa lei mais adiante. O fato é que parece que todas as relações do Universo parecem fluir no sentido de fechar as contas, de se anularem, em uma relação de tudo para tudo, ou ainda de tudo em tudo. Veja que cada influência do destino é a oposição perfeita e exata de outra influência. Isso pode explicar em parte as relações que compõem o "karma" e "dharma", da "ação" e "reação". Sim, por que a tal "reação" não seria a resposta perfeita que anula a "ação"? Digo, a "ação" gera uma "reação", e como existe um tempo, além de uma determinada distância entre as duas (os dois acontecimentos), elas se atraem no espaço tempo. Ou seja, uma arrasta a outra, para que tudo se estabilize. Eu sei que esse conceito é bastante abstrato, mas pare para analisar um pouco, e verá que faz todo sentido. Existe atratividade entre "ação" e "reação". Essa relação de atratividade, gera uma espécie de arrasto nos acontecimentos fazendo uma analogia a própria gravidade. Esse arrasto é como a água que se adéqua as irregularidades do solo e procura a estabilidade do relevo devido a ação gravitacional. Logo, fazendo uma analogia, esta gravidade vai puxando os eventos no decorrer do tempo, deformando a realidade, e propiciando uma estabilidade vibratória, pois lembre-se, tudo é vibração.

Eu não sou mentalista, mas sei que existe sim, influência do que pensamos e sentimos em tudo. Já passei por escolas mentalistas na minha caminhada espiritual, contudo, durante o decorrer deste livro vou colocar o mentalismo no seu devido lugar. O mentalismo tem sérios limites, além dos seus perigos. O fato é que as pessoas vendem a ideia do tal "poder da mente" como solução para todos os problemas. Como se a mente fosse Deus, o que é absurdo. Evidente que ter uma postura positiva perante a vida, é algo muito bom. Além de tudo, ainda há o agravante de que muitas vezes as práticas mentais podem enrobustecer o Ego, sobretudo a cobiça. Isso por si só já é um perigo, pois não há liberdade dentro da prisão do eu pluralizado (Ego), ela é uma armadilha que nos prende como um vício. Lógico que há pessoas que usam as práticas mentais para pedir por exemplo: saúde, também coisas que realmente necessitem, ou ainda pedindo para os outros de forma caritativa. Mas de qualquer forma, existem maneiras muito mais eficazes e superiores de se obter soluções para os problemas da vida, de forma a não ir contra a grande obra. Veja que não adianta solucionar um problema aqui, e criar um muito maior depois. Pare para pensar um pouco, e verá que em um Universo insubstancial em que tudo perece, no fim das contas só pode restar consciência. Talvez este seja o único bem que possamos levar de tudo que experimentamos na nossa existência. Veja que a consciência na sua forma mais pura, é o próprio amor. Por isso se diz que o amor que cura, que cuida e move o Universo, é um amor consciente. Pois se não fosse consciente não seria bom ... não seria amor.

*** O Verbo

O contato mais orgânico do ser humano com os estados vibratórios, vem em grande parte pelo próprio som. Quando crianças, ficamos atentos aos sons a nossa volta, e por fim iniciamos a ensaiar nosso próprio som. Logo pronunciamos nossos primeiros grunhidos, vocábulos, etc. A vibração da passagem do ar pelas cordas vocais, a vibração da caixa torácica e craniana, sobretudo quando emitimos sons em frequências mais graves. Isso acontece também de forma externa quando observamos sons da natureza como o trovão que estremece tudo. Assim, todos estes sons que vamos vivenciando, evidenciam o sentido mais comum da ideia de vibração. O mais interessante que isso é algo que pode ser experimentado por qualquer um, até mesmo por alguém que seja surdo. Com o tempo vamos percebendo a realidade vibratória em tudo, como exemplo quando observamos a pedra jogada nas plácidas águas de um lago, ao formarem ondulações circulares ao redor do ponto de impacto. O pulsar do coração nos remete a um ciclo constante de manutenção da própria vida. As ondas do mar. O chacoalhar do vento nas folhas.

Não é para menos que os antigos quando queriam falar sobre vibração usavam por analogia o som como referência. Um exemplo clássico disto é a passagem bíblica no Prólogo do Evangelho segundo São João 1, que diz:

"No princípio era o Verbo, e o Verbo estava com Deus, e o Verbo era Deus. Ele estava no princípio com Deus. Todas as coisas vieram a existir por meio dele, e sem ele nem mesmo uma só coisa veio a existir."

Perceba que João se refere ao "verbo" como a ação do Criador na geração do Universo. Algo inerente a sua própria natureza. Veja que o "verbo" remete a um estado de "ação" e "movimento", mas também demonstra o próprio estado vibratório através da fala. O ato de verbalizar, fazer exaltar o seu desejo pela imposição imperativa da vontade divina trazida através do som, se traduz muito bem nesta passagem bíblica. Existem algumas traduções da Bíblia que utilizam o termo "a palavra" no lugar de "o verbo", mas o sentido continua o mesmo. Dizem os textos antigos que a laringe é criadora ... que o verbo tem o poder de manifestar no físico a sua intenção. É bem verdade que pela lei das analogias tudo tende a se repetir em todos os níveis, não de forma idêntica, mas análoga, guardando entre si as devidas proporções, é claro. Quero dizer com isso, que da mesma forma que Deus manifesta sua vontade através do "verbo", é verdade que quando nós manifestamos um desejo, com pensamentos, sentimentos, sonhos e até verbalizando mesmo, estamos com isso gerando vibrações, pois todas estas manifestações em nós, gera estados vibratórios da forma mais grosseira até a mais sutil. Vovó estava certa quando dizia que era para se tomar muito cuidado com a qualidade daquilo que se fala, pois o anjo ao ouvir, poderia dizer amém.

Olhando pelo lado vibratório, não se verbaliza apenas através da fala, o fato é que existe uma língua secreta dentro de nós, que se expressa quando pensamos, imaginamos, desejamos, lembramos, evocamos, etc.

*** Hermes Trismegistro

Neste momento se faz necessário esta explanação, para que possamos dar continuidade com este livro. Evidente que muitos vão se contrapor a isto que vou dizer. Para tudo que usamos no intuito de postular ideias se faz necessário um ponto de apoio, algo para se ter como partida, como base. Desta forma as fontes desta base de conhecimento que eu vou apresentar transcendem o tempo. Estou me referindo aos conceitos básicos para a compreensão dos princípios que fundamentam o espiritualismo na sua forma mais pura. Para isso volto a Hermes Trismegistro. Ele foi o primeiro a conceituar os princípios espirituais. Deixou uma vasta gama de conhecimento, do mais popular ao mais hermético. Aliás a palavra "hermético" deriva de Hermes, sendo usada no sentido de algo oculto, velado. Ele foi o fundador da primeira escola de mistérios a aproximadamente 4700 anos A.C., no antigo Egito. Foi o precursor da "Ciência Oculta", da "Astrologia", e apresentou aos iniciados o caminho da "morte" e "nascimento" cunhado na 9ª esfera, a "Alquimia". Sabe-se que a maioria das religiões do mundo, derivam de sua doutrina, dos preceitos deixados por Hermes. Do oriente ao ocidente, este conhecimento foi se difundindo, se espalhando por todo o mundo. Muitos dos conceitos que se encontram na Bíblia, como em outros livros sagrados de várias culturas, são na verdade formas derivadas dos princípios Herméticos, expressos geralmente na forma de axiomas. Hermes Trismegistro, assim conhecido como "3 vezes o grande" ou ainda de "o mestre dos mestres". Não se sabe ao certo, se ele era um homem, ou um grupo. Existem aqueles que afirmam que Hermes era um grupo de extraterrestres. E outros dizem ser ele, um Deus manifestado. É fato que de lá veio o princípio de todo espiritualismo, desmembrando com o tempo nas inúmeras formas filosóficas do puro ocultismo, e por fim nas religiões. Impressionante saber que toda essa enorme variedade de crenças tão distintas, resultam de um denominador comum, Hermes Trismegistro. Se quisermos então, ir a raiz do conhecimento das grandes Escolas Iniciáticas temos que voltar a ele. Lá está o conhecimento puríssimo, como foi deixado pelos grandes mestres. Por isso muitas Ordens buscam entender os antigos cultos Egípcios. Vide a Maçonaria, como a Rosacruz, que realiza seus trabalhos aos moldes dos rituais do antigo Egito. Muitos acham que os conceitos espirituais vieram da China e da Índia, mas na verdade eles chegaram lá através dos grupos Herméticos que se espalharam por todo o mundo. Para a terra do Deus Sol (antigo Egito), iam muitos buscadores a procura do Conhecimento, mas poucos eram escolhidos para recebe-los. Dizem a lenda que Abraão foi discípulo deste grande mestre. Infelizmente, a maioria dos textos Herméticos se perderam no tempo. Com os saques, incêndio, e destruição da grande "Biblioteca de Alexandria" por volta do século III, resultou na perda de uma vasta gama destes preciosos textos. Já o conhecimento mais oculto, ministrado dentro da Escola de Mistérios, ficou salvaguardado com pequenos grupos. Esses conhecimentos são entregues de lábios à ouvidos para uma seleta classe de iniciados, que se mostrem aptos a merece-los. Eram ministradas dificílimas provas para que o adepto pudesse postular o direito de fazer-se membro desta escola. O caráter deste iniciado era posto à prova, em todos os níveis. Assim o hermetismo na sua forma mais profunda foi se perpetuando pelos séculos. Desde as veneráveis escolas de Mistérios, como a grande "Escola de Mistérios de Elêusis" na Grécia, aos grupos ocultos do tempo de Jesus, aos Alquimistas medievais, as Ordens Espirituais originais, ao puro Gnosticismo, e também alguns poucos Monastérios em terras distantes ... ali ainda se preserva este conhecimento. A chama nunca se apaga, de tempos em tempos ela floresce. Tudo tem seu ciclo.

Essa escola se perpetuou nesta região por milênios. Conta alguns iniciados, que Jesus esteve ali em um período de sua vida. Na mesma época onde historicamente esteve fora dos relatos daquele tempo. Lá ele se preparou para a sua missão.

*** O Ser

Um dos conceitos mais importantes, digo mesmo fundamental para o entendimento de muitos textos Herméticos, é a compreensão do que se chama de "Ser". O conceito de "Ser" é sempre pouco explicado. Se utiliza esse termo sem, contudo, entrar na profundidade de seu significado. Talvez isso se deva ao fato das pessoas também não saberem ao certo o que significa. O termo vai sendo usado, e com o tempo seu entendimento vai paulatinamente se perdendo. Logo, para nos posicionarmos precisamos saber o que nós somos e o que é o "Ser" ... ainda o que é Deus, e o que é a Tríade. Lógico que o ato de definir o que é Deus, denota ser muito pretencioso. Eu apenas vou conceituar tomando como base o conhecimento hermético, indo a raiz do conceito ... embora sabendo que neste caso será uma visão limitada, pois a visão sobre Deus deve variar com a pessoa, o povo, a cultura, o nível interno. Por mais alto que se encontre um ser, perante Deus ele é limitado. O que importa é que para nós a visão vinda destes seres mais elevados, nos atende ... é a dose que momentaneamente nos cabe. Nas Escolas de Mistérios o conhecimento mais profundo era mantido sob severa vigilância para que não se perdesse com o tempo. Já se era sabido que a lei da Entropia traga todas as coisas. Desta forma, o conhecimento que era entregue de forma pública, foi se difundindo, se transformando, e se degenerando, criando a infinidade de conceitos que vemos no mundo, às vezes completamente contraditórios. Sim, havia um círculo chamado de "exotérico" onde os ensinamentos eram entregues as pessoas em geral, e um círculo "esotérico" onde o conhecimento era entregue apenas aos adeptos.

Para entender o conceito de "Ser", temos que compreender a princípio, que a criação não se processa somente na manifestação soberana de uma unidade Divina (Deus), mas também em uma individualidade múltipla, embora proveniente desta unidade. Eu sei que é difícil entender, mas perceba que existe individualidade em toda manifestação, se não fosse assim, não haveria motivo para a criação, pois ela seria óbvia. Não apresentaria o novo, o inesperado, aquilo que gera assombro e que instiga a indagação. Em última instância não geraria a tal compreensão. É como se contássemos uma história em que já soubéssemos o fim. Veja que o motivo para estarmos neste corpo, é justamente aprender a conviver com a individualidade alheia, a ponto de conhecer profundamente a nós mesmos, e por fim entender os princípios que regem a conduta humana. Assim toda a criação tem seu grau de imprevisibilidade. Veja que a unidade aprende com a sua própria individualidade manifestada na multiplicidade. É como se Deus se dividisse, criando assim condições para aprender consigo mesmo, já que ele é o todo, e supostamente não há nada além de si próprio. Além da individualidade, também podemos perceber em tudo a manifestação da unidade, pois se não fosse assim a criação seria um caos. A individualidade deve ser consciente, harmônica, cooperativa. Veja que pelo axioma hermético que diz "O que está em cima é como o que está embaixo, e o que está em baixo é como o que está em cima", tudo é análogo no Universo, vamos encontrar um mesmo padrão em vários níveis. Veja por exemplo o nosso corpo, nós temos a nossa individualidade, mas também somos compostos por células que por sua vez também possuem individualidade, e isso é um fato. Porém essas células se submetem ao todo para saber quando se multiplicar e quando morrer. Assim todo o organismo vive harmoniosamente. No entanto, quando uma célula rompe com esta harmonia, e passa a fazer o que bem entende, vem o que chamamos de câncer. Isso se dá quando uma individualidade não se submete a unidade. Perceba também, que cada vez mais observamos que parece haver vida a nível atômico, e essa vida também apresenta sua individualidade, e dela são feitas todas as coisas. De forma análoga Deus também se divide em muitas individualidades superiores, para experimentar a criação. A estas individualidades na esfera mais alta, podemos chama-las de "Ser". Sim, os antigos acreditavam que o "Ser" é um Deus individualizado. Contudo um fragmento do todo, uma parte, com suas próprias características, como personalidade, vontade e autopercepção da sua existência.

O "Ser" também é conhecido como "Mônada", "Ovo Cósmico", "Eu Sou", "Íntimo", etc. O fato é que essas individualidades já existiam em uma região além da manifestação. Essa região é chamada de Absoluto. Há ainda aqueles que chamam de Região Monástica (onde se encontram as Mônadas). O "Ser" não está em nenhuma dimensão, como acabei de dizer, ele está fora da criação. Nesta região habitam muitas individualidades. Em um determinado momento, não se sabe porque, algumas individualidades saem do absoluto e entram na criação. Se diz esotericamente que as Mônadas são "vomitadas" para a manifestação. Neste momento elas experimentam a 7ª dimensão ou Mundo Átimico. Em seguida parte deste "Ser" se rompe e desce para a 6ª dimensão, Mundo Búdico, e outra parte desce para uma outra região ainda dentro da 6^a, que é o Mundo Causal. Nesse instante, esta Mônada se estabiliza, embora ela esteja fragmentada em três partes que por sua vez, também são individualizadas. Elas são o primeiro, o segundo e o terceiro Logos. É incrível perceber que cada uma destas partes também tem sua individualidade, sua própria expressão particular. A experimentação do descenso ao mundo dimensional fragmenta o "Ser" e o divide, não só a nível anímico, mas também manifestativo. Esses são um dos mistérios da criação.

*** A Trindade

É interessante como o conhecimento Hermético se espalhou pelo mundo servindo de fundamento a tantas crenças. O entendimento sobre a trindade tomou várias formas, embora seu princípio seja o mesmo. Para os grupos de Hermes o primeiro Logos era conhecido como "Osíris", o segundo Logos "Hórus", e o terceiro Logos "Ísis". Para os cristãos a tríade divina como a conhecemos, é chamada de 1º Logos Pai, 2º Filho e 3º Espírito Santo. Para os hindus a Trimúrti ou Trindade é composta por: 1º Logos Bhama, o 2º Vishnu, e o 3º Shiva. Para os Gregos ela é composta por: 1º Zeus (Júpiter), 2º Athena (Minerva), e 3º Hera (Juno). Assim a representação da Trindade se encontra presente na maioria das crenças espalhadas por todo o mundo.

A Trindade por sua vez também se fragmenta em partículas divinas. Como exemplo, temos a partícula principal do 2º Logos(filho), que para os cristãos é o "Cristus". Na escola de Hermes aquele que encarnava o 2º Logos dentro de si aqui nesta manifestação no mundo físico era reconhecido como um "Horificado". Futuramente para os cristãos o termo ficou como

"Cristificado". Interessante que o Natal simboliza o nascimento do Cristo dentro do iniciado usando como analogia o nascimento de Jesus neste mundo. Ou seja, a encarnação do 2º Logos aqui no físico por aquele que trilha o caminho que conduz a morada do "Pai" ... ou seja, para estes antigos grupos das Escolas de Mistérios o retorno a casa de "Osíris". O retorno a própria Mônada de onde saímos um dia. Daí vem o termo "Religare" de onde derivou a palavra "Religião". O Religare significa se religar, voltar a ligar, voltar ao princípio, o retornar ao próprio princípio manifestativo. É interessante ver nos textos bíblicos as passagens onde Jesus se expressa. Pode se verificar claramente, que hora Jesus fala com profunda humildade e mansidão ... em outras oportunidades, ele fala como um Deus. Parece que ele possui uma dupla personalidade. Por exemplo quando Jesus diz "- Eu sou o caminho, a verdade e a vida", ele fala como um Deus. Isso é explicado, pois perceba que hora fala o Jesus "humano", e hora fala o seu Cristo interno que realmente é um Deus. São pessoas bem distintas se expressando em um mesmo corpo físico.

*** O Bodhisattva

Neste ponto precisamos referenciar quem somos nós. Qual a nossa origem? Novamente vamos voltar ao Princípio das Analogias. Da mesma forma que a Mônada é vomitada do Absoluto, nós também somos vomitados pela Mônada (nosso próprio Ser) para o quaternário inferior, onde vamos experimentando o descenso ao Mundo Mental, depois Astral, Vital, e por fim Físico, onde recebemos um último corpo. Evidencia-se por alguns textos iniciáticos, que nós somos uma pequena partícula do 2º Logos, é de lá que nós partimos.

É muito importante entender a relação que temos com a nossa Mônada particular. Sim, eu disse nossa, e ainda "particular". Nós somos uma pequena parte de um Ser. Os antigos chamavam a essa emanação por diversos nomes. Eu vou usar uma expressão mais recente que é "Bodhisattva". Sim, o Bodhisattva somos nós.

Pois bem, cada Mônada emana apenas um Bodhisattva ... isso mesmo, logo existem no mínimo tantas Mônadas nos céus quanto habitantes na Terra. Quero dizer com isso que cada um de nós somos a emanação de uma, e apenas uma Mônada. Ou ainda que cada Mônada emana apenas um Bodhisattva. Desta forma a minha Mônada é algo completamente particular apenas meu, assim como a sua Mônada, caro leitor. Como exemplo disso quero ressaltar nos textos bíblicos quando se diz que Jesus era filho unigênito, ou seja, filho único. Ora senhores, sabe-se que Jesus tinha irmãos. Quero ressaltar então, que neste texto bíblico se faz alusão a sagrada família do Bodhisattva chamado Jesus. Pois embora possamos ter vários irmãos da nossa família física, somos filhos únicos do nosso Ser. O Ser só possui um 2º Logos (Filho), e dele é emanado apenas um Bodhisattva. Este conceito é muito importante para entender os textos Antigos.

No entanto, se torna importante sempre lembrar, que apesar de sermos a emanação de um Ser divino, não somos o Ser, e sim apenas uma pequena parte, um fragmento. Logo somos somente a tentativa de manifestação de um Ser aqui no físico. Este Mundo Físico é tão somente a parte mais densa das quatro regiões inferiores da manifestação, ou Quaternário Inferior, ou ainda para os egípcios "os quatro corpos do pecado", fazendo alusão aos corpos que recebemos ao sermos vomitados a estes mundos. Também expressa a possibilidade que através desses veículos (corpos) sermos capazes de expressar a natureza egóica (o pecado), e de sofrer em consequência dela. Pois este é o lugar onde se torna possível a existência, criação e manifestação do Ego. Por isso mesmo a Mônada na sua totalidade não corre o risco de descer a essas regiões, então envia uma pequena parte de si, o Bodhisattva. Para os antigos, são regiões inferiores de tristeza e dor. Logo acima do Quaternário Inferior, temos as três regiões superiores, o Ternário Superior, composto pelo mundo Átimico, Búdico e Causal, onde se encontra a Mônada. Estas são regiões de perfeição, conhecidas pelos cristãos como céus.

Outro exemplo da fragmentação da Trindade, é relativo ao

3º Logos. Sabemos que a princípio ele se divide em duas partes, uma masculina e uma feminina. Na cultura Hindu o Terceiro Logos se divide em Shiva (masculino) e Shakti (feminino). Aí está a parte feminina do próprio "Ser". Na bíblia, muitas vezes quando se refere a Maria, mãe de Jesus no mundo terreno, na verdade está se fazendo uma alusão a grande mãe interna do Bodhisattva Jesus ... a parte feminina do seu próprio "Ser". As várias Nossas Senhoras que encontramos nos textos do cristianismo, são aspectos da manifestação da grande Mãe divina. Isso também acontece com José, simbolizando a própria Mônada, na vontade soberana do "Pai". A sagrada família é algo interno, ela transcende o tempo, pois a nossa Mônada sempre será o nosso Ser por toda a eternidade. Já a família física, é temporária se estendendo somente ao período de uma reencarnação.

Quando fazemos uma oração, a princípio estamos sendo assistidos pelo nosso "Ser" ... nosso próprio Deus interno, nosso Pai, nosso Atman, pois o Ser é um Deus com todos os seus atributos. Todos somos filhos de um Deus, somos a emanação de uma entidade Divina.

*** O Ego

Nesse ponto você pode indagar: — Olhando o mundo a nossa volta, como é possível que uma pessoa perversa, que vive praticando delitos dos mais variados possa ser a manifestação de um Deus? Isso parece absurdo.

Da mesma forma que o Ser se fragmenta ao experimentar o descenso a manifestação, assim também o Bodhisattva acaba por se dividir ao experimentar o descenso ao mundo físico. Neste ponto vai sendo criado o que chamamos de Ego. O Ego é a princípio fruto desta fragmentação, e vai assumindo um forte estado de influência na psique do próprio Bodhisattva, já que o Ego se apresenta na forma de uma legião de "eus". Estes eus são fragmentos do próprio Bodhisattva.

Cada "eu" que carregamos dentro, tem vontade própria, e expressa em nós seus próprios desejos. Ele nos influencia sempre que pode. Falando claramente, o Ego é uma legião de "eus", ou ainda, o Ego é o coletivo de "eus". Cada "eu" leva dentro parte da nossa Essência Divina. Ele aprisiona uma parte da nossa consciência, criando um véu que nos dificulta enxergar as coisas como são. É bem verdade que o "eu" é uma emanação equivocada de nós mesmos. Estamos sempre sendo induzidos a enxergar as coisas a nossa volta, pelo prisma distorcido de algum, ou alguns "eus", que estão manifestos no momento. Como são muitos, eles vêm em grupos, e assumem temporariamente uma parte da manifestação em nós. Claro que isso se dá na proporção em que nós permitimos. Dizendo esotericamente, "se dormimos". É necessário estar como um vigia em tempo de guerra.

Existe um período de descenso "moral" do Bodhisattva onde ele desce a níveis muito baixos. Ele experimenta todo o mal ... sobretudo vivencia de forma plena a manifestação da segunda natureza (o Ego) dentro de si ... ele se chafurda na lama. Só desta forma se faz consciente desta natureza esquerda e infernal que domina a sua pessoa. Mas também há um momento em que o Bodhisattva se cansa desta repetição incessante dos caprichos do Ego. Ele lentamente, de reencarnação em reencarnação vai se tornando consciente da natureza egóica dentro de si. Até o ponto que o Ego não mais o domina facilmente. Desta forma ele já consegue perceber o ir e vir dos defeitos psicológicos. Não é que ele não haja de acordo com o desejo do Ego, o fato é que o Ego não mais age dentro dele sem que ele o perceba, embora possa ser conivente com esta natureza. Sem perceber, ele de certa forma vai tomando as rédeas da sua conduta, sabendo colocar um freio aos excessos. Assim vai desenvolvendo sua capacidade de percepção e autocrítica. É fato que a vida aqui no físico é completamente ilusória e passageira, mas outra coisa é efetivamente conseguir enxergar isso. No início, quando se chega pela primeira vez a manifestação no físico, o Bodhisattva não tem defesa contra o eu pluralizado, pois ele nem sequer o percebe. Acha que a forma como age é completamente normal, e o que sente faz parte de sua natureza. Em outras palavras, acha que todas as suas ações, somente expressam a sua conduta natural.

É notório que para se perceber a segunda natureza se precisa direcionar a atenção para dentro ... o Ego não conseguirá ficar oculto para sempre. Depois de inúmeras reencarnações, inclusive em muitos planetas, o Bodhisattva começa a amadurecer a ponto de estar apto a fazer o caminho de retorno a casa do seu Pai. Logo o Ser começa a lhe dar anelos para retornar. Depois de uma eternidade (termo esotérico), ele leva consigo uma grande carga de compreensão de tudo que viveu e experimentou. Então a Mônada faz esforços para que o Bodhisattva retorne a sua casa com o desenvolvimento dos atributos necessários para alimentar o próprio "Ser", pois o Ser se alimenta de Consciência. Enquanto o Bodhisattva anda mal aqui no físico a Mônada se retira, e deixa o Bodhisattva a sua própria sorte. Ou seja, ele vai agindo ao seu bel-prazer, e sendo também vítima do karma que cria, pois a grande lei tem seus mecanismos para promover o equilíbrio de todas as coisas.

Nos tempos da Antiga Escola de Mistérios do Egito, havia um ritual em que os iniciados passavam a ser chamados pelo nome do seu Real Ser. Sim, a Mônada possui um nome ... ou seja, todo Ser tem seu nome próprio particular. Neste ritual, era consultado a Mônada do iniciado. O mais importante neste evento, é que era perguntado ao Ser, se ele estava de acordo em que seu Bodhisattva frequentasse aquela escola. Interessante que devemos sempre fazer a vontade do nosso Pai. É pouco provável que o Ser se recusasse, mas é muito importante ter a sua benção. Isso é fundamental no caminho espiritual. O filho que se afasta dos seus pais anda mal. Se o Ser não crê que seja o momento propício para o filho iniciar o caminho de volta a sua morada, ele simplesmente não dá os anelos espirituais que o incentivam a trilhar o caminho. Querido leitor, se você está lendo esta obra agora, é porque seu Pai está lhe incentivando, lhe dando anelo. Quando não há interesse do Ser, o Bodhisattva fica esotericamente abandonado. Ele vive então uma vida comum, seu interesse se restringe as coisas da vida, como comer, beber, procriar, contrair matrimônio, adquirir bens, etc. Assim vive a maioria da humanidade. Vive completamente identificado com os aspectos da vida. Vive uma vida totalmente mecânica, egóica. O interessante neste ritual, era que o Bodhisattva passava a conhecer o seu real nome, o nome que sempre teve e sempre terá por toda a eternidade, além de ter a benção do seu Pai. Desta forma a partir deste momento o iniciado abandonava o seu nome terreno, e não mais era chamado assim.

*** Os Princípios Herméticos

Hermes deixou seu conhecimento ao mundo, expresso na forma de axiomas. Os axiomas, são verdades incontestáveis de caráter universal. São muito utilizados como princípio, ou ponto de partida para poder postular uma ideia ou teoria. É comum encontra-los na forma de Lei, ou "máximas", no sentido de orientar a conduta de um grupo social. Em última instância, serve como base para poder fundamentar questões universais. Veja que é exatamente isso que eu estou fazendo agora neste livro ... fundamentando. Caso contrário, não conseguiria dar continuidade aos capítulos que virão. Ficaria tudo desconexo. Um dos objetivos deste livro é justamente poder ser entendido por qualquer pessoa, saindo dos conceitos filosóficos complexos e intangíveis, e indo pelo que é simples e palpável. Assim também são os preceitos Herméticos. O simples está sempre mais próximo da verdade, pois escapa da dualidade da mente. Voltando ao assunto, os axiomas herméticos foram modernamente divididos, em função dos princípios que eles expressam. São ao todo 7 Princípios e um paradoxo. Acho essa divisão muito pertinente, pois permite dissecar esses conceitos para melhor podermos compreende-los.

*** O Princípio da Consciência

Esse princípio diz que "O Todo é consciência. O Universo é expressão da grande consciência". É comum se confundir

"Consciência" com "Mente". Isso também se deve as dificuldades nas traduções onde encontramos conceitos linguísticos semelhantes, mas não exatamente iguais. Com o tempo passou-se a misturar o conceito de Consciência com o de Mente, embora ambos representem em última instância formas de expressão da manifestação. É inegável que a mente tenha sua importância, mas ela deve ser passiva, receptiva ... já a consciência deve ser ativa, por ser de natureza superior. A mente deve estar a serviço da consciência. Perceba ainda, que a mente é dualista, enxerga as coisas pela comparação dos seus opostos, gerando conceitos a todo instante. Por exemplo: quente, frio; claro, escuro; bom, mau; certo, errado; etc. Veja que são conceitos contestáveis, pois como no exemplo: o que pode ser quente para mim, pode não ser para outro; o que pode ser bom para mim, pode ser ruim para o outro. A consciência enxerga as coisas exatamente como são, sem dualismo. Apenas verifica os fatos, sem se identificar com os estados, sem tomar partido ou posição. Ela está mais próxima da verdade. A mente é conceitual, a consciência intuitiva. A mente analisa e postula, a consciência sabe. A mente pode ser vista pela ótica de sua manifestação, estando ligada aos Mundos Mentais. Porém, ela também pode ser vista a nível de "processamento", neste caso está ligada ao cérebro físico. Essas questões costumam gerar muita confusão. Já a consciência é a expressão do nosso Ser em nós, ela é a nossa porção de Essência Divina que não está subjugada ao Ego.

O fato é que neste princípio verifica-se a onipresença do Todo não somente no que expressa a vida, mas em tudo que há. Veja que o antigo texto ainda diz, que "O Todo está em tudo, e tudo está no Todo". Fica claro que não há nada fora do Todo, e que tudo que existe faz parte dele. A criação e Ele se confundem, pois no fundo são uma coisa só. Perceba que tudo tem vida, o átomo é uma expressão consciente. Toda a matéria é viva. Tudo que existe, e podemos perceber, assim como as coisas inertes, sólidas, e até mesmo as coisas imateriais, como sentimentos, pensamentos, intenções, são manifestações vivas do Todo. Não há nada que exista que esteja fora do Todo, mesmo porque se assim fosse ele não seria o Todo. Mal comparando, é como se o Universo fosse uma projeção da imaginação do Todo. Desta forma o Todo gera o Universo através da sua "imaginação", e o mantém pela sua "atenção". Poderia ainda dizer que a criação é um processo meditativo do Todo, pois não basta apenas criar, há de se manter. Enquanto a criação estiver presente na atenção do Todo, ela persiste. Sem sua "atenção" nada do que existe poderia permanecer.

Podemos perceber o estado da "atenção" do Todo pela sua falha. Querido leitor, você não leu errado ... eu disse isso mesmo, "falha". O Universo não é constante, existe uma espécie de "descontinuidade" na malha que compõem o espaço tempo. A palavra certa é exatamente esta, "descontinuidade". É percebido que em regiões com pouca atividade, como por exemplo nos gigantescos espaços aparentemente vazios entre Galáxias, há uma certa descontinuidade na sua malha. Isso não significa que essa "descontinuidade" não possa se apresentar em qualquer lugar do Universo. O fato é que o Universo não se manifesta de forma homogenia. É bem verdade que estas rupturas são muito mais comuns do que se possa imaginar, elas abundam por toda a criação. Eu quero deixar bem claro, que não estou me referindo as variações no espaço tempo oriundas das deformações gravitacionais, tão bem formuladas pela teoria da relatividade geral de Albert Einstein. Estou me referindo a uma "falha" na malha do espaço tempo. Parece que neste caso o Todo desviou o foco da sua atenção. Exemplificando, é como em uma meditação ... nem sempre se consegue manter o foco na ideia central. Às vezes se dá mais atenção a um aspecto, ou forma ... enfim, vai depender do que se está objetivando. Da mesma forma, parece que o Todo também tem suas variações no ato de manter o foco sobre a criação. A atenção que o Todo dispensa à criação parece não ser contínua.

É como se estivéssemos jogando um videogame, e percebêssemos uma pequena falha no fluxo do jogo. Como o jogo se acerta e prossegue, não damos muita importância a isto. É exatamente isso que parece acontecer. Depois da "falha", a malha do espaço tempo se acerta de tal forma que acerta também os aparelhos de medição. Logo não conseguimos detecta-la. Porém a consciência e a lembrança nem sempre são afetadas. Caro leitor, quem nunca teve uma experiência em que vivenciou uma descontinuidade temporal? Por exemplo, outro dia uma senhora, pessoa bastante séria, me relatou que sempre em sua hora de almoço, costuma descer os 12 andares do prédio aonde trabalha pelas escadas. Disse ela, que em um determinado dia algo estranho aconteceu ... ela estava descendo as escadas quando ao chegar ao térreo tomou um susto, pois tinha certeza de ter descido no máximo uns 4 lances de escada não os 12 que eram esperados. É claro que existem muitas explicações plausíveis para este episódio, e isso eu não posso negar. O fato é que todo relato pode ser falso, ou equivocado. Por isso, caro leitor, o mais importante é a vivência daquilo que nós experimentamos. Aquilo que você experimenta internamente, é algo que é só seu ... ninguém pode te tirar. Então eu te pergunto: Quantas vezes você já passou por situações estranhas sem uma explicação plausível? Avalie cada situação consigo mesmo.

Existem muitos outros relatos interessantes de casos em que se percebe essa "descontinuidade".

Vou narrar um caso muito interessante. Uma pessoa, me fez o seguinte relato. Vou chama-la de Sra. ML para preservar sua identidade. A Sra. ML estava em casa quando alguém bateu a sua porta. Ela morava em uma pequena casa na periferia. Ao atender a porta, se deparou com um parente que a muito não via. Recebeu a visita e preparou-lhe um café. Conversaram um pouco e lá pelas tantas a Sra. ML sentiu um formigamento pelo corpo e depois um clarão. Subitamente ouviu o som da campainha da porta. Se levantou sobressaltada e ao atender, era novamente o seu parente vindo lhe fazer a visita. Ela indagou a visita – Você voltou? A visita não entendeu nada, e lhe disse que tinha acabado de chegar. A Sra. ML olhou para o fogão, e percebeu que o bule de café não estava lá, e nem as xicaras na mesa de centro. Estava tudo devidamente guardado. Caro leitor, eu particularmente acho esse relato incrível demais para ser verdade. Deixando a crítica de lado, o fato é que quem nunca teve a sensação de repetir uma mesma tarefa? Lógico que em um pequeno espaço de tempo. Quem sabe a sensação de "déjà vu" não seja em alguns casos a ação da descontinuidade na malha temporal?

Outro relato interessante é do Sr. JR. O Sr. JR estava fazendo uma pequena viagem. Ele costumava realizar este trajeto semanalmente, e levava em média duas horas. Logo entrou no carro com mais duas pessoas, verificou o relógio do pulso e do carro, pois tinha um compromisso com hora marcada. Desta vez, embora o trânsito estivesse bom, sem retenções, a viagem parecia durar muito mais. Ele conhecia bem o caminho. Nada mudou aparentemente, exceto que estava demorando demais. Era comentário geral dentro do carro tipo: "— Será que você errou o caminho?", "— Você conhece bem esse trajeto?". Bem, quando chegaram ao destino estavam até bem adiantados. Tinham realizado o trajeto em menos de 2 horas. Mas tinham a sensação de que a viagem havia durado umas 4 horas no mínimo.

Quem nunca teve a sensação de alargamento ou encurtamento do tempo? Veja que neste caso a sensação afetou 3 pessoas ... o que torna este relato muito interessante. Veja que os relógios não foram afetados, apenas a consciência das pessoas pôde sentir esta distorção temporal.

Quero falar agora sobre um fenômeno pouco conhecido, chamado popularmente de plasmação, ou ectoplasmiase. É bem verdade que quando morremos, perdemos cerca de 2kg. Este peso, provém de uma capa energética, etérea, que nos envolve, e que vai se desfazendo com a morte. Esse material é chamado comumente de ectoplasma. Ele está entre a terceira e quarta dimensão, por isso se torna difícil sua detecção. Eventualmente pode ser percebido no campo áurico através da Fotografia Kirlian. Existem algumas pessoas que possuem o poder de plasmar objetos. Sim, eles usam o seu próprio ectoplasma ou de um doador, e através da concentração da sua atenção transformam este plasma em um pequeno objeto. Existem alguns iogues que fazem essa demonstração plasmando cinzas no ar, pétalas de flores, ou simplesmente gerando fortes fragrâncias. Aqui no Brasil, haviam sessões normalmente em centro espíritas, onde se evidenciava esse fenômeno. Neste caso várias pessoas se concentravam cedendo seus ectoplasmas e um médium concentrava sua atenção e plasmava algo. Normalmente o que acontecia é que em um determinado momento, começava a chover pétalas de flores no recinto, por exemplo. Ainda existem narrativas muito interessantes onde foi plasmado uma entidade. Lógico que esse ser se envolveu com uma fina camada de ectoplasma, e pode flutuar pelo recinto. O mais interessante é que no processo de plasmar um objeto, o ectoplasma a princípio aparece como uma névoa que paira pelo recinto onde ocorre o experimento. Desta forma esta névoa que ocupa um grande espaço, vai se condensando, ocupando um espaço menor. Logo ela começa a tomar forma como um algodão. Dizem os relatos que neste momento ele é úmido, frio, translúcido e apresenta um aspecto leitoso. Depois com a concentração deste ectoplasma, vai detalhando ainda mais a sua forma. Gradativamente começa a apresentar alguma cor, até o ponto que se plasma completamente. O mais interessante neste fenômeno, é o esforço que o "sensitivo" realiza concentrando toda a sua atenção no objeto a ser plasmado. Perceba que antes de ser plasmado o objeto foi fortemente imaginado pelo sensitivo. Sim, o que foi plasmado nada mais é que a projeção da sua imaginação. Caro leitor, você pode me indagar agora: — Onde você quer chegar com essa narrativa? O fato é que pelo princípio das analogias (correspondências), se nós podemos plasmar coisas com a nossa intenção e imaginação, e inclusive somos dotados de uma certa porção de material (ectoplasma) para isso, parece bem razoável que o Todo use o mesmo princípio para plasmar o Universo. Ou seja, que esse princípio seja comum não só para o Todo, como também para todo ser vivente que no fundo é uma emanação do Todo. Por conseguinte, já que tudo que existe é vida, então o Universo como um todo, expressando sua consciência e vontade através da imaginação, pode se auto criar. A capacidade de criação parece ser uma característica inerente a qualquer entidade consciente.

Vamos agora analisar um pouco os fatos. Sabemos que o Universo está se expandindo, e além disso, acelerando. Os cientistas por não conseguirem detectar esta força que empurra as galáxias as afastando, criaram o conceito da tal energia escura, diferente da matéria escura. Veja que os espaços entre galáxias são regiões gigantescas quase desprovida de matéria. Não havendo quase matéria, há também menos presença do Todo ali, pois tudo é consciência. Partindo deste princípio a atenção que o Todo dispensa para manter a criação nesta região se tornaria reduzida. Não só por ter pouca matéria, que é viva, mas também por não ter grandes atrativos que justifique a atenção, ou ainda interesse do Todo nestas regiões.

Neste caso podemos imaginar a possibilidade da existência de uma certa descontinuidade na malha do espaço tempo. Uma fraqueza na presença do Todo. Em suma, uma menor atenção. Sendo assim, a matéria precisaria de atenção concentrada para se plasmar, e também para se manter. Se isso se enfraquece, é possível que a matéria inicie o processo contrário, ou seja, vai perdendo a coesão, e se tornando cada vez mais etérea. Como em todo processo de desdensificação, a matéria iria se expandindo, ocupando mais espaço, voltando ao estado ectoplasmático. É como por exemplo a água, que ao ser aquecida vira vapor. Ela passa a ocupar muito mais espaço. Essa expansão é usada para mover um motor a vapor, como uma locomotiva. Com isso, é possível que a expansão da matéria intergaláctica crie a pressão suficiente para empurrar todo o Universo. Veja que com a expansão do Universo, cada vez se torna maior as áreas entre as galáxias, e isso é um fato. Além disso, estas regiões se tornam cada vez mais insubstanciais, ou seja, ficando ainda menos densas ... se expandindo mais, e com isso criando ainda mais pressão. Isso explicaria a aceleração na expansão do Universo. Além de explicar porque esta tal energia escura não é detectável. A ideia chave para entender a descontinuidade, é estudar o que seria a "coesão". O que faz a matéria viva ... eu disse isso mesmo, "viva" ... parece que a coesão a grosso modo, vivifica a matéria. Por conseguinte, a falta de coesão esmorece a expressão daquela porção material. É claro que esses processos não ocorrem só na 3ª dimensão. Nos só enxergamos a ponta do iceberg.

Se esta ideia estiver correta, é provável que chegará um ponto em que esta matéria intergaláctica se tornará tão fraca que não mais existirá. De qualquer forma, há sempre a possibilidade de se criar matéria nova no vácuo.

*** O Princípio da Correspondência

Esse princípio está baseado no axioma hermético que diz "O que está em cima é como o que está embaixo, e o que está embaixo é como o que está em cima." Veja que o axioma diz que "é como", nenhum momento ele diz que "é igual". No Universo podemos verificar que os padrões que compõem a criação costumam se repetir em todos os níveis, de forma análoga. Sabemos que este princípio inspirou por exemplo o modelo atômico de Rutherford, pois ele era uma versão reduzida do sistema solar. Existe correspondência entre os seres mais avançados aos seres mais primitivos. Podemos verificar o Princípio da Correspondência, nos padrões das espécies animais, como a composição da coluna vertebral, e também nas espécies vegetais, e na composição geológica da natureza. Também está presente nos princípios procriativos, veja que todo ser vivo possui dentro de cada célula o material genético, que propicia a replicação de todo o corpo. O mais importante neste caso é perceber que o Todo se repete em cada parte de si mesmo, logo a "parte" se assemelha ao "Todo" na proporção da sua manifestação, daí vem este princípio. Tudo no Universo tem um princípio comum, logo tudo deriva de uma mesma vontade. Essa vontade se desdobra em todos os planos no decorrer do tempo, por conseguinte acaba por manifestar padrões análogos em níveis distintos.

Caro leitor, você pode me perguntar agora: — Por que "padrões análogos em níveis distintos"? Porque é exatamente isso que distingue o Princípio da Correspondência do Princípio do Ritmo que eu vou falar mais adiante. Quando algo de mesma natureza se repete em um mesmo contexto, temos o princípio do Ritmo. Como um pêndulo a ir e vir. Exemplificando, temos o padrão da variação da temperatura no decorrer das estações do ano, a subida e descida dos preços de um produto qualquer, etc. Perceba que a natureza dos eventos são os mesmos, e o contexto também. Já a repetição em níveis distintos como do muito grande para o muito pequeno, do simples para o complexo, do denso para o mais sutil, do superior para o inferior, etc., isso sim, caracteriza o princípio da Correspondência. Eu sei que se faz muita confusão entre os dois princípios, mas de qualquer forma, é bom lembrar que todos os princípios estão manifestos em tudo.

Contudo, o mais importante para os antigos iniciados da Grande Escola Hermética, é que este princípio não só se reflete na relação das coisas que são externas a nós, como também se apresentam na relação da nossa própria natureza enquanto Bodhisattva, em relação ao nosso próprio Ser. Sim, nós somos uma repetição dos princípios, anseios da nossa própria Mônada. Logo a Mônada por sua vez repete os princípios do "Todo". Como está escrito, "somos imagem e semelhança de Deus". Neste caso, este princípio é sem dúvida um dos mais importantes, pois abre a porta para que possamos compreender a nós mesmos. Assim, muito do que acontece em relação a nossa família física, é um reflexo da relação com nossa Real Família. O mesmo amor dos nossos pais aqui no físico existe de forma superior em relação aos nossos pais internos. Nossa Mãe Divina interior nos prepara o corpo para cada reencarnação com todo o amor de uma mãe. Ela não nos dá o que queremos, mas o que precisamos, dentro daquilo que o próprio karma permite. Ela nos educa para o nosso próprio bem. Quando fazemos uma oração estamos estreitando laços com o nosso Ser ... por isso a importância da oração para melhor caminharmos pela via espiritual. Mesmo nos momentos que nos sentimos mais sós e abandonados, saiba querido leitor, que ainda que quiséssemos, nós jamais poderíamos estar sós. Basta concentrarmos no nosso ser ... despojarmos das nossas razões ... e orar como a criança que suplica aos seus pais ... com toda a sinceridade ... sem palavras prontas ... com o coração puro. Este estado ancora em nós, a verdadeira expressão do Ser. Nunca seremos desassistidos se assim pedirmos. Cabe a nós estreitar esses laços. Evidente que o nosso Ser respeita as leis feitas pelo Todo, inclusive a Lei do Karma. Ele pode nos ajudar a melhor passar pelo que temos que passar, mais desassistidos jamais estaremos, se clamarmos ajuda ao nosso Ser.

Outro aspecto importante do Princípio da Correspondência, é a fragmentação do Ser. Assim como o Ser se fragmenta nos três Logos ao descer aos planos dimensionais, nós nos fragmentamos ao experimentar a manifestação nos mundos inferiores. Gradativamente nossa Essência Divina, vai se fragmentando nos "eus" que compõem a legião, o Ego.

Nesse ponto, eu quero lembrar que da mesma forma que nos afastamos do nosso Ser, quando não nos reconciliamos com ele, o Ego por sua vez, interfere naquilo que intimamente queremos realizar. Ele vive em virtude dos seus próprios desejos e tenta a todo momento nos desviar. Fazer valer a sua vontade.

Um ótimo exemplo sobre o princípio da Correspondência está na tão falada Teoria das Cordas. Em um capítulo passado, falei um pouco sobre a Teoria das Cordas. Vimos que estas cordas são filamentos puramente energéticos que se apresentam enroscados na forma de laços. Veja então, que esse filamento constituído de pequenos laços, se torce para formar laços ainda maiores, que por sua vez formam laços maiores, e assim por diante. Desta forma esta corda se encontra enroscada sobre si mesma inúmeras vezes. Caro leitor, isso não te lembra alguma coisa? Sim, me refiro ao DNA, o material genético que verificamos no núcleo da célula. Veja que ele também se apresenta enrolado sobre si inúmeras vezes. Para se ter uma ideia, se esticássemos o DNA contido em uma única célula ele mediria cerca de dois metros. Desta forma poderíamos inferir que a corda seria como uma espécie de assinatura genética da própria matéria. Dependendo do seu comprimento, esta corda vibra gerando todas as coisas. Em suma, seu comprimento vai determinar sua frequência e sua natureza. Interessante não?

Se pararmos para analisar a criação, vamos encontrar o princípio da Correspondência em inúmeras situações. O importante é lembrar que às vezes em situações que não vislumbramos uma saída, podemos usar este princípio para nos dar um rumo.

*** O Princípio da Vibração

Esse princípio se refere a grande verdade que diz: "tudo vibra ... tudo está em movimento". Hoje sabemos que a matéria realmente é apenas vibração, não possui nenhuma substancialidade. O átomo é completamente vazio. As partículas subatômicas são puramente energéticas, imateriais. É como uma simulação, um estado de imaginação, ou ainda de meditação do Todo. O fato que isto era dito por Hermes a cerca de 6.700 anos atrás. O que demonstra o nível de conhecimento que detinham os grupos herméticos em tempos tão antigos. No decorrer deste livro eu já vim falando bastante sobre este princípio. É interessante como os princípios herméticos se encaixam muito bem em todos os eventos da criação que vamos buscando compreender. É sem dúvida uma grande ferramenta para analisar, fundamentar e aprofundar o entendimento sobre todas as coisas. Quando aliado à meditação, se torna simplesmente perfeito.

É interessante observar a quantidade de materiais distintos que existem na natureza. O fato é que tudo é composto por partículas que se manifestam em diversos estados vibratórios. Essa combinação de partículas vibrando em frequências distintas são capazes de gerar uma vasta variedade de coisas, como podemos observar em toda criação.

Outro aspecto interessante no caráter vibratório, é a capacidade dos elementos se apesentarem em diversas dimensões. Sim, existe uma coordenada de caráter vibratório que caracteriza em que dimensão se encontra uma determinada partícula. Se essa vibração supera um determinado ponto, há um salto para outra dimensão. Isso acontece tanto quando aumentamos a frequência deste material, elevando-o a uma dimensão mais sutil, como também quando baixamos seu estado vibratório a ponto de descer a uma dimensão mais densa.

Os iniciados do antigo Egito detinham conhecimento sobre o controle das frequências do seu próprio corpo. Me refiro agora a uma técnica que mais recentemente foi conhecida como Jinas ou Jinaiama. O Jinas é uma arte em que o praticante sai consciente para quarta dimensão, levando consigo o seu corpo físico. Veja que a arte Jinas é bem diferente da saída em astral. Na saída em astral, o praticante através do sono, coloca seu corpo físico em estado latente em repouso e salta com sua consciência para um outro corpo que possuímos na 5ª dimensão inferior ou também chamada de região "Astral". Desta forma ele se expressa na 5ª dimensão com seu corpo astral. Digo 5ª inferior, porque na 5ª existe uma região mais sutil que se qualifica como região "Mental". Já na arte Jinas, o praticante acelera todas as partículas que compõem o seu corpo físico, a ponto de elevar seu estado vibracional. Com isso o corpo paulatinamente vai passando da 3ª para a 4ª dimensão, também chamada de região "Vital". O corpo Físico e o Vital, estão muito próximos, pois a 4ª dimensão é apenas o caráter "Tempo" da 3ª. Desta forma, o corpo físico vai se unindo ao corpo vital se expressando em uníssono. Vale lembrar que o corpo físico desaparece daqui da 3ª dimensão. Essa arte concedia ao iniciado a possibilidade de levar seu corpo físico a qualquer lugar. Ele não poderia mais ser encarcerado, pois nenhuma cela poderia detê-lo. Uma das provas dadas ao iniciado na idade medieval, era justamente a "prova do cárcere", onde se colocava o adepto em uma situação em que era testada sua capacidade de domínio da arte Jinas. O interessante nesta arte, é que o corpo do iniciado pode ser visto ou não aqui na 3ª dimensão. Sim, ele pode estar na 4ª e ainda ser visto aqui na 3ª, se assim quiser. Por isso temos casos, como por exemplo, o de Jesus andando sobre as águas, onde demonstra a sua capacidade de domínio da arte. Outra situação é a de alguns iogues que chegam ao estado de levitar quando se encontram em meditação. Isso demonstra a capacidade alcançada através dos estados de profunda meditação, em gerar um aumento vibratório nos corpos de seus praticantes.

Os cientistas procuram a tempos, uma técnica que propicie a viagem a 4ª dimensão. O segredo é como acelerar as partículas que compõem uma determinada porção de matéria de forma uniforme, sem vazar para lugares indesejados. Existem relatos controversos sobre tentativas que se demonstraram desastrosas. Me refiro ao tão falado projeto Filadélfia. Esse foi um experimento secreto supostamente realizado pela Marinha Americana em junho de 1943. A Marinha nega, mais são muitas as testemunhas que confirmam o ocorrido. O fato é que havia um projeto, envolvendo uma nova tecnologia desenvolvida por Tesla, este por sua vez buscava recursos para testa-la. A Marinha, no entanto, queria com este experimento apenas uma maneira de tornar seus navios invisíveis ao inimigo. O objetivo era desviar qualquer tipo de onda que passasse por ele, tornando-o indetectável. Para isso eles usaram um destroier da Marinha, o USS Eldridge. O navio foi munido de dois grandes geradores, amplificadores e bobinas magnéticas. Dizem os relatos, que estas bobinas foram colocadas dentro dos canhões do USS Eldridge. Isso geraria um forte campo magnético sincronizado, que supostamente desviaria todo tipo de onda como por exemplo onda de rádio, e também a luz, fazendo com que ela contornasse o Eldridge, passando direto e tornando-o indetectável. O que ocorreu é que o experimento não saiu exatamente como esperado. As coisas saíram do controle, e os acontecimentos resultantes deste teste foram simplesmente bizarros. O experimento foi realizado no dia 22 de junho de 1943. Dois navios ladeavam o USS Eldridge. Eles enviavam a energia necessária através de grandes cabos. A qualquer momento a energia poderia ser cortada. Esse é um protocolo de segurança da Marinha.

A ideia de Tesla era de que as grandes bobinas gerassem pulsos sincronizados com frequência diferentes em ângulos distintos. Em sua teoria, Tesla julgava a possibilidade da "superposição de ondas", onde uma onda se soma a outra, e a outra, se potencializando exponencialmente, gerando um fortíssimo campo magnético de caráter vibratório. Muito se especula, sobre qual foram as frequências geradas para este experimento. Sabe-se apenas que a quantidade de energia requerido para o teste era enorme. Era também sabido, que as bobinas tinham que ser dispostas em uma certa angulação. Veja que isso era possível, pois os canhões poderiam ser virados com bastante precisão até atingir os ângulos desejados entre eles e o USS Eldridge.

Bem, logo que foram iniciado o fornecimento de energia, e as grandes bobinas começaram a operar, foi observado que a água ao redor da embarcação começou a borbulhar. Em seguida verificou-se uma névoa esverdeada, que paulatinamente foi cobrindo o USS Eldridge. Logo o navio desapareceu não só do radar, como também aos olhos daqueles que assistiam o experimento. Minutos se passaram até que o USS Eldridge reapareceu. Bem, agora vem os relatos bizarros sobre a tripulação. Durante o experimento, o navio provavelmente passou para 4ª dimensional. É sabido que na 4ª, dois corpos podem ocupar o mesmo lugar no espaço. Durante o experimento, os marinheiros confusos com a outra realidade, vagavam pelo navio atravessando as paredes o que é possível na 4ª dimensão. Quando o navio voltou subitamente a 3ª dimensional, muitos marinheiros ficaram fundidos as paredes do USS Eldridge. Houveram vários relatos por parte daqueles que entraram no navio logo após o experimento e tiveram que raspar os corpos fundidos as ferragens. Alguns desapareceram, provavelmente se jogaram nas águas, outros se incendiaram. Os que saíram ilesos, apresentaram problemas sérios de saúde, sobretudo mental. Estes acabaram por serem dispensados da Marinha por inaptidão. Interessante que segundo testemunhas, durante os minutos que o USS Eldridge desapareceu, ele foi visto a 600 km dali na base naval em Norfolk, Virgínia. Mas sinceramente, eu acho isso pouco provável. Devido aos fatos desastrosos ocorridos com o experimento, não houve continuidade às pesquisas neste campo. Pelo menos é o que se especula. O experimento Filadélfia virou filme com título original "The Philadelphia Experiment" lançado em 1984.

Bem, neste momento eu gostaria de focar naqueles marinheiros que simplesmente desapareceram. É provável que eles se jogaram ao mar ou simplesmente saíram voando, o que é possível na 4ª. O fato em questão é que eles não retornaram, e isto caracteriza a possibilidade de viagem permanente a 4ª dimensão. Se o experimento foi verdadeiro, então é possível que esses marinheiros ainda estejam lá.

É bem sabido que o limite da velocidade da luz tão bem exposto na teoria da relatividade, nos impossibilita de fazer viagens tripuladas interestelares, isso se dá até mesmo a planetas no nosso próprio sistema solar. O domínio da 4ª dimensão resolveria este problema. Muito se fala na dobra do espaço tempo, do "buraco de minhoca", mas na verdade o domínio da 4ª tornará possível viagens a enormes distâncias de forma muito mais fácil. É provável que um dia a ciência consiga esse feito. Quando isso ocorrer, a forma como vivemos deverá mudar consideravelmente. Vamos aos fatos: Na 4ª dimensional, nós não precisamos respirar. Não precisamos comer nem beber, embora possamos faze-lo apenas por puro prazer. Não temos peso, podemos voar. Desta forma, é possível nos deslocarmos a qualquer lugar sem uso de veículos motorizados, embora o deslocamento tenha suas limitações de velocidade, o que torna necessário algum tipo de veículo para cobrir grandes distâncias. Nesta região, dois corpos podem ocupar o mesmo lugar no espaço. O corpo aqui é elástico, e se recompõe, não podendo se ferir, ou sofrer qualquer tipo de dano de caráter permanente. Com isso a vida na 4ª torna-se muito mais fácil.

Vamos pensar um pouco ... algum dia a tecnologia necessária para colocar uma pessoa definitivamente na 4ª, vai ser desenvolvida. Isso pode levar tempo, mas vai acabar se concretizando. Quando a primeira pessoa fizer essa passagem, será um feito único na história da humanidade ... um divisor de águas para um novo tempo. Primeiro vão as cobaias. Depois de ser bem testado, e os erros completamente sanados, irão as pessoas com muito dinheiro. Com o tempo vai se popularizando, e tornando acessível para muitos. Com as facilidades da vida na 4ª é muito provável que em algumas décadas a população inteira acabe migrando para lá. Isso seria inevitável. Assim não é difícil imaginar que em algum momento seja inclusive controlada a visita a terceira dimensão. Talvez só cientistas e turistas poderiam vir visitar aqui, como em um zoológico ... isso tudo respaldado pelo intuito de preservar o planeta, o ecossistema, os recursos, etc. O planeta aqui voltaria a ser em grande parte florestas, com vida abundante e recursos naturais restaurados, já que a população não precisaria mais deles. É verdade que da 4ª dimensão podemos ver tudo aqui na 3ª, com isso as pessoas que quisessem fazer uma visita a 3ª, seria mais no sentido de experimentar estar em um corpo tridimensional. Em suma, o bom disto é que da 4ª poderemos assistir a tudo que ocorre aqui na 3ª, sem, contudo, poder altera-la.

Indo por esse raciocínio, existe a possibilidade que alguns dos planetas que consideramos sem vida, possa na verdade estar plenamente habitado na 4ª. Se assim for, talvez esses planetas em outros tempos, tenham sido repletos de vida que acabou por migrar para a 4ª em algum momento, ou ainda foi habitado por civilizações que vieram de outros corpos celestes, como uma espécie de colônia.

Veja, que é comum em muitos dos relatos de contatos ufológicos, se referirem a artefatos translúcidos, que simplesmente se plasmam e depois desaparecem. Atingem grandes velocidades. Aceleram muito rapidamente. Interessante que essas são características evidentes do uso da 4ª dimensional. Desta forma, quero dizer que eles podem estar entre nós sem que percebamos ... cruzando o nosso céu ... andando pelas ruas ... em nossa casa. Podem estar atuando na estrutura do nosso planeta. Influenciando populações. Interferindo nas decisões dos grandes líderes mundiais. É bem provável que eles nos visitem sem necessariamente passar para 3ª, ou ainda se tornarem visíveis, o que é possível na transição entre 3ª e 4ª. Perceba que só em casos muito específicos eles precisariam vir a 3ª. Talvez não nos invadam, pois a princípio não precisam dos nossos recursos para viver. Suas visitas devem ser de caráter puramente científico. Estudando as relações das populações na formação dos sistemas econômico, político e cultural. Como também os estudos na área da genética, com intuito de melhorar as raças em outros planetas. Isso se eles não estão fazendo essas práticas conosco também, o que é bastante provável.

*** O Princípio da Polaridade

Esse princípio se baseia no axioma hermético que diz que tudo é duplo ... tudo tem dois polos ... tudo tem o seu oposto perfeito. Esse axioma postula que os opostos possuem a mesma natureza diferindo apenas por graus. Exemplo: quente e frio, ambos são graus de uma mesma coisa, que nada mais é que a "temperatura". O que é frio para um, pode ser quente para outro. Podemos ainda citar claro e escuro, bem e mal, etc. Além disso podemos achar esse princípio na antítese dos sentimentos como: amor e ódio, alegria e tristeza, ânimo e desânimo, e por aí vai. Até aqui eu dei a definição clássica deste princípio, aquela que você vai encontrar em toda literatura. O fato é que esse princípio neste contexto, que é por sinal o mais difundido, remete a uma percepção puramente mental. Eu discordo completamente com esse princípio neste contexto. Sim, a mente é que pensa e avalia as coisas usando a dualidade como parâmetro. Já a consciência vê as coisas como são, sem se identificar com os estados, mas sim percebendo tudo na proporção da sua real natureza. Ela está mais próxima da verdade. Eu acredito que este axioma hermético se refere a uma outra situação que por acaso é a ideia que norteia esse livro, e vai ser melhor esplanada no decorrer desta obra. A princípio, vamos pensar um pouco ... os grupos herméticos buscavam incessantemente a verdade e a negação da mente sob controle egóico. É ilógico, e digo mais, absurdo que eles postulassem sobre esse contexto. Vejamos, é bem verdade que o Universo é insubstancial, e tudo que existe é somente múltiplos estados vibratórios, logo tudo o que há, tem que ter o seu oposto para que haja equilíbrio. Essa é uma explicação bem superficial, eu sei ..., mas ela serve por agora. O princípio da polaridade possui uma aplicação mais ampla que o princípio de causa e efeito, pois o princípio da polaridade se aplica não só a tudo o que há, como também a tudo o que vai haver em decorrência do que já há. Já o princípio de causa e efeito se restringe ao que vai haver, ou seja, apenas as respostas geradas no futuro oriunda de uma ação no presente. O fato é que o mecanismo que trabalha para buscar o equilíbrio natural de todas as forças, é o modus operante por trás dos dois princípios.

*** O Princípio do Ritmo

Esse princípio pode ser melhor compreendido observando o movimento de um pêndulo ... veja que o tanto que se desloca para um lado, será o tanto que se deslocará para o outro. Tudo tem ritmo, tudo tem seu fluxo e refluxo, a maré, as estações do ano, os períodos de seca e de chuva, o dia e a noite, etc. Esse princípio está presente também na ascensão e descenso de todos os impérios ou grupos politicamente organizados, das modas, das tendências, das religiões, nas relações humanas, etc. Como dizia minha avó "tudo que há, já houve". As tendências sempre voltam, e depois somem para voltar novamente. Interessante que as pessoas mais velhas percebem melhor isso, pois vivenciaram as muitas idas e vindas dos acontecimentos. No ser humano encontramos o ritmo no pulsar do coração, no fluxo e refluxo do ar que preenche nossos pulmões, em todos os ciclos metabólicos, da atividade e da inatividade, do sono e da vigília, etc. Internamente temos períodos de ânimo e desânimo, de alegria e tristeza, de otimismo e pessimismo, e o mais importante, fases de materialismo e de espiritualidade. Houve uma época que era moda consultar uma técnica chamada Biorritmo. Ele se baseia em ciclos internos contados a partir do nascimento, e realmente funciona muito bem. Os ciclos são 3: Físico, Emocional e Mental. Com essa consulta você pode saber como estará o seu estado em uma determinada data, e assim planejar melhor suas atividades. O importante é compreender que tudo está em movimento, tudo vibra, e tudo tem seu ciclo perfeito. Na natureza tudo oscila, não há nada que se mantenha estático por todo o tempo.

Podemos, no entanto verificar que entre os dois extremos do pêndulo, existe um centro. Um ponto em que se conseguíssemos diminuir o movimento deste pêndulo tenderíamos a ele. O iniciado hermético buscava deslocar o movimento dos seus pêndulos internos para o mais próximo possível do centro. Como isso é possível? Simplesmente não se identificando com os extremos. Quem puxa nosso pêndulo aos extremos é o Ego. São os estados equivocados de consciência, ou melhor, infraconsciência. Quando estamos agindo pelo Ego, acabamos identificados com os extremos: vem o ódio, a paixão, o ciúme, a inveja, a luxúria, a cobiça, a vaidade, o medo, a desesperança, etc. Estes são todos os estados egóicos que chacoalham os nossos pêndulos internos, trazendo-os aos extremos. A profunda observação de nós mesmos, a percepção consciente dos estados internos por si só, suavizam a amplitude dos nossos pêndulos. A meditação é muito importante quando usada para alavancar o autoconhecimento. À medida que o iniciado põe luz sobre o seu interior, sua Essência Divina vai tomando o controle da máquina humana. Diz o velho texto: "O humano há de se divinizar, e o divino há de se humanizar".

É importante perceber que existe uma relação entre os nossos pêndulos interiores e os físicos. Quando não nos identificamos e equilibramos nossos ciclos internos, também há uma melhora substancial nos ciclos físicos. Isso promove o bem-estar e a saúde de forma geral, pois o externo é um reflexo do interno.

É bom verificar que todos os princípios se relacionam, e muitos se confundem. Neste caso podemos verificar a proximidade entre o princípio do ritmo e da vibração. O ritmo é no fundo uma vibração mais lenta. Além de tudo, ambos também fazem parte do princípio do movimento.

*** O Princípio de Causa e Efeito

Esse princípio se origina no axioma que afirma que todo efeito tem sua causa, e vice-versa ... tudo que acontece está sob a influência da grande Lei, e que essa por sua vez atua em todos os planos da manifestação.

Vou dar a minha definição: *Toda ação(causa) desencadeia no tempo uma outra ação(efeito) que é semelhante em natureza, mas com polaridade invertida.* Por exemplo: Você ajuda alguém. A ação é "ajudar alguém". A polaridade é o fluxo da ação que vai de você para o outro. Então no futuro, por atratividade, vai acontecer uma ação de mesma natureza, que é "ajudar alguém", porém com a polaridade invertida. Desta forma alguém vai te ajudar, ou seja, o fluxo da ação vai vir do outro para você. Eu disse exatamente isso, "por atratividade" ... sim porque as coisas vão se acertando com o tempo, não há uma data fixa para que as coisas aconteçam. Mesmo porque, as relações de causa e efeito formam uma malha muito complexa, interconectando todas as pessoas e suas inúmeras ações. O fato é que por influência as coisas vão paulatinamente se ajustando, umas vão mais rápido, outras demoram mais.

Perceba que não importa se a natureza da ação é boa ou má, o afeito virá do jeito que foi concebido pela ação. Mesmo porque "bom" e "mau" é algo relativo.

É bem verdade que uma ação pode ser espontânea, ou seja, algo que inicia o processo, e aí está o tal "livre-arbítrio" que rompe a casualidade, e se insere como um novo processo. Mas também é importante lembrar, que uma ação também pode ser a causa de uma outra ação anterior. Este é um efeito em cadeia onde uma ação desencadeia um efeito que no fundo também é uma ação, e que desencadeia outro efeito, que também é uma ação, e que desencadeia outro efeito ... e assim indefinidamente. Isso gera uma espécie de cadeia de causa e efeito. Evidente que essa cadeia é formada por pessoas distintas, onde as ações vão se processando. Cada pessoa que participa da cadeia se torna o que chamamos do "agente do karma". Uma pessoa pode participar de uma cadeia mais de uma vez. Existem eventos karmicos que se processam entre duas pessoas, alternando suas polaridades. Ora uma pessoa pratica a ação e a outra recebe, ora invertem-se os papéis. Existe evento onde a ação é da pessoa para ela mesma, o que cria um ciclo fechado. É o caso por exemplo do suicídio.

Vamos pensar um pouco ... existe o livre-arbítrio naquele que inicia uma cadeia de ações, como também naquele que se recusa a fazer parte de uma cadeia por não se identificar com a natureza da ação. Isso acontece quando não agimos egoicamente. E digo mais, quando rechaçamos a natureza de uma ação esperada, não nos polarizando com o seu impulso natural (a influência). Quando rompemos as cadeias karmicas que nos prendem a muitos eventos e reencarnações, nossa vida vai se tornando mais leve e tranquila. Mas para isso temos que nos tornar cada vez mais conscientes das nossas ações ... porque pela ação mecânica do Ego, perdemos o controle da nossa existência e nos tornamos vítimas do mecanismo atrativo dos processos que alimentam as cadeias karmicas. Os iniciados das antigas escolas Herméticas dominavam os seus impulsos animais mediante a supremacia da consciência, que no fundo é a expressão da nossa porção divina. Porção esta, que ainda não foi subjugada a segunda natureza que é o Ego. Quando colocamos a atenção sobre os eventos a nossa volta, e também sobre os impulsos reativos a esses eventos que ocorrem em nosso interior, acabamos por interromper a ação mecânica, nos tornando presentes e conscientes dos fatos que nos cercam. Desta forma, não abrimos as portas para que nos identifiquemos. Quebrando as cadeias karmicas vamos nos livrando de muitos compromissos criados pelo Ego. Sim eu disse "compromisso", pois cada evento karmico que nos espera no futuro, é uma espécie de compromisso que teremos que cumprir. Isso vai tornando a vida complexa, pois os eventos que compõem nossa vida são mais amarrados. Não há flexibilidade para fazermos aquilo que ansiamos. Vivemos assim, sem muitas alternativas. A quebra dessas cadeias vai nos tornando de certa forma, mais livres. Lógico que as cadeias prosseguem por outras pessoas, pois sempre haverá alguém que será atraído para cometer a ação que satisfaça, e dê continuidade a essa cadeia.

Este princípio é referenciado em muitas crenças com outros nomes como: ação e reação, karma, dharma, destino, retorno e recorrência, etc. Você pode encontra-lo na maioria das culturas, espalhadas por todos os cantos do mundo.

*** O Princípio de Gênero

Esse princípio encerra a grande verdade que o gênero está presente em toda criação. Em tudo há um princípio masculino e um princípio feminino. Ele é a mescla da vontade e da ação no sentido da intenção, geração e regeneração. Tudo é criado, e recriado tendo como base esse princípio. Mas é bom salientar, que além das forças masculina e feminina, existe uma terceira força neutra que traz a coesão, equilíbrio, e estabilidade ao conjunto. Sem ela a criação não se manteria, acabaria por se desestruturar. No átomo encontramos o princípio masculino e feminino, representados pelo próton e pelo elétron, e a terceira força é encontrada no nêutron que mantém o conjunto coeso. No físico o princípio do Gênero se processa no homem e na mulher, através do sexo. O resultado desta união é o filho, que estrutura o sentido da família, promovendo a união do casal. A densidade do mundo físico tende a levar tudo a degeneração. Não se esqueça que a família física é uma representação grosseira da nossa sagrada família interna ... observar o princípio da Correspondência.

Intimamente, este princípio se processa pela Sagrada Trindade, a real família. Os princípios masculino e feminino, estão representados pelo Primeiro e Terceiro Logos, onde encontramos o aspecto do Pai, e da grande Mãe Divina. O princípio masculino se expressa pela vontade, a firmeza e direção ... é o princípio que fundamenta a ação. No entanto ele é imanifestado, não pode gerar.

Já o princípio feminino, é responsável por criar. Sem ele nenhuma obra poderia ser gestada. Quando reencarnamos, a nossa Mãe Divina, prepara o nosso veículo físico para a manifestação aqui nesse plano. Ela se encarrega do nosso desenvolvimento, atuando em nossos processos químicos e anímicos. Ela não só tem o poder de gerar como de regenerar. Ela age em nós dentro dos limites das possibilidades karmicas. Por isso, devemos cuidar do nosso corpo, pois ele é um presente que nos é proporcionado pelo esforço do nosso Ser.

O Terceiro Logos ou Espírito Santo, se divide em uma parte feminina e outra masculina. Para os antigos o Terceiro Logos era a expressão do que chamamos de Alma. Lógico que isso é para aqueles iniciados bastante avançados, que divinizaram sua parte humana e criaram alma. A humanidade em geral possui apenas um embrião de Alma. Isso se dá na Bíblia pelas "bodas do cordeiro", onde a Alma Humana masculina (Manas), desposa a Alma Divina feminina (Buddhi). Para tal, o iniciado precisa ter edificado o seu corpo Causal, que é simbolizado pelo traje de bodas.

A terceira força está representada no nosso Ser pelo Segundo Logos, o filho, mais conhecido como o Cristus. Ele dá sentido aos dois gêneros, pois é o fruto da vontade e ação. É de lá que nossa Essência partiu para a manifestação aqui nesta dimensão.

Esses princípios estão presentes no Universo através dos dias e noites cósmicos ... onde o Universo é gestado pela vontade do criador através da grande Mãe, e se expande gerando todas as coisas. Então, temos o início de um dia cósmico. Depois entra em um processo de retração onde tudo é recolhido. Então vem um período de descanso, a noite cósmica. Logo, toda a criação retorna para um novo dia. Os antigos se referiam ao dia, e noite cósmicas, como sendo a respiração do criador. Exalando toda a criação ... inalando tudo ao seu ponto inicial, e em seguida, dando uma pausa ao reter o ar, se preparando para um próximo ciclo.

Reparem que todos os princípios descritos até aqui podem ser facilmente percebidos em todas as coisas. Eles se confundem, pois se torna difícil dizer com certeza onde começa um e termina o outro. Compreendendo bem esses princípios entendemos melhor os mecanismos por trás dos eventos que nos cercam. Isso nos confere mais ferramentas no sentido de promover o melhor entendimento sobre tudo que observamos.

*** O Paradoxo

Portanto querido leitor, saiba que a realidade é relativa ... sim relativa. Se pelo aspecto do Criador tudo é ilusório, passageiro, apenas imaginação, para nós seres finitos, moldados na mesma matéria, tudo é bem real. Este é o "Paradoxo". Chute uma pedra, e logo perceberá isso. É bem verdade, que a nossa natureza íntima é muito mais sútil que a dura pedra. No entanto, enquanto estivermos submetidos a um corpo, teremos como resultado das nossas ações as respostas inerentes a região vibratória que nos encontramos. Você pode até dizer que toda manifestação é temporal, e isso é inegável, mas durante o período que estivermos inseridos nela, temos que nos comportar conforme as leis naturais de cada região. O fato é que não podemos esquecer que a visão do Todo é infinita, enquanto Todo. Embora nós sejamos emanação do mesmo, enquanto experimentamos a finitude da manifestação, não podemos perder o foco da nossa realidade, para assim melhor viver.

Se o sentido da manifestação, como alega os grupos de Hermes, é o amadurecimento da consciência, de forma análoga, esse é o sentido para tudo que emana do Criador. Logo podemos ter como síntese da existência, a consciência como objetivo fundamental. Cabe a cada um buscar o caminho que conduz ao autoconhecimento. Lembra-se que a consciência e o amor se confundem, pois se parar para pensar um pouco, no fundo são a mesma coisa.

CAPÍTULO 5

O UNIVERSO TEM QUE RESULTAR EM ZERO

Querido leitor, nos capítulos anteriores já debatemos bastante sobre a insubstancialidade da matéria, passando pela evolução das pesquisas e as novas teorias que vem surgindo. Fizemos uma retrospectiva histórica sobre o átomo e o Cosmos. É bem verdade que teria muito o que falar. Muitas teorias são bastante abstratas, e se fosse aprofundar, deixaria essa obra por demais complexa, além de serem apenas especulações. Eu me ative em apresentar apenas as teorias que estão mais em voga. Além disso, reavaliamos essas ideias olhando por um prisma espiritual. Voltando ao conhecimento das antigas Escolas de Mistérios, mais precisamente, a primeira Escola de Mistérios fundada por Hermes, que foi a base para todas as outras, e também influenciou em muito a concepção relativa às verdades fundamentais na antiguidade. Eu quis dar ênfase ao pensamento destas escolas, no tocante a divindade e a edificação do Universo, e sobretudo na ideia que tudo é vibração. Desta forma, falei bem pouquinho sobre esses conhecimentos, pois teria assunto para escrever inúmeros livros. O que eu expus aqui é o que cabe para fundamentar essa obra. Tentei focar o máximo no assunto para não me perder e acabar por sair do tema.

*** A Onda

É bem verdade que já batemos sobre a ideia que tudo é vibração, mas vamos aprofundar um pouco no entendimento sobre a onda. O que é essa tal vibração? O que é a onda? Como se comporta? Quais são os seus princípios?

Como definição: Onda é fruto de uma perturbação, que se propaga através de um meio.

A onda é apenas energia ... ela se apresenta como a transferência desta energia gerada por uma fonte através de um meio. Por exemplo, quando atiramos uma pedra em um lago com águas tranquilas, geramos uma perturbação na superfície da água. Desta forma ondas circulares se formam partindo do ponto de impacto. A pedra quando atinge o lago gera a perturbação. Desta forma, há a transferência de energia entre o evento e o meio. Logo essa energia cinética se propaga pelo lago na forma de ondas. Veja que o impacto da pedra é a fonte da perturbação.

Existem basicamente três critérios de classificação das ondas:

A primeira classificação se faz pela sua natureza. Assim temos dois tipos de ondas, "ondas mecânicas" e "ondas eletromagnéticas".

As ondas mecânicas são aquelas que necessitam de um meio material para poder se propagar. Como exemplo temos as ondas do mar, as ondas sonoras, as ondas geradas em uma corda quando submetida a um pulso, etc.

As ondas eletromagnéticas são aquelas que não precisam de um meio material para se propagar, embora elas possam se propagar também em um meio material. Como exemplo temos a luz, as ondas de rádio, o raio X, etc. As ondas eletromagnéticas se propagam no vácuo a velocidade aproximada de 1.080.000.000Km/h.

A segunda classificação das ondas se dá pela direção em que se propagam. São três: as ondas unidimensionais, as ondas bidimensionais, e as ondas tridimensionais.

As ondas unidimensionais se propagam em uma única dimensão, como em um filamento. Como exemplo imagine duas pessoas, cada qual segurando uma das pontas de uma corda esticada. Quando um dos participantes faz um movimento brusco na corda (pulso), se forma uma onda unidimensional que percorre essa corda até o outro participante.

As ondas bidimensionais, se propagam no plano cartesiano, em duas dimensões. Como exemplo temos as ondas gerada pela pedra jogada na superfície do lago. Veja que a superfície do lago forma um plano cartesiano com as coordenadas x e y. Outro exemplo seria a deformação gerada em uma cama elástica. Ou ainda as ondas do mar.

As ondas tridimensionais são aquelas que se propagam em todas as direções. Como exemplo podemos citar a luz, as ondas sonoras, etc.

A terceira classificação das ondas se dá pelo posicionamento da onda frente a direção da sua propagação. São duas: as ondas longitudinais, e as ondas transversais.

As ondas longitudinais são aquelas em que a ondulação (senoide) se propaga paralelamente a direção do deslocamento. Como exemplo temos as ondas do mar, que podemos observar claramente que se propagam paralelas à superfície das águas.

As ondas transversais são aquelas em que a ondulação se propaga transversalmente à direção do deslocamento. É um pouco difícil de visualizar, mas o melhor exemplo são as ondas sonoras.

Imagine a película de um alto-falante ... ela vibra para frente e para trás, gerando uma onda composta por uma sequência de altas e baixas pressões que fazem vibrar o nosso tímpano. Perceba que esta onda está virada para o mesmo sentido da própria propagação.

Vamos ver algumas outras definições.

A frequência de uma onda se dá pelo número de ondulações que ocorre em um determinado período de tempo. Temos como medida de frequência o hertz (Hz) que é a quantidade de ondas geradas em 1 segundo. Por exemplo, quando dizemos que temos uma frequência de 40 hertz, estamos dizendo que ela vibra 40 vezes por segundo.

Período é o tempo gasto para a fonte produzir uma onda completa. No mar podemos medir o período das ondas medindo o tempo de passagem entre duas ondas seguidas, de crista a crista, ou de vale a vale (a parte mais baixa da onda).

Comprimento é a medida da distância de crista a crista, ou de vale a vale.

Velocidade é uma relação entre a distância percorrida por uma onda em um determinado tempo.

Amplitude é a altura da onda medida do eixo até a crista. Veja que o eixo da onda não é o vale. Tomando como exemplo as ondas do mar, o eixo é o plano que se verificaria caso o mar estivesse sem ondas, totalmente liso. Veja que da mesma forma que a crista está acima deste eixo, o vale está abaixo.

Agora que definimos melhor o princípio de onda e vibração, vamos analisar um pouco sua natureza. Temos muitos pontos a indagar sobre a vibração e a formação do Cosmos.

Veja amigos, que a onda mecânica na forma clássica é formada por fases: Uma fase de compressão de um meio, e em seguida vem uma fase de expansão, e depois outra compressão, e assim por diante. Essas fases se movem pelo meio repercutindo em toda estrutura, pois há atratividade e repulsão entre a área de compressão e expansão. Sim, elas buscam o equilíbrio. É fato que essas fases estão em movimento, e que o ponto em que deu início a perturbação promove o sentido da onda ao transferir sua energia para ela.

Querido leitor, o ponto em que eu quero chegar com esta explanação é a percepção em que uma onda é uma relação de atratividade e repulsão, como em tudo no Universo. A perturbação é um desequilíbrio que tem como resultado a própria onda. Perceba que no fim encontramos essa atratividade e repulsão em tudo, como por exemplo, na polaridade negativa e positiva das cargas elétricas, na atração gravitacional e em contrapartida, na repulsão gerada pela força centrífuga que equilibra os corpos celestes, encontramos também nas várias forças que compõe o interior do átomo, que inclusive falamos sobre elas em um capítulo anterior. Enfim, tudo é uma relação de atração e repulsão. O Universo sempre procura o equilíbrio, a estabilidade. No entanto, acontece que algo ou alguém cria o "caos" ou a nível de onda a "perturbação". A grande pergunta é: — Quem cria o caos? Isso seria por si só a evidência da existência de um criador? Uma espécie de Deus? Quem sabe esse Deus não é um e sim vários? Há ainda aqueles que vão dizer que o caos pode ser fruto de uma força impessoal, uma espécie de evento natural. Tudo são possibilidades. O fato é que a vida está presente em todo o Cosmos, e se você fechar os olhos e sentir a sua própria existência, vai perceber que isso é inexplicável, um milagre. Não se engane que a mesma vida que há em nós, há em tudo. Já se especula que as partículas subatómicas possuam vida. Logo, tudo parece estar vivo, mesmo os lugares que aparentam ser mais inertes carregam vida em abundância.

Vamos analisar uma das características mais importantes no entendimento sobre a onda ... Veja a seguinte afirmativa: "*A onda transfere energia, sem transportar matéria*". Isso mesmo, a onda existe enquanto pertubação, mas ela por si só não é composta de coisa alguma. Não há nenhuma substancialidade na composição da onda.

Vamos tomar como exemplo as ondas do mar: Imagine uma molécula de água na superfície do oceano ... quando a onda passa, ela sobe depois desce e volta ao mesmo lugar. Isso mesmo, ela na verdade continua na mesma posição. Veja que as moléculas de água, que compõem o meio onde essa onda se propaga, não se movem no sentido do deslocamento da onda. Ela apenas oscila e volta sempre ao mesmo ponto. Logo a onda não transporta matéria, apenas energia. Quero deixar claro que a onda a que me refiro no exemplo acima, é aquela que encontramos no meio do oceano, pois a onda ao se aproximar do litoral devido a diminuição da profundidade, entra em colapso e quebra. Quando ela quebra deixa de ser onda no sentido clássico do que se considera onda, embora vulgarmente a chamamos assim.

O fato é que se o Universo é somente estados vibratórios, e eles não transportam nenhuma matéria, poderíamos questionar o seguinte: — Será que podemos concluir com isso que o Universo é "nada"? Você pode então contestar e dizer o seguinte: — Mas o meio onde ele trafega possui matéria. Sim, mas não se esqueça que as ondas mecânicas precisam de um meio material, as eletromagnéticas não. Veja ainda que estamos falando da vibração fundamental, aquela no interior da matéria que se expressa na forma das partículas subatômicas. Além do mais nós sabemos que a realidade física no interior do átomo difere da física fora do átomo. Isso inclusive é o motivo da existência da física quântica, que estuda as propriedades das partículas subatômicas. Imagine como se comporta uma onda nestas regiões.

Nós sempre imaginamos a onda como aquela senoide clássica dos tempos de escola. Essa senoide é a representação mais simples de uma onda unidimensional. Mas não se engane, os estados vibratórios podem gerar sistemas extremamente complexos. Imagine então a complexidade das ondas multidimensionais, com uma quantidade inimaginável de estados.

Imagine as ondas das regiões mais sutis do Cosmos ... falo das outras dimensões, pois o Universo é composto por muitos estados dimensionais, cada um com seus aspectos físicos. Imagine ainda a onda que está além do espaço e do tempo.

Em um capítulo anterior falamos sobre a experiência de Aspect. Relembrando, essa experiência mostrou que ao emitir duas partículas de um átomo em direções opostas, ao se modificar uma, a outra se altera instantaneamente, não importando a distância entre elas, como se continuassem juntas. Lembra-se? Isso implica em dizer que provavelmente o espaço entre todas as coisas, seja apenas uma ilusão ... é provável que tudo provenha de um mesmo ponto. Logo a estrutura vibratória que compõe todo o Universo deve partir de um mesmo lugar. Deve vir de uma mesma intenção e vontade. Vamos ser sinceros, neste caso o que chamamos de "lugar" ou "posição" já seria uma espécie de abstração em um mundo sem distâncias. Talvez nesta realidade existam muitas inteligências, mas isso é só especulação. Nestas circunstâncias uma onda seria algo "não espacial", estaria mais próximo da provável fonte de todas as coisas. Fonte esta, que muitos podem chamar de Deus.

Vendo aquela onda bem simples unidimensional do tempo de escola, na forma de uma senoide, podemos verificar que a onda cria uma deformação transitória "um tanto acima" e "um tanto abaixo". Ela sai do eixo de equilíbrio, vai até um "máximo", depois volta ao eixo, e então inicia o seu curso indo ao lado oposto, o seu "mínimo", e retorna ao eixo. Essa situação se assemelha a um pêndulo, que vai de um extremo até o seu oposto passando pelo seu centro. O que eu quero ressaltar, é que a medida que a onda vai para um lado é a mesma medida que ela vai ao outro, isso se não tivéssemos o atrito.

Amigos, analisando a senoide podemos dizer que se somarmos o tanto de deformação para atingir o "máximo" que é positivo, mais o tanto de deformação para atingir o "mínimo" que tem sinal negativo, teremos zero. Isso mesmo, a soma dos estados necessários para transportar energia no fim resultam em zero. A energia gerada pela fonte permanece. Ela é a nossa incógnita no sentido de não sabermos de onde vem. No entanto, o transporte desta energia pelo meio resulta em zero.

Agora veja, que se estamos falando da criação do Universo, lembremos que o próprio meio que é o Universo, é formado pela mesma natureza vibratória insubstancial que resultará sempre em zero.

Então eu digo: "O Universo tem que resultar em zero". Quando digo zero, me refiro a tudo que você pode perceber: a matéria, a energia, também me refiro as coisas sutis, etc. O mais importante é verificar que isso também vale para os próprios estados vibratórios gerados pelo Universo, não só na nossa dimensão como também em todas as outras ... exato, isso tudo também tem que resultar em zero. Se não fosse assim o Universo teria que ser feito de alguma coisa, e nós sabemos que ele é insubstancial.

Caro leitor, repito, não tem como fugir disso, o Universo tem que resultar em zero. Seria matematicamente impossível se não fosse assim. Tudo necessita do seu oposto perfeito para equilibrar as contas da criação, no fim só resta zero, apenas zero. Em um Universo insubstancial todas as contas precisam ser zeradas.

*** A Influência

Tudo na criação sofre uma espécie de arrasto ou influência, se assim preferir chamar, para que as contas se fechem. As influências são na verdade o fluxo natural do Universo para buscar o equilíbrio. Tudo está submetido a esse princípio. Há influência em tudo. Nada acontece por acaso. Você pode me dizer: "— Isso me parece um processo mecânico." ... exato, esta mecânica está por trás de todas as coisas, inclusive da suposta "casualidade". Isso porque a influência age de forma sútil, porém eficaz, nos dando a sensação de que tudo que acontece teve como princípio a resposta natural.

Que da mesma forma, as ações exercidas pelas pessoas representam somente as suas vontades legítimas, expressão do seu desejo. Mas não se engane, as pessoas também estão sob a mesma influência: seus sentimentos, suas emoções, suas vontades, e seus pensamentos ... tudo é deformado sob a influência que equilibra toda a criação. Evidente que existem ações novas e espontâneas, mas elas são responsáveis apenas por uma pequena fração dos eventos.

Então podemos concluir que a única coisa realmente existente, é a fonte de toda a perturbação que sustenta a criação. Nada existe além "dele" ou "deles", tomando como perspectiva a nossa condição, já que não sabemos o que há além do Criador.

O Criador é a única verdade. Tudo que está abaixo dele é condicionado a sua presença e vontade. É bem verdade que a "verdade" é relativa em tudo, pois as partes manifestam o Todo, mas o Todo justifica as partes. Por fim, a vida permanece sendo um grande mistério, mas não se engane, o meio na qual toda criação se expressa e habita, resulta em zero, apenas zero. Pois se não resultasse em zero, teria que ter alguma substancialidade, e nós sabemos que não tem.

CAPÍTULO 6

TUDO TEM QUE TER O SEU OPOSTO PERFEITO

Caro leitor, vimos que toda onda em si própria acaba por se anular, restando apenas a energia que ela transfere. Observando a senoide, para cada estado em um sentido, há um estado em sentido contrário com a mesma magnitude. Lógico que para isso, dependendo do meio, dispensamos o atrito por uma questão didática. Por fim, todo o sistema que compõem um estado vibratório, se olharmos do ponto de vista da ondulação, se anula resultando em zero. E não poderia ser diferente, pois a matéria é insubstancial. Sabemos também que a transferência de energia que resulta em uma onda não transporta matéria. Analisamos a energia primordial que se manifesta na forma de uma perturbação, e ela parece ser a única coisa real no Universo. Vimos ainda entre outros, os princípios do Ritmo, da Vibração e da Polaridade. Mas perceba que o equilíbrio que anula todo o Universo está em tudo, pois tudo que existe no Universo possui uma representação do seu oposto perfeito, porque no fim das contas tudo tem necessariamente que se anular, caso contrário o Universo teria que ser feito de alguma coisa. Lembre-se do Princípio da Correspondência ... os princípios aparecem em todos os níveis do mais denso ao mais sutil. Quero dizer que existe igualdade em tudo desde a onda primordial no interior do átomo, até as coisas do dia a dia, como objetos, pensamentos, sentimentos, e também os estados vibratórios que se manifestam fora do átomo, etc.

Quem nunca sentiu o estado emocional de uma outra pessoa? É notório que nós emanamos na forma de vibração o nosso estado interno. Quando estamos próximo a alguém que está sob forte descontrole emocional podemos sentir a densidade no ar. O mesmo acontece quando estamos nos sentindo muito bem, parece que emanamos harmonia. O fato é que as emoções e sentimentos são estados que interferem em tudo aquilo que nos circunda. A vibração resultante de um lugar em um determinado instante, é a somatória da vibração de toda vida que circunda aquele ambiente. Lembre-se que tudo é vivo.

*** Estados Vibratórios

Por isso eu lhes digo que tenho uma boa notícia: o que acontece é que podemos escolher os estados vibratórios a que vamos nos afinar. A palavra-chave é a "identificação". Se estivermos conscientes, acordados, com a atenção voltada para dentro, podemos estar conscientes no sentido de não nos identificarmos com os estados vibratórios indesejados. Pois os estados vibratórios de cunho desarmônico, são atrativos ao Ego animal. Eles são uma porta de entrada para manifestação da segunda natureza ... esquerda ... egóica. O Ego se alimenta, como também acarreta pensamentos e emoções desarmônicas. Eles podem resultar até mesmo em uma ação aqui no físico. Mantendo a atenção plena, escolhemos a história para o filme da nossa vida. É verdade que muitos eventos que nos cercam são de natureza karmicas, mas os estados internos relativos a esses eventos são facultados a nós escolhermos. Ou seja, a forma que encaramos os fatos nos faz senhores da nossa própria realidade, porque sejamos francos, tudo sempre passa, e além do mais a realidade é relativa. Criamos o nosso futuro a cada instante, com pensamentos, emoções e ações. Quando nos polarizamos intencionalmente com o intuito de promover os estados internos harmônicos, caminhamos inteligentemente para o melhor viver. Advém desta prática a tranquilidade, a plenitude, e a lucidez.

Alguns materiais como a água possuem características interessantes quando submetidas a estados vibratórios. Somos constituídos em grande parte por água, aproximadamente 60% nos adultos e 75% nas crianças. É sabido que a água tem o poder de armazenar e transmitir os estados vibratórios mais sutis. Muito se comenta sobre os experimentos feitos tendo como base a formação de cristais de gelo. Nele a água é submetida a um ambiente onde pessoas se concentram em palavras com as mais diversas intenções como: "amor", "ódio", "compaixão", etc. Também foram testados vários estilos de música, como as sinfonias de grandes compositores e o Rock. Interessante foi verificar a estrutura formada nos cristais de gelo quando submetida a esses estados vibratórios. Quando submetido a estados mais grosseiros como o "ódio", ou sob a influência do "Heavy metal" os cristais apesentavam uma estrutura desarmônica, pode-se dizer caótica. Já as vibrações como o "amor", as sinfonias dos grandes mestres, geravam estruturas belíssimas.

Outro ponto interessante sobre a água é a sua memória. Quando colocamos um composto qualquer na água, ela guarda sua característica e passa a vibrar como o próprio composto. Até aí tudo bem. O fato é que se vamos diluindo cada vez mais este composto, acrescentando mais e mais água, esta água continua vibrando como o composto inicial. Chega um momento que a quantidade do composto na água se torna insignificante de tão diluída que ele está. Mesmo assim a água continua vibrando o composto, pois memorizou sua vibração. Esse é um dos princípios da homeopatia, diluir um medicamento até que sua presença se torne insignificante, porém seu efeito de cura se mantenha.

Uma prática interessante é colar uma etiqueta no recipiente onde armazenamos a água que bebemos. Nesta etiqueta escrevemos palavras como "amor", "paz", etc. Podemos ainda fazer uma oração diariamente impondo as mãos sobre o recipiente de água. Essa simples prática acarreta resultados incríveis. Funciona como uma espécie de acumulador de boas vibrações. Podemos ainda, nesta oração pedir o que quisermos ... como a cura de algum mal específico, tanto físico, como a cura de alguma doença da alma. O fato é que ao ingerirmos esta água, sua vibração se propaga pela porcentagem de água que compõe nosso organismo, promovendo o bem-estar geral.

É inegável que somos profundamente influenciados por toda exposição que sofremos do meio vibratório externo, como também dos nossos próprios estados vibratórios. Eles influenciam imensamente a nossa saúde, não só física como a interior. Quando escolhemos melhor os nossos pensamentos e emoções, promovemos uma melhor qualidade de vida, não só para nós, mas também para aqueles que nos circundam. Sim, somos responsáveis pelas consequências dos estados vibratórios que emitimos aos outros. É inegável que isso tem peso karmico. Quem não conhece aquela pessoa que chamamos vulgarmente de "olho gordo". Aquele que tudo que olha desanda. Vai visitar um amigo, vê uma flor e ela murcha. Observa uma criança e ela logo adoece. Essas pessoas existem. Elas se comportam como uma espécie de vampiros. Sua cobiça e inveja aliada a um forte poder magnético, formam uma composição terrível. Da mesma forma, também existem pessoas que emanam harmonia, paz e felicidade. No geral, o ser humano varia seus estados internos o tempo todo. O estado interno de cada um depende de muitos fatores.

*** O Poder da Oração

Veja o poder que tem a oração. Já está comprovado que a oração tem a capacidade de promover a cura. Os pacientes que possuem alguma fé, são capazes de resistir melhor ao sofrimento. Mesmo acamados são otimistas a respeito da sua situação. Eles conseguem manter a tranquilidade frente aos fatos. Sua recuperação se faz melhor e mais rápida. Mas eu vou mais além ... imagine quando alguém ora por outra pessoa que não tem fé alguma. Isso mesmo, a oração de uma pessoa intercedendo por outra também tem muita força. O bom é que podemos promover o bem-estar intercedendo pelos nossos semelhantes. São inúmeros relatos que comprovam isso.

Vou apresentar um relato. O Sr. E.M. 53 anos, fumava e bebia por demasiado. Isso desde jovem. Não se preocupava com a saúde, se alimentava mal. O Sr. E.M. não se ocupava com nenhum tipo de crença. Não acreditava no espiritual. Na verdade nem pensava sobre isso. Já sua esposa era uma mulher muito religiosa. Ela sempre costumava guardar uns momentos do dia para entregar-se a oração. Bem, um dia o Sr. E.M. estava em sua cama descansando quando foi acometido por um ataque cardíaco fulminante. Um bom tempo havia se passado até que sua esposa percebesse que algo de errado ocorria com ele. O fato que neste momento ele já estava praticamente morto. Ela em desespero, pegou a sua Bíblia, e sobre seu corpo inerte, pôs-se a orar sem parar. Um bom tempo se passou até que subitamente ele voltou a si. O mais interessante foi o relato dele. O Sr. E.M. narrou que a princípio sentiu uma dor lancinante que transpassava seu peito. Depois a dor foi passando, então ele começou a se sentir muito leve. Ele contou que chegou a ver seu corpo estendido inerte na cama, então foi lentamente se afastando, indo em direção a uma claridade muito forte, como uma luz no fim de uma espécie de túnel. De repente começou a ouvir o clamor da sua esposa que intercedia por ele. Sua voz ecoava por toda parte, clamando a Deus por sua alma. Então ele sentiu como se retrocedesse, e retornou ao corpo. Depois desta experiência ele conta que passou a ter uma visão completamente diferente da vida. Passou a ser menos materialista, a valorizar mais as coisas simples da vida, e viver cada instante intensamente. Não se dedicou a uma crença em especial, mas passou a ponderar as coisas do espírito, e assim construiu dentro de si uma crença particular. Isso me parece uma opção bastante lúcida. Ele passou a ter uma certeza nas coisas do além ... de uma outra realidade depois desta.

As experiências que vivenciamos serão sempre mais fortes que qualquer teoria ou literatura a que possamos nos debruçar. A fé em uma teoria é uma possibilidade, ou ainda um palpite, mas a experiência vivida é uma certeza que carregamos dentro de nós, e que não conseguiremos jamais passar aos outros. É aquilo que nos cabe.

Relatos como este são inúmeros, poderia descrever vários deles. Escolhi este exatamente por isso. Quando temos um grande número de relatos onde vários elementos se repetem, ou são muito semelhantes, acaba por corroborar com a sua veracidade. Veja que não pode ser uma mera coincidência, que pessoas diferentes em lugares distintos passem pelas mesmas experiências.

Somos influenciados a todo momento pelos estados vibratórios que nos chegam. Somos como uma antena, e captamos o que nos circunda. A vibração de um lugar pode promover a cura como também a doença nas pessoas. Já foi constatado que em um ambiente hospitalar mais harmônico resulta na aceleração do processo de recuperação dos pacientes. Não podemos mudar os estados vibratórios externos que nos chegam, no máximo podemos não nos polarizarmos com ele, ou ainda evitar alguns ambientes. No entanto podemos promover uma mudança sobre nossos estados internos. O segredo do caminho que conduz ao espiritual, não está na inconformidade frente as vicissitudes da vida, mas sim de uma profunda revolução interior, mediante a compreensão dos eventos que compõem a existência. Muitos são aqueles que anseiam pegar em armas para mudar o sistema julgando ser possível realizar uma mudança significativa no mundo mediante uma revolução com sangue ... mal sabem eles que a única revolução capaz de mudar o mundo é aquela que promovemos dentro de nós, pois o externo é apenas um reflexo do que levamos dentro. Em uma humanidade degenerada, podemos mudar o sistema, mas o princípio do mal permanece. No fim das contas, de uma forma ou de outra as coisas voltam a se apresentar de forma semelhante. Lutamos e não conseguimos sair do mesmo lugar.

*** Ação e Contra-ação

A pouco eu disse que tudo possui o seu oposto perfeito, aquele que representa a sua antítese. Isso ocorre em todos os níveis da criação, do mais denso ao mais sutil conforme o Princípio da Correspondência. Vamos analisar um pouco esse conceito usando uma das antíteses mais simples de visualizar. Vamos falar sobre matéria e antimatéria.

Vamos usar para isso o átomo de hidrogênio. Bem, o átomo de hidrogênio tanto da matéria como da antimatéria possui a mesma natureza. Isso mesmo, a mesma natureza. Ambos se comportam exatamente como um átomo de hidrogênio. Ambos têm cara de átomo de hidrogênio. Tem jeito de átomo de hidrogênio. Agem como átomos de hidrogênio. Você me pergunta: — Então qual a diferença? A diferença está na polaridade. Enquanto o átomo de hidrogênio da matéria apresenta o núcleo positivo e seus elétrons negativos, o da antimatéria apresenta o núcleo negativo, e os elétrons positivos. A massa dos pósitrons (antimatéria), e elétrons (matéria) são iguais. Logo podemos concluir que as diferenças não estão na sua natureza, e sim, na sua polaridade.

Veja por exemplo a ondulação: a onda em si tem como natureza o fato de ser o resultado de uma perturbação e que acarreta o transporte de energia. Porém para cada "crista", há um "vale" com polaridades opostas. No entanto tanto a "crista" como o "vale" possuem a mesma natureza. E digo mais, não poderia ser diferente pois são na verdade apenas estados oriundos de um contexto maior, a onda.

Vamos ver o exemplo pelo prisma do karma e dharma. Preste atenção: "Toda "ação" gera uma "contra-ação" no futuro, de mesma natureza, mas com polaridade invertida". Vamos pegar um exemplo bem forte. Suponhamos que você pratique a ação de ferir alguém com um objeto cortante. Bem, o que acontece é que no instante que você realizou esta ação, é formada no futuro uma contra-ação exata, que anula perfeitamente a ação. Porém, não se esqueça que essa contra-ação tem a mesma natureza da ação inicial. Então haverá uma contra-ação onde a natureza é: "ferir alguém com um objeto cortante". Porém desta vez o sentido da ação muda. Então agora, você é que é ferido por alguém com um objeto cortante. Observe que você foi agente "ativo" da ação, logo passa a ser agente "passivo" da contra-ação.

Quando praticamos boas ações, criamos no futuro boas contra-ações, o que nos favorece. Lógico que isso também vale para as más ações. Mudamos nosso futuro quando escolhemos a natureza das nossas ações. O futuro nós criamos a cada instante, sempre aqui e agora. Não se pode mudar o passado, mas podemos decidir fazer um futuro melhor. Isso é possível através da qualidade dos nossos sentimentos, pensamentos e ações, já que tudo é vibração.

*** A Intenção

Você pode me questionar: — Se tudo, tudo mesmo, é vibração, então as coisas mais abstratas como o sentimento, pensamento também são? Isso é inegável, mas eu vou muito mais além e afirmo ... preste bem atenção no que eu vou dizer ... "toda ação também é vibração". Parece absurdo, não é? Lógico que é um estado vibratório ainda mais complexo composto por muitas formas de vibração em inúmeros estados dimensionais, mas no fundo também é apenas vibração. Isso mesmo, toda ação intencional, como por exemplo quando consolamos alguém, ou ferimos alguém, ajudamos pessoas, ou fazemos qualquer coisa, enfim, toda ação independente da sua natureza termina se decompondo em vibração, apenas vibração. É bem verdade que assim também ocorre com os eventos que não tem um autor direto, como chover, fazer sol, ventar, etc. Perceba que esses eventos que não tem autor, interferem na vida das pessoas, ou seja não tem autor, mas causa efeitos sobre as pessoas. Assim também percebemos que nem toda ação humana é direcionada a uma outra pessoa ou pessoas.

O importante aqui é diferenciar "evento" de "ação". Tudo que acontece são "eventos", mais a "ação" é um "evento" que possui autor. Lógico que me refiro aos eventos sob o prisma da ação humana, já que tudo no Universo é vivo. Eu sei que isso é óbvio, mas não custa deixar as coisas bem claras, para não deixar dúvidas, já que esses assuntos são um tanto abstratos.

A palavra chave da ação humana é a "intenção". Toda ação se assenta sobre o princípio da "intenção". A "intenção" se justifica pelo "pensamento" e "sentimento" direcionado a um objetivo. Por fim acaba ocorrendo a ação. A ação em si é a efetivação do processo que passa pela "intenção", "pensamento", "sentimento". O "objetivo" já é fruto da manifestação do Ser dentro dos limites que compõem o caráter humano, como: o cérebro físico, a personalidade, a fração da nossa Essência que está livre e a fração da Essência que está subvertida no Ego.

É bem verdade, que você pode ter uma ideia, sentir, ter o impulso de realizar, mas abortar a execução da ação. Isso acontece o tempo todo. Nem tudo que estamos dispostos a fazer, nós efetivamente realizamos. Existe um bloqueio da própria razão sobre os nossos impulsos. Normalmente os rompantes vem em virtude da nossa natureza egóica, que muitas vezes nos coloca em maus lençóis. Se estivermos atentos e despertos, tomamos as rédeas das nossas ações, o que é muito mais inteligente.

O fato é que quando efetivamente levamos a intenção a ação, é gerado um estado vibratório complexo que representa a própria ação. Isso é claro, repercute com todos os resultados dela, pois as ações formam uma malha interconectada entre eventos e também pessoas. Dessa forma, tudo vai sendo gravado em um arquivo cósmico. Não só os fatos, mas também se houve alguma intenção naquele fato, e quem foi o portador desta intenção, além da vítima. Pois não podemos esquecer daquelas pessoas que participam do evento de forma passiva, sendo vítimas dos acontecimentos. Assim se forma um vínculo entre os fatos e as pessoas.

Você pode me perguntar: — E quando agimos sem nenhuma intenção? Lógico que há eventos que não são diretamente realizados por pessoas, como eventos da natureza, mas ainda há ações que embora tenham sido praticadas por pessoas, não foram intencionais. Neste caso poderíamos dizer que são produtos de um acidente. Veja que muitas vezes cometemos atos involuntários sem nenhuma intenção. Somos neste caso mais vítima das circunstâncias do que propriamente agentes da ação.

Caro leitor, é notório que há relevância no grau de intenção que fundamenta a ação, pois como eu já disse, a intenção cria um vínculo entre eventos e pessoas. Ou seja, esses vínculos podem ser mais fortes ou mais fracos, dependendo do grau da intenção. Não existe intenção plena, pois a intenção também é algo relativo.

Você já parou para analisar o que te faz realizar uma ação? Por exemplo, por que você decidiu ler este livro? A princípio você pode dar uma resposta qualquer. Mas se você meditar um pouco vão começar a brotar muitas outras respostas. Você vai ver que um motivo leva a outro, que leva a outro, assim indefinidamente. Se fosse possível voltar até a raiz do motivo, chegaria ao princípio que sustenta todo o Universo ... "Deus".

O porquê das nossas ações, indo além do que há de Divino em nós, também se fundamenta na íntima relação do nosso interno com a nossa própria história de vida. A construção da personalidade se dá em parte assim. Mas não podemos esquecer que a personalidade é passageira, ela também se dissolve depois da morte. No fim só extraímos da vida a consciência. Ela que vamos construindo, mediante o exercício de analisar de forma impessoal as nossas interações com o mundo. Digo impessoal, porque ao analisarmos os fatos o qual nos propomos a meditar, não podemos nos identificar com eles. Só a consciência é capaz de produzir mais consciência. A inconsciência jamais produzirá consciência, pelo contrário, ela só nos conduz ao adormecimento. Em suma, em uma prática meditativa há de se manter lúcido, presente, consciente, para então naturalmente ser capaz de fazer uma análise fria, e melhor enxergar todo o cenário que se descortina.

O sofrimento em si, não nos faz necessariamente mais conscientes, pois se assim fosse teríamos uma humanidade repleta de iluminados. Mas a reflexão consciente sobre os conflitos da vida, sejam externos ou internos, são como uma lanterna que põe luz sobre a nossa psicologia. Podemos dizer que a revolução, que acrescenta graus a consciência é edificada mediante um labor de cunho psicológico. O fato é que se não compreendemos profundamente as coisas que nos afligem, elas simplesmente voltam, voltam e voltam a acontecer, pois sempre terminamos como vítimas, já que acabamos por nos identificar com os mesmos fatos. É como um filme que nos é passado muitas vezes, até que aprendamos com ele. A compreensão nos tira destes ciclos de sofrimento, suavizando a nossa jornada pela existência.

A prática da meditação é algo maravilhoso, não só pela paz que promove, mas pela possibilidade de nos trazer mais entendimento sobre os processos que se manifestam dentro de nós. Esse é o grande motivo que nos convida a silenciar e meditar. Assim podemos avançar mais rapidamente no caminho interno, extraindo desta existência o máximo de consciência. É verdade que muitas pessoas infelizmente, saem desta vida quase do mesmo jeito que chegaram. É facultado a nós lutar pelo avanço interno. Nem todos os que vão à escola apresentam o mesmo aproveitamento. Uns passam com louvor, outros vão na média da turma, há ainda os que não aproveitam a oportunidade que lhes foi dada, e são reprovados. Quem sabe talvez por imaturidade? O fato é que o ciclo de reencarnações, são quase infinitos. Cada um aprenderá a seu tempo de uma forma ou de outra. Muitos vivem completamente fascinados com as coisas da vida, estão em sono profundo, se identificando com todas as coisas do diário viver. Nem todos anseiam pelo crescimento interno. Nem todos sentem o mesmo anelo pelas coisas espirituais. O caminho que conduz a consciência é uma escolha de cunho íntimo, ninguém poderá decidir, e muito menos trilhar por nós.

CAPÍTULO 7

O QUATERNÁRIO INFERIOR E O TERNÁRIO SUPERIOR

*** As Dimensões

Caro leitor, vamos falar um pouco sobre as dimensões. A ciência está longe de esclarecer a existência de outros estados dimensionais ou realidades paralelas, como queiram chamar. Não se descartam as possibilidades da sua existência, mas de concreto temos muito pouco. O fato é que na teoria se especula a possibilidade de outras regiões que coabitem a nossa. Os cientistas chegaram a propor a existência de 11 dimensões.

Veja que pela lógica o mais plausível é que estas regiões se distingam da nossa por questões de diferença vibratória. Desta forma, os aspectos referentes às leis da física nestas dimensões devem também ser distintos.

Nesse emaranhado de teorias, ainda há aquelas que postulam a existência de outras realidades semelhantes. Seria uma espécie de cópia exata daqui, com todos os aspectos físicos. Há ainda os que postulam a existência de outras regiões, que se distinguiriam da nossa por uma espécie de defasagem temporal. Ou seja, seria como exemplo um outro Universo exatamente igual ao nosso com todos os eventos e pessoas daqui, porém que estivesse 1 segundo no futuro. Neste caso o destino seria algo fixo, imutável, o que é pouco provável. Essas ideias são completamente teóricas, carecendo de alguma evidência. Em um capítulo anterior, falei sobre o Projeto Filadélfia, em que os cientistas supostamente tentaram transportar um destroier da Marinha, o USS Eldridge com sua tripulação para 4ª dimensão. A Marinha Americana nunca confirmou este experimento, o que temos são apenas relatos daqueles que afirmam ter testemunhado a experiência. É bem verdade que houveram muitos relatos. Realmente, parece inegável que algo deva ter ocorrido.

Embora a ciência tenha muito pouco a dizer sobre as dimensões, as escolas e grupos espirituais vem através dos milênios descrevendo-as com bastante propriedade. Eu particularmente vejo os estudos conduzidos sobre este prisma, muito mais interessantes. Isso porque eles são frutos da experimentação real do praticante. Por exemplo, não há ninguém melhor para falar do Mundo Astral do que alguém que domine a prática da saída em astral. Ou seja, alguém que investigou detidamente esta região indo lá pessoalmente, com seu corpo astral. Vale ressaltar que isso também se faz possível para todas as outras regiões dimensionais além do Astral. Qualquer pessoa pode passar por uma experiência fora do corpo, e isso acontece com muito mais frequência do que se imagina. O fato é que quando isso ocorre, a pessoa não sabe bem o que fazer. Quase sempre se assusta e perde a oportunidade de investigar. Uma pessoa bem treinada como um iogue, ou iniciado, ou praticante de meditação, como queira chamar, pode ir a várias destas regiões e descreve-las. Sim, existem muitas outras formas de desdobramento além do tão falado desdobramento astral. Veja que a região chamada de Astral é somente uma das muitas regiões existentes.

Durante milênios, os iniciados oriundos das mais diversas escolas vem criando uma cultura específica, fruto das experiências de várias gerações. Essas experiências foram sendo passadas de lábios a ouvidos. O mais interessante, é que foi se formando uma literatura, digamos consensual, pois escolas distintas, em tempos distintos descreviam as mesmas experiências. É claro que suas nomenclaturas eram diferentes, mas os fenômenos em si apresentavam as mesmas características. Não posso negar que a primeira escola de mistérios de Hermes Trismegistro detinha um profundo conhecimento sobre essas regiões, o que era passado para os seus adeptos. A evidência disto é que de lá vieram as primeiras alusões aos corpos supradimensionais, e também aos vórtices energéticos conhecidos como chacras. O conhecimento sobre esses corpos, podiam ser evidenciados pelas práticas da autêntica "alquimia", onde se transmutavam os mercúrios (as águas), sob o calor do fogo, para lograr a edificação dos veículos corpóreos de caráter superior. Isso porque os corpos inferiores nós já possuímos. Quero frisar que a alquimia no seu aspecto prático, não faz parte do escopo deste livro ... eu apenas cito no contexto teórico quando se faz necessário.

Os estudos dentro do campo das realidades dimensionais, acabam por comprovar, que o conhecimento adquirido pelo caminho espiritual, embora não possa ser comprovado cientificamente, mostram ser bastante eficazes. Sua veracidade se dá pelo fato de que as experiências são comuns a todos os praticantes, e vem sendo relatadas desde os tempos mais remotos até hoje. O mais interessante é que hoje em dia nos deparamos com algumas visões sobre as dimensões dentro da investigação espiritual, no entanto todas são muito semelhantes.

Como base para essa obra, eu volto a usar as definições que acredito serem mais próximas da escola de Hermes, pois as considero mais verosímeis e completas. Por isso recorro as definições das linhagens oriundas das correntes Teosóficas, Budistas e Gnósticas.

Querido leitor, você pode me perguntar: — Como é possível que essas pessoas consigam ir a estas dimensões e inclusive descreve-las, já que a ciência não consegue chegar lá? Bem, é simples. O fato é que nós já possuímos corpos em todas essas dimensões. Isso mesmo, temos corpos em todas essas regiões da mesma forma que possuímos o nosso corpo físico aqui na 3ª dimensão. Sim, nós somos seres multidimensionais. Poderíamos dizer que essas experiências são possíveis porque de certa forma nós já estamos lá. Logo a experimentação nestes outros mundos se dá pelo simples salto de consciência de um corpo para outro. O fato é que podemos nos manifestar em todas as regiões, basta saber como nos sintonizar com cada corpo, colocando nossa consciência no comando deste veículo corpóreo. Existem técnicas específicas para conseguir desdobrar-se em cada uma destas regiões. Cada região possui seus segredos, suas características físicas, e estão lá para serem experimentadas assim como todas as coisas da vida. Precisamos nos fazer conscientes dos nossos veículos e das regiões onde ele nos permite investigar. Os estudos espirituais ministrados pelas antigas escolas de mistérios tinham como objetivo primordial, levar o adepto ao conhecimento direto, ou seja, a experimentação objetiva de todas as coisas, inclusive destas regiões dimensionais.

Ao retornarmos de uma viajem a esses mundos, trazemos somente as lembranças e experiências daquilo que vivenciamos. Não podemos trazer algo que possa ser submetido aos instrumentos científicos. Logo essa é uma experiência totalmente pessoal, de cunho íntimo. Por mais que quiséssemos, não poderíamos compartilhar ... só indo até lá para saber como é. No máximo poderíamos tentar descrever o que experimentamos. O fato é que se assim fizermos, algumas prováveis reações causaremos ao nosso confidente. Se ele já passou pela mesma experiência vai achar normal. Se ele nunca vivenciou uma saída para outra realidade dimensional, na melhor das hipóteses, poderá aceitar a sua descrição com uma certa incredulidade natural ... ou desconfiar da sua sanidade ... ou ainda achar que você está inventando uma história. Logo, podemos perceber que não é uma boa prática relatar nossas experiências para qualquer um. Sempre existe aquela pessoa em que nos sentimos confortáveis para confidenciar as nossas experiências. Por isso existem grupos e escolas onde se estudam esses assuntos. Neste ambiente se pode compartilhar as experiências, e sobretudo ter orientação sobre elas.

Caro leitor, vamos falar um pouco sobre as dimensões. Temos como definição clássica 7 regiões dimensionais divididas em dois grandes grupos.

O primeiro grupo, contém as 3 regiões mais sutis, e é conhecido como o "Ternário Superior" ou biblicamente como "Os Céus". São regiões de perfeição. Nela habitam as partes do nosso Ser, a nossa Mônada Divina, nosso Deus Interior, dividido nos seus 3 aspectos: Pai, Filho e Espírito Santo. As 3 regiões que a compõem são: "Mundo Átimico", "Mundo Budhico", e "Mundo Causal".

*** O Quaternário Inferior

O segundo grupo, é chamado de "Quaternário Inferior". Ali se encontram as regiões mais densas. São 4 estas regiões: "Mundo Físico" (onde nós estamos), "Mundo Vital", "Mundo Astral" e "Mundo Mental". Nestas regiões se manifestam o Ego, por isso são conhecidas como as regiões do pecado. É importante ressaltar que estas são regiões de profunda imperfeição.

Vamos primeiro descrever as 4 regiões que constituem o "Quaternário Inferior".

*** 1ª) Mundo Físico (Quaternário Inferior)

Esta região nos é bastante conhecida tendo em vista que é nela que nos unificamos como consciência, embora pudéssemos nos unificar em outra. Sem mais delongas, o fato é que naturalmente estamos manifestos nela. Apenas durante o sono, quando relaxamos o nosso veículo corpóreo tridimensional é que experimentamos outras realidades dimensionais, só que infelizmente de forma inconsciente. O Mundo Físico se encontra na 3ª dimensão, onde podemos perceber as coisas nas coordenadas relativas ao comprimento, largura e altura. Essas são as três dimensões.

Esta é a região mais densa da manifestação. Segundo as Escolas Herméticas o Mundo Físico é composto por 48 leis. Quero enfatizar que essas leis a que me refiro são representativas das relações naturais nesta região, como por exemplo: "a atração gravitacional que nos prende a superfície deste planeta", "dois corpos não ocupam o mesmo lugar no espaço", "os processos físicos que compreendem as relações entre as partículas atômicas", "todos os ciclos energéticos que unificam a vida nesta região" e etc.

É fácil perceber que com tantas leis a vida aqui se torna muito complicada. Precisamos comer, beber, respirar, dormir, excretar, isso tudo para minimamente viver. Estamos submetidos a gravidade que dificulta nosso deslocamento. Podemos nos ferir, já que dois corpos não podem ocupar o mesmo lugar no espaço. Temos que nos adaptar as condições meteorológicas, dependendo da região que vamos habitar, como por exemplo: calor, frio, pressão, humidade, etc... Veja que em seus extremos todas estas condições são limitantes. Precisamos ser protegidos pelo campo magnético do Planeta para não sermos bombardeados pela radiação solar. Essas são apenas algumas das muitas necessidades para a vida nessa região. É possível que haja vida não baseada em carbono no Universo, mas de qualquer forma também terão suas necessidades. O fato é que as condições mínimas para poder viver na 3ª dimensão em qualquer planeta, são bastante exigentes. São inúmeras as condições que permite a Terra ser habitada. Entre elas: a distância certa do Sol para ter a temperatura necessária; a sua rotação permitindo a distribuição do calor; a existência da Lua em rotação e distância certa que promove o equilíbrio e redistribui as massas de água, havendo a renovação de todos os ciclos da vida, além de equilibrar a nossa órbita. Hoje em dia se sabe que são raríssimos os planetas que possuem condições mínimas de conter vida mais complexa. Não se engane, a nossa Terra é um exemplar muito raro. O fato aqui é perceber a complexidade da vida em uma região com 48 leis. Essa é a dura realidade da 3ª dimensional.

Basta olharmos em um espelho para conferir que possuímos um veículo corpóreo nesta dimensão. Mas segundo os preceitos ocultistas este corpo carece de substância. Para aqueles que praticam a autêntica alquimia, se faz possível edificar um corpo superior conhecido como Corpo Solar. Os corpos podem ser solarizados em todas as 7 regiões. No passado muitas escolas antigas se auto intitulavam de construtores de templos. Lógico que elas se referiam a edificação dos veículos corpóreos.

Sobre a edificação dos corpos, eu gostaria de lembrar de uma passagem bíblica: Após Jesus expulsar os vendilhões do templo, os judeus lhe perguntaram: "Que sinal o senhor pode nos apresentar como prova da sua autoridade para fazer isso?" Em resposta Jesus disse-lhes: "Derrubem esse templo, e eu o levantarei em 3 dias". E os judeus retrucaram: "Este templo foi edificado em 46 anos, e tu levantarás em 3 dias?". Mas Jesus falava do templo do seu corpo, e não do templo onde ele se encontrava. Logo após Jesus ter ressuscitado dentre os mortos, os seus discípulos lembraram-se do que ele havia dito. Então tomaram crença na Sagrada Escritura e naquilo que Jesus dissera. Podemos ver com esta passagem, a capacidade de um iniciado já avançado na senda, de restaurar seu corpo ressurreto, por mais que tenha sido danificado. Esta restauração se dá pela atuação do Terceiro Logos encarnado dentro de nós, a nossa adorável Mãe Divina. Já o ato de expulsar os vendilhões do templo, está ligado ao trabalho de aniquilação do Ego animal dentro do iniciado. Assim se restaura a ordem no templo.

Jesus era um grande alquimista, e realmente era casado com Maria Madalena.

Se diz esotericamente que os corpos são formados pelos átomos do Pai, ou ainda chamados de Hidrogênios. Quero deixar claro que este não é o hidrogênio da Química. Este hidrogênio se refere as partículas do nosso Ser. É um conceito ocultista. Se usa o nome hidrogênio pelo fato dele ser o elemento químico mais simples. Então não vamos misturar as coisas. É dito que o hidrogênio espiritual, alimento da qual é edificado o nosso corpo físico, se intitula H48. H de hidrogênio, e 48 das partículas que constituem o mercúrio alquímico na 3ª e 4ª dimensão, ou energia sexual, ou ainda águas seminais. Lógico que esta energia existe no homem e na mulher. Também podemos dizer que o átomo espiritual formador do nosso corpo no Mundo Físico possui 48 partículas do Pai.

Os nossos corpos trabalham como um complexo destilador, onde as energias são sublimadas. Podemos trabalhar as energias para transmutar as águas, também chamada de mercúrios, em novos corpos mais sutis. No interior da estrutura que forma os ossos da bacia (cintura pélvica), mais precisamente nos testículos do homem, e nos ovários da mulher, nascem dois nades etéreos que serpenteiam a coluna vertebral ascendendo até a cabeça. Seus nomes são Idá e Píngala. No homem, Idá vai do testículo direito até a narina esquerda, e Píngala vai do testículo esquerdo até a narina direita. Na mulher se inverte, Idá vai do ovário esquerdo até a narina direita, e Píngala vai do ovário direito até a narina esquerda. Nades significa canais, dutos. Esses nades são etéreos e estão na 4ª dimensional. Eles estão simbolizados pelo símbolo do Caduceu de Mercúrio, onde as duas serpentes simbolizam estes nades e a espada a coluna vertebral. Eles também são conhecidos como as duas colunas do templo (Jaquim e Boaz), ou as duas testemunhas ocultas. As duas oliveiras bíblicas. Por eles sobem os mercúrios na forma de vapores. Quando chega ao cérebro, as energias são fixadas neste corpo solarizando-o. O excedente deste processo se quebra ao meio indo formar o corpo seguinte, mais sutil. Ou seja, no caso do corpo físico o H48 se quebra em dois H24 que é o átomo espiritual do corpo seguinte. Esse é o processo da Alquimia. Essas são práticas realizadas entre homem e mulher.

Passando pelo meio da coluna vertebral ainda existe um terceiro nade chamado Sushumna. Ele vai da base da coluna até o cérebro. É pelo Suchumna que o chacra principal conhecido como kundalini penetra e ascende até chegar ao cérebro. No homem normal o kundalini está descansando dentro da bacia (cintura pélvica), enroscado 3 vezes e meia como uma serpente. Ele é a manifestação do 3º logos dentro de nós ... a nossa mãe interior. Quando o Kundalini desperta, ele ascende pelo canal Sushumna passando pelas 33 vértebras que constituem a coluna vertebral, iniciando sua viagem pelo cóccix, subindo de vértebra em vértebra, até atingir o cérebro. Sua subida vai paulatinamente aniquilando o Ego animal. Para conquistar cada vértebra o iniciado deve compreender profundamente o Ego relativo aquela etapa. Sobretudo precisa vencer as duras provas, e provar a sua Sagrada Mãe o seu valor. Assim sendo o iniciado consegue com ajuda de sua Mãe, a desintegração da segunda natureza dentro de si e a ascensão vitoriosa do kundalini. Diz-se iniciaticamente que o iniciado foi devorado pela serpente.

No catolicismo a nossa Mãe é simbolizada por seus aspectos, pelas várias Nossas Senhoras. É interessante verificar que podemos encontrar a representação da autêntica mãe na maioria das culturas em todas as épocas.

Quero lembrar que o corpo Físico é passageiro, pois com a morte ele se desfaz lentamente ante o sepulcro.

*** 2ª) Mundo Vital (Quaternário Inferior)

Quero enfatizar agora a realidade que envolve o Mundo Vital. Ele representa a 4ª dimensão. O fato é que se torna difícil separar o Mundo Físico do Mundo Vital, pois na verdade eles são uma coisa só. O Mundo Vital é apenas a coordenada "Tempo" que completa as coordenadas "altura", "comprimento" e "largura" do Mundo Físico. Ele é composto por 24 leis. É bem verdade que a vida aqui é muito mais simples que no Físico, mas ainda assim tem muitas leis. Desta forma, podemos dizer que essa região também tem a sua complexidade relativa. Aqui podemos voar, pois não há gravidade, no entanto o deslocamento é um pouco lento. A velocidade vai da capacidade de concentração de cada um. De qualquer forma, vencer grandes distâncias tem os seus limites nesta região. Veja que mesmo os povos extraterrestres que dominam a 4ª dimensão, necessitam de naves espaciais para poder realizar as suas viagens.

No Mundo Vital, temos uma cópia perfeita de tudo que está aqui no físico, pois cada átomo físico está atrelado a sua representação no Vital ... ou esotericamente falando o "Fundo Vital". Vale ressaltar, que a matéria no Vital é elástica podendo ser esticada a grandes distâncias. Porém ela retorna a sua forma original conforme sua representação aqui no físico, pois cada átomo físico possui uma relação de atratividade com o seu par no Vital, e vice-versa. O Vital também pode apresentar matéria específica sem representação no Físico, além de formas mentais densificadas. Trocando em miúdos, o fato é que, tudo que há no Físico tem representação no Vital, mas nem tudo que está no Vital tem representação no Físico.

Da mesma forma que possuímos um corpo físico, também temos um corpo vital bem constituído. Mesmo assim ele também carece de substância e pode ser melhor plasmado, ou melhor, "solarizado". O corpo vital é constituído pelo H24, ou seja, 24 átomos do Pai. Este corpo ainda é chamado de "duplo etéreo", sim duplo, pois ele é uma cópia perfeita do nosso corpo físico.

Quando ascendemos o Kundalini no físico, simultaneamente ascende a contraparte vital. As duas serpentes caminham juntas, da mesma forma os dois corpos também são levantados juntos.

O processo que nos permite a experimentação desta região é conhecido como prática Jinas. Para lograrmos o Jinas, temos que escolher uma posição para relaxar. Pode ser sentado, ou deitado, do jeito que se sentir melhor. É bom não ser muito confortável para não acabar dormindo.

Relaxamento: Primeiro, relaxa-se o corpo. Existem várias técnicas para relaxamento. Uma delas é imaginar uma luz azul que lentamente ascende pelo corpo dos pés até a cabeça, relaxando cada área por onde ela passar. Outra técnica é simplesmente se concentrar na respiração ou nas batidas do coração. Pode-se ainda usar mantras, como o "OM" por exemplo. Neste caso começa-se proferindo o mantra verbalmente, e conforme vai relaxando, vai se pronunciando mentalmente.

Súplica: Em seguida com o corpo bem relaxado, o praticante se concentra no coração e suplica ao seu Atman para que lhe conceda a saída em Jinas. Essa prática deve ser repetida muitas vezes até lograr êxito. É importante ressaltar, que a saída em Jinas leva o corpo físico junto, ou seja, o corpo do praticante desaparece do físico e é arrebatado para a 4ª dimensão (vital).

Quando morremos, enquanto o corpo Físico se desfaz lentamente ante o sepulcro, o corpo vital também vai se desfazendo, flutuando a cerca de 1 metro acima da sepultura.

*** 3ª) Mundo Astral (Quaternário Inferior)

O tão falado mundo astral representa a região mais densa da 5ª dimensão. Esta é a região onde se expressa as nossas emoções. Ela é composta por 12 leis. Nesta região a locomoção é instantânea, viajamos na velocidade do pensamento. Além disto, basta nos concentrarmos em alguém, e já nos colocamos junto a esta pessoa. A vida aqui é bem mais simples. Vale ressaltar que nesta região nós não podemos tocar efetivamente em ninguém, apenas sentimos a forma da outra pessoa. O contato físico é preponderantemente energético. As emoções no Astral são amplificadas, podem chegar a se apresentar muitas vezes mais fortes que aqui no físico. Por isso o estado emocional conta muito na experimentação da Região Astral.

Todos os dias experimentamos o ambiente astral durante o sono. Infelizmente nestas condições nos encontramos completamente inconscientes. O que acontece é que não só perdemos consciência quando nos recolhemos para descansar, como também vivemos relativamente adormecidos durante o diário viver. Estamos profundamente fascinados pelas coisas da vida. Somos seres completamente egóicos. Durante a noite dormimos ainda mais profundo, repetindo as coisas que vivenciamos durante o dia. O fato é que existem graus e graus de adormecimento. Estar em estado de vigila não significa necessariamente que estamos completamente acordados. Não se engane, estamos adormecidos quando devaneamos entre inúmeros pensamentos, lembranças e sentimentos. Não conseguimos manter o silêncio interno por 10 segundos, e já vem um batalhão de manifestações na nossa psique. A mente está sempre ativa. O segredo para obter êxito na prática de desdobramento astral é justamente a manutenção do silêncio interior. Para isso devemos nos manter o mais desperto possível durante o diário viver. Embora possa não parecer, essa prática com o tempo vai ampliando a consciência. Vale lembrar que uma pessoa mais consciente, está apta a ter mais experiências em todos os níveis da espiritualidade.

Quero ressaltar, que como característica de todas as regiões que compõem o Quaternário Inferior, temos a atuação do Ego. No Astral, não é diferente, sendo uma região de cunho emocional, se intensificam as emoções oriundas do Ego animal. São as emoções bestiais, resultado dos desejos infra-humanos. As emoções aqui vindas do Ego, são muito mais intensas, por isso é importante que tenhamos um certo controle sobre a nossa psique, para que as experiências no astral não se transformem em pesadelo. Para nossa sorte, quando estamos tendo uma viagem em astral e nos identificamos com as coisas do Ego, normalmente o que acontece é que perdemos a consciência e acabamos dormindo. Sim, olhando por esse ângulo, o sono nessas circunstâncias acaba sendo uma espécie de proteção. Se conseguirmos controlar o Ego mantendo nossa psique vazia, experimentaremos as emoções superiores vindas do Ser. Estas emoções nos deixam em estado de profunda plenitude e paz ... e melhor, nos mantêm despertos para não perdermos a consciência durante a prática.

A prática de Desdobramento Astral:

Primeiro escolhemos uma boa posição para a prática. Fazemos o relaxamento como foi descrito na prática Jinas. Podemos usar a luz azul passando pelo corpo, a concentração no coração ou na respiração, ou ainda usar os mantras.

Depois mantemos a atenção no coração ou na respiração. O mais importante nesta prática é manter o foco em apenas uma coisa. Se vamos, por exemplo, focar na batida do coração, temos que nos concentrar apenas nisso. O batimento cardíaco tem que ser a única coisa que existe para nós nesse momento.

Os sintomas para saída em astral são inúmeros. Eles vão surgindo conforme vamos relaxando mais e mais. Primeiro sentimos uma espécie de corrente elétrica transpassando o nosso corpo como uma espécie de formigamento. Normalmente sentimos também a sensação do corpo estar inflando. Podemos também ouvir uma espécie de motorzinho, como um zumbido.

Quando esses sintomas se intensificam, nos levantamos da cama suavemente. Em seguida damos um salto para ver se flutuamos. Ou ainda podemos nos concentrar em puxar um dos nossos dedos para ver se estica. Neste caso já estamos em Astral. Mas o que fazer agora? Você pode se locomover pela sua moradia para experimentar a sensação desta região.

Após perceber ter logrado a saída em Astral, eu aconselho a proceder da seguinte maneira: Suplique a sua Divina Mãe Interior, que é parte do seu próprio Ser, para que lhe guie onde ela achar que deve. Não existe palavras certas. Sua súplica tem que partir do coração. Uma criança não escolhe palavras para falar com sua mãe. A melhor experiência se dá sempre quando nos integramos com o nosso próprio Ser, além de proporcionar muita alegria para nossa Sagrada Família. Existe uma máxima esotérica que diz: "O bom filho jamais se esquece de sua Mãe", isso também vale para todas as partículas que compõem o nosso Ser.

Vamos falar um pouco sobre o corpo Astral. Você pode se assustar, mas quero lhe informar que o ser humano não possui um corpo astral completamente constituído. Temos apenas um veículo espectral, mais precisamente um corpo com aparência fantasmagórica. Diz-se esotericamente que é um "veículo Lunar". O corpo astral é translúcido e elástico. Não tem coloração específica, puxa para o esbranquiçado.

Para um grande iniciado na arte dos Mistérios Maiores, se faz necessário que edifique o corpo Astral e levante a serpente sobre esse corpo. Este veículo é constituído pelo Hidrogênio H12, ou seja, 12 átomos do Pai.

Quero enfatizar que neste corpo encontramos Idá, Píngala, e Sushumna, como também em todos os outros corpos.

Quando criança, eu costumava sair em Astral com certa frequência. Gostava de ficar olhando as luzes que vinham de fora do meu quarto através da minha mão ... ela era bem transparente. Eu mexia lentamente meus dedos ... eles tinham aparência gelatinosa, eram esbranquiçados ... isso valia também para os meus braços, pernas ... todo o meu corpo. Eu costumava atravessar as paredes, e perambular por toda a minha moradia. Às vezes via coisas que me assustavam, e sobressaltado voltava subitamente para o corpo. Eu não tinha medo, por isso me atirava. O sentimento de aventura era bem maior que o medo.

Existem algumas pessoas que advertem para os perigos do desdobramento astral. Isso é absurdo, pois não há qualquer motivo pra se ter medo de experimentar conscientemente o ambiente astral. Veja que durante o período em que dormimos, costumamos sair em astral de forma inconsciente, e nenhum mal nos acontece. Na pior das hipóteses podemos ter um pesadelo. Logo, a saída em astral é algo corriqueiro para nós, não há o que temer.

Da base do crânio, na altura da nuca se interconectam todos os 7 corpos, inclusive o Astral. Em suma, quando saímos em corpo astral ficamos ligados ao corpo físico pela nuca por uma espécie de cordão que nos mantém conectado. Esse cordão é conhecido como "fio de prata" ou "cordão de antakarana". Ele é completamente elástico, e pode ser esticado ao infinito. Podemos ir muito longe com nosso veículo astral, sem nenhum problema. Quando o corpo físico desperta, esse cordão se contrai nos trazendo de volta a matriz. Vale ressaltar, que a atividade psíquica do nosso cérebro físico é responsável por contrair este cordão. É justamente esta atividade que nos mantém acoplados ao corpo físico quando estamos acordados. Assim, durante o dia, os corpos ficam sobrepostos na mesma região onde está a matriz física. Nessas condições, a consciência enquanto manifestação, se mantém unificada no corpo físico.

Quando estamos em astral, e por algum motivo nos assustamos com algo, instantaneamente este cordão se contrai, nos puxando violentamente de volta, dando uma espécie de tranco. Em algumas literaturas vemos a expressão "tranco do fio de prata", para descrever esse evento.

Vale lembrar que quando morremos, o "fio de prata" é cortado. Diz-se ser esse o ofício atribuído aos Anjos da Morte ... cortar este cordão no momento exato, nem um segundo antes, nem depois. Com o fim da vida, esse corpo espectral perambula por todos os lugares onde o defunto frequentava quando vivo. Embora demore mais que os outros veículos, com o tempo o corpo astral também vai se desintegrando.

*** 4ª) Mundo Mental (Quaternário Inferior)

O Mundo Mental também pertence a 5ª dimensão, só que está em uma região mais sutil que o Astral. Aqui o número de leis são apenas 6. Com tão poucas leis não é difícil imaginar que a vida aqui é ainda mais simples.

Caro leitor, sem rodeios, quero ressaltar que embora um número menor de leis represente maior liberdade para quem venha a habitar uma região, ela também gera maior liberdade vibratória ... sim em uma região mais sutil temos mais dimensões, logo podemos ter estados vibratórios muito mais sofisticados. Por isso a região Mental possibilita um estado vibratório muito complexo chamado de "onda pensamento". Essa forma de onda permite o armazenamento e manifestação de tudo que pensamos, com todas as suas variáveis possíveis como: intenção, sentido e intensidade.

No entanto amigos, não se engane, o nome Mental traduz completamente essa região. Aqui estão os nossos pensamentos, ideias, como também as fantasias e devaneios do Ego. A mente em si é boa quando está a serviço da consciência, mas quando ela se coloca a frente da consciência cria situações simplesmente desastrosas. Não se esqueçam que esta é a região mais sutil do Quaternário Inferior. Aqui o Ego atua. Quero dizer com isso que o Mental ainda é uma zona de profunda imperfeição. Por isso vale lembrar que nela nos deparamos com o Ego na sua manifestação mais sofisticada.

Quando atingimos o silêncio interno, se abre uma porta para a manifestação do nosso Ser. A mente passiva nos conduz a felicidade e plenitude. A manifestação do Ser em nós, nos guia pelo caminho seguro, conforme a vontade da grande lei.

A mente é uma região perigosíssima para o iniciado no caminho espiritual. A capacidade da mente de enganar é incrível. Poucos conseguem vencer as ilusões criadas por ela. Uma máxima diz: "A mente, mente". Aqui encontramos o labirinto das ideias e contradições. Este é o lugar daqueles intelectuais, que colocam o prazer da tese e da antítese acima da consciência ... acima da verdade. O prazer mental de forjar uma bela teoria, se consolida com meias verdades, e meias mentiras. O que vale é provar algo a alguém. Não há aqui o compromisso com a verdade. Existe prazer no convencimento, pois sim, desta forma nos sentimos superiores aos demais. Pode-se observar que a vaidade domina o homem comum.

Quando pensamos, essa manifestação pode ter como estopim, uma espécie de influência vinda desta região Mental, atuando no nosso cérebro físico gerando conceitos aqui, e gravando na nossa memória física. O cérebro físico tem sim, poder de análise, pensamento e de armazenamento, assim como a estrutura cerebral de todos os outros corpos. Tanto que por exemplo, quando sofremos um acidente, e danificamos o nosso cérebro físico, podemos ficar dementes no tocante a nossa manifestação aqui no Mundo Físico. Contudo, o princípio da manifestação ... digo mais, o impulso que leva ao desejo de pensar, está intimamente ligado à região Mental, assim como também das influências karmicas.

Tudo que pensamos aqui no Físico gera uma forma mental lá no Mental. Assim também a forma mental, gera influência sobre o nosso cérebro físico quando nos toma para sua manifestação. Você já parou para analisar, o que inicia um pensamento? De onde parte uma forma mental ... pode ser uma imagem, uma lembrança, uma fantasia, um desejo, etc. É pouco provável que as coisas surjam na nossa janela mental casualmente. O Mundo em que vivemos está repleto de influências vindas de todas as realidades vibratórias, as quais chamamos de dimensões. É bom lembrar que sofremos influência das formas mentais geradas pelos outros da mesma forma que os outros sofrem influência pelos nossos pensamentos. No Mundo Mental todas as formas pensamento da humanidade coexistem.

Lembre-se que somos seres multidimensionais, existe uma certa influência entre os nossos corpos.

A prática de Desdobramento Mental:

Caro leitor, quero informar que a prática para lograrmos o desdobramento na região Mental, inicia-se com uma saída em Astral. Veja que tanto o Astral como o Mental fazem parte de 5ª dimensão.

Então primeiro saímos em Astral conforme já foi descrito anteriormente. Fazemos o relaxamento e a prática.

Uma vez em Astral, nos jogamos para o lado como se tirássemos um saco de cimento das costas. No mesmo instante ordenamos ao corpo astral com voz imperativa: "Corpo astral, saia de mim". Deve-se ter muita concentração ao dar a ordem ao corpo astral. Nesse momento, pode-se ouvir um som como o de um tecido rasgando. Desta forma, nos colocamos no corpo mental. Existem relatos de praticantes descrevendo que presenciaram os corpos conversando entre si. Isso é possível, pois assim como todas as partículas do nosso ser, os corpos também possuem individualidade relativa, ainda mais corpos em regiões tão sutis como a 5ª dimensão.

Você pode me perguntar: — Qual a vantagem de sair em corpo mental? Querido leitor, para aquela pessoa que vive a vida na materialidade, francamente nenhuma ..., mas para quem busca o autoconhecimento, aí sim, a saída em corpo mental é de suma importância. Nesta região o Ego se apresenta em toda a sua multiplicidade. Até o Mundo Astral nós percebemos a multiplicidade através das manifestações que brotam em nós, mas não conseguimos vê-las. Já no Mundo Mental podemos evocar a nossa própria multiplicidade, e conversar com cada Eu que compõem o Ego separadamente. Podemos perguntar a cada Eu como e quando ele se manifesta no nosso diário viver. O Eu nesta região não poderá se negar em dizer, pois a Essência que o anima faz parte de nós. O Eu, é um estado equivocado, que aprisiona parte da nossa Essência Divina. Nós estamos presentes em cada agregado da nossa psique. Cada vez que parte de nós mesmo entra em estado subvertido, esta porção da Essência se aparta do restante, se densifica, e cai do Mundo Causal para o Mental. Neste momento se forma o Eu, que passa a agir independente de nós. Este eu busca somente a satisfação dos seus desejos. Esses desejos são correlatos ao estado de incompreensão que deu início ao estado subvertido. No Mental ele se junta aos demais eus que compõem o Ego. Sim, no Mental nós nos apresentamos como legião. Temos parte da nossa Essência desperta no Mundo Causal, e a parte subvertida no Ego, na região Mental. Evocando a nossa própria Legião, e interrogando os eus, trazemos muito material para trabalhar aqui no físico, levando cada elemento equivocado a meditação e a posterior desintegração mediante a compreensão. Isso também pode ser logrado, de forma mais rápida mediante as práticas alquímicas. Vale dizer que quando estamos despertos, presentes, estamos manifestando a nossa porção de Essência que se encontra livre no Mundo Causal.

Bem, quanto ao corpo mental, quero informar que ele também é espectral, e fantasmagórico. Em suma, nós não possuímos um corpo mental devidamente constituído. Temos apenas um veículo lunar com a mesma consistência do corpo Astral. Como em todos os corpos, o corpo mental também apresenta o "fio de prata", e os nades: Idá, Píngala e Sushumna.

Para um adepto na arte dos Grandes Mistérios, se faz necessário que edifique o corpo mental, e levante a serpente sobre esse corpo. Este veículo é constituído pelo Hidrogênio H6, ou seja, 6 átomos do Pai.

Na morte, o fio de prata também é cortado neste corpo. O corpo mental demora ainda mais a se desintegrar, e tal qual o astral, ele perambula por todos os lugares onde o finado frequentava quando vivo.

*** O Ternário Superior

Agora vamos descrever as 3 regiões que constituem o "Ternário Superior". São estas as regiões de pura perfeição. Aqui não há a ação do Ego. Para poder experimentar estas regiões, tem que se deixar para trás toda a natureza infra-humana. Lá só pode se manifestar, as partículas superiores do Ser. Isso vale para a nossa porção de Essência que não se subverteu no Ego. Nestas regiões vivenciamos a felicidade suprema, a paz infinita. As três Regiões que compõem o Ternário Superior são: Mundo Causal, Mundo Budhico e Mundo Átimico.

*** 1ª) Mundo Causal (Ternário Superior)

O Mundo Causal é a região mais densa do Ternário Superior, e corresponde a 6ª dimensão. Nele se manifestam apenas 3 Leis. Não é difícil imaginar que a vida no Causal é muito simples, muito descomplicada. A sensação de bem-aventurança e paz plena, só é possível em uma região de completa perfeição. Aqui se inicia os tão falados "Céus" bíblicos. Nestas condições podemos entrar em contato direto com as partículas que compõem o nosso Ser, pois elas habitam estas regiões. Sim, a nossa Trindade como conhecemos na forma Pai, Filho e Espírito Santo estão aqui nas regiões que compõem o Ternário Superior. Aqui nos sentimos reconfortados por estar muito mais próximos do seio da nossa Sagrada Família ... voltamos ao ponto de partida. Um dia vivíamos na casa do Pai, e não nos dávamos conta da felicidade que desfrutávamos. Por isso, mesmo que inconscientes buscamos a volta para a nossa verdadeira morada. Vale lembrar que o Causal ainda está longe de ser a morada do nosso Pai, mas pela proximidade com nosso Ser, já sentimos esse estado de integração não só com nossas partículas internas, como também com todo o Universo. Diziam os antigos Mestres, que por mais felizes que possamos ser, por mais bens que possamos amealhar, só existe a felicidade plena, no seio da nossa Sagrada Família, o resto é apenas uma sombra de satisfação.

O fato é que devido à natureza infra-humana que carregamos na nossa psique, não podemos permanecer por muito tempo nestas regiões, apenas visita-la, se o nosso Ser nos permitir.

Caro leitor, com um número reduzido de leis, temos uma liberdade vibratória muito maior, e ainda um maior número de dimensões. Agora eu quero ressaltar que aqui no Causal temos estados vibratórios ainda mais sofisticados. Me refiro a uma estrutura vibratória muito mais complexa que a "onda-pensamento" que se inicia no Mundo Mental. Quero informar que aqui encontramos registrados todas as ações que produzimos. Digo mais, encontramos não só os eventos produzidos pela humanidade, como os não humanos, ou também chamados "naturais". Esta forma vibratória é muito mais complexa, pois é composta por várias outras estruturas vibratórias, como o pensamento, sentimento, motivação, intenção, sentido, intensidade, etc. Na verdade, é um leque de estruturas vibratórias intimamente interligadas. Sem mais rodeios, a esse estado vibratório podemos chamar de "onda-ação". Repare que esta estrutura responde perfeitamente a todos os processos karmicos onde verificamos a "causa" e o "efeito", repare que por isso mesmo esta região é chamada de "Mundo Causal".

Caro leitor, você já deve ter ouvido falar dos "arquivos akáshicos", onde estão registradas todas as coisas que acontecem no Universo ... pois a "onda-ação" que inicia no Mundo Causal é a primeira forma de registro que compõe o Akasha.

A saída em Corpo Causal.

Para lograr a saída no Mundo Causal, primeiro fazemos o relaxamento conforme já foi explicado. Para isso procuramos uma posição confortável para a prática. Podemos usar a luz azul passando pelo corpo, a concentração no coração ou na respiração, ou ainda usar os mantras. Fica a seu critério. Tente experimentar todas para ver qual lhe traz melhor resultado.

Depois de bem relaxado, você deve suplicar a sua Mãe Divina que lhe conceda a graça da experimentação da Região Causal.

O segredo para saída no Causal vem agora. Caro leitor, até então, nas práticas anteriores você se concentrava em algo para lograr o desdobramento. Pois quero lhe informar que para sair no Causal, é necessário que o praticante no momento do desdobramento, não esteja pensando em absolutamente nada. Temos que conseguir o vazio na nossa psique. Você pode dizer que isso é bastante difícil, e quanto a isso eu não posso negar. A saída em Causal é muito mais difícil que em Astral. É relativamente comum encontrar pessoas que já tiveram alguma experiência fora do corpo, mas as experiências no Mundo Causal são muito raras.

É interessante verificar que quando uma pessoa logra o desdobramento no Causal, ela venha a apresentar alguns sintomas. Primeiro, a realidade experimentada de integração com tudo faz que quando esta pessoa retorne a matriz física, muito densa e limitada, ela simplesmente não consiga verbalizar o que experimentou. O indivíduo normalmente diz palavras desconexas, às vezes apenas balbucia fonemas soltos sem nenhuma lógica linguística. Na igreja Católica, usa-se a expressão "êxtase" para definir essa experiência. Como o Causal é uma região onde estão nossas partículas Divinas, podemos encontrar na literatura a descrição desta experiência como o ato de "receber o Espírito Santo" o que não deixa de ser uma grande verdade, ou ainda "falar em línguas". Em segundo lugar, normalmente as pessoas retornam desta experiência em estado de choque, às vezes chorando compulsivamente, ou simplesmente permanecendo em completa apatia.

Lógico que existe uma diferença muito grande entre uma pessoa que se prepara para uma experiência em Causal conscientemente, e logra o intento, e outra que experimenta o Causal, digamos casualmente, sem estar buscando essa experiência. Essas pessoas não sabem nem explicar pelo que passaram. Neste instante me recordo de um parente meu, que me relatou uma experiência que tivera. Ele não sabia que tinha logrado uma experiência em Causal. Aliás ele nem sabe sobre essas coisas. Ele me contou muito emocionado que estava tomando banho. Ele disse que costumava ligar o chuveiro, e deixar a água quente batendo em sua nuca, e assim permanecia por algum tempo. Um dia estando desta forma, se sentiu tomado dali, e se integrou com tudo a sua volta, como se tudo fosse ele e ele fosse tudo, viu toda a sua vida, e outras coisas de cunho pessoal. Quando retornou, não tinha palavras para descrever. A princípio achou que tinha morrido, mas não teve medo, pois a sensação era de uma felicidade indescritível.

O fato é que a experiência no Causal fica gravada para sempre na memória ... é uma experiência muito forte, que pode inclusive mudar completamente a vida de uma pessoa.

Costuma-se dizer que a experimentação do Causal, se dá pela consumação do vazio dentro de nós. Veja que nesta prática que acabei de apresentar, primeiro nos concentramos em algo para relaxar, e depois de bem relaxados, furamos este único pensamento como uma flecha. É comum nessa prática que logo antes de sentir a bem-aventurança proporcionada pelo Causal, no exato instante do desdobramento, se sinta uma espécie de pânico, como se fossemos ser absorvidos pelo vazio, e nos esvair deixando de existir. Isso logo passa se nos mantivermos constantes em nosso propósito. É bem verdade que quando entramos nesta região sentimos como se fizéssemos parte de tudo, assim como tudo também fizese parte de nós. Aqui existe uma integração de tudo com tudo, ou ainda de tudo em tudo. Em um primeiro momento isso pode nos trazer medo ... medo de desaparecer como individualidade. Não tenha medo, a individualidade não é perdida, o que nos uni é que é intensificado.

Vamos falar um pouco sobre o corpo Causal. Nós também não possuímos um corpo Causal devidamente constituído, só um espectro lunar. Desta forma, este corpo também é espectral, translúcido, assim como os corpos astral e mental. Este veículo corpóreo carece de substância. Vale lembrar, que como em todos os corpos, o corpo causal também apresenta o "fio de prata" e os nades: Idá, Píngala e Sushumna.

Claro que sendo o corpo causal um veículo incompleto, cabe ao iniciado nos Grandes Mistérios descer as práticas alquímicas para lograr a edificação deste corpo, além de levantar a serpente sobre este veículo. O corpo causal é constituído pelo Hidrogênio H3, ou seja, 3 átomos do Pai.

Para aquele que logra edificar o corpo causal, vale ressaltar que este é um intento importantíssimo no caminho espiritual. Com a solarização deste veículo há a união, ou esotericamente falando o "Casamento" entre duas partículas que compõem nosso Ser. Sem rodeios me refiro a "Buddhi" ou "Alma Divina" representação feminina do Ser, e "Manas" ou "Alma Humana", representação masculina do Ser. Com a edificação do corpo causal e a ascensão vitoriosa da serpente sobre a vara (coluna vertebral) neste veículo, se dá o casamento de "Buddhi" e "Manas". Onde o humano (Manas) se diviniza, e o divino (Buddhi) se humaniza.

Caro leitor, vou explicar de forma mais simples. O corpo causal é a ponte entre o Quaternário Inferior (onde se encontra a manifestação do Bodhisattva, nós) e o Ternário Superior (onde se encontra nossa porção divina, o nosso Ser). A partir deste momento o iniciado tem livre acesso as suas partículas divinas. O corpo causal é um canal de ligação entre estas duas grandes realidades que nos compõem.

Querido leitor, quero informar que o veículo Causal não se dissolve com a morte. Isso ocorre porque os corpos relativos as regiões que compõem o Ternário Superior, são utilizados pelo Ser, logo estes veículos não estão a serviço dos processos reencarnatórios. Os corpos utilizados para a manifestação encarnatória do Bodhisattva (que somos nós), são os relativos ao Quaternário Inferior. Vale lembrar que se o iniciado constrói o corpo causal, ele não o perde ao desencarnar, diferentemente dos outros veículos do Quaternário Inferior.

*** 2ª) Mundo Budhico (Ternário Superior)

Vamos falar um pouco sobre a região que chamamos de Mundo Budhico. Ela também faz parte da 6ª dimensão, porém vibra em uma oitava acima do Mundo Causal. É conhecido também como mundo da "Consciência Objetiva". Aqui temos apenas 2 leis. É inimaginável conceber o grau de felicidade que se experimenta nesta região. Raríssimos são aqueles que são agraciados com uma visita ao Budhico. Nesta região habitam as partículas que compõem o nosso Ser. Sim, aqui se manifestam nossa parte Divina, com todos os seus atributos. É bem verdade, que nossas partículas Divinas atuam em todo Ternário Superior, logo, estando aqui, nos integramos com o nosso Ser, além de todo o Universo.

Caro leitor, embora um mundo com apenas 2 leis, produza uma liberdade vibratória fantástica, além do elevado número de dimensões, quero informar que aqui não há um estado vibratório que consigamos dar um nome, ou submete-lo a uma análise. Isso se deve ao fato, que as diferenças vibratórias que caracterizam esta região frente a anterior, são tão sofisticadas que não há como descreve-las com o nosso intelecto tridimensional. Posso apenas dizer, que aqui temos uma espécie de "onda-ação" que se apresenta ainda mais profunda e complexa que a do Causal. Em outras palavras, até então descrevíamos a estrutura vibratória pela sua capacidade de registrar e manifestar eventos de qualquer natureza dentro dos elementos que nós conseguimos conceber. No mundo Budhico isso não é mais possível, por isso podemos dizer apenas que aqui existe uma "onda-ação" mais complexa. Como o Budhico também é conhecido como Mundo da Consciência Objetiva, poderíamos até dizer que aqui teríamos um estado de onda-ação consciente. Mas vamos ser francos, essa definição é ainda um pouco vaga.

Vale lembrar, que o Budhico se apresenta como uma região ainda mais avançada no tocante ao registro dos eventos que compõem o que chamamos de Akasha.

Quero ressaltar que a experimentação do Mundo Budhico se dá muito mais pela vontade do nosso Ser que pela nossa. Essa experiência é quase um presente que nos é concedido pela nossa Sagrada Família. Normalmente o iniciado no caminho espiritual, em uma etapa avançada no trabalho, recebe esta graça por merecimento. No entanto cabe a nós suplicar caso queiramos conhecer esta região. Pois pedir não nos custa nada.

A saída em Corpo Budhico:

Bem, para lograrmos a saída em corpo budhico, realizamos a mesma prática, tal qual a saída em corpo causal. Desta forma, primeiro fazemos o relaxamento. Depois de bem relaxados, suplicamos a nossa Sagrada Mãe para que nos conceda a graça da experimentação do Mundo Budhico. Em seguida nos concentramos no "vazio". Então aguardamos o momento preciso para a saída.

Vale lembrar que se não obtemos sucesso, podemos fazer a prática no dia seguinte, e assim por diante, até lograr êxito. O mais importante é a persistência, como também fazer as petições a Mãe Divina com muita reverência e fé. A melhor postura para se obter resposta das nossas partículas internas é sem dúvida a súplica sincera e o "coração puro".

Quanto ao corpo Budhico, quero informar que nós possuímos este veículo completamente constituído. É importante saber que este corpo é utilizado pelo nosso Ser. O corpo Budhico é constituído pelo Hidrogênio H2, ou seja, 2 átomos do Pai. O iniciado pode, no entanto, através dos processos alquímicos solarizar este veículo como também levantar o Kundalini sobre ele. Vale lembrar, que o corpo Budhico possui o fio de prata, além de todos os nades como nos outros corpos: Idá, Píngala e Sushumna.

Como este corpo não é utilizado pelo Bodhisattva e sim pelo Ser, ele não se dissolve com a morte. Quero deixar claro que este veículo, assim como todos os outros que compõem o Ternário Superior não se prestam ao processo reencarnatório, onde o veículo corpóreo precisa ser substituído a cada retorno do Bodhisattva a nova matriz física. Vale lembrar que a morte acarreta naturalmente a substituição de todos os veículos que compõem o Quaternário Inferior.

Muito se discute sobre as etapas onde ocorrem determinados eventos muito importantes na vida de um caminhante na busca da auto-liberação ... da auto-realização íntima do Ser. Sem rodeios me refiro aqui ao advento do Cristo ... a manifestação do 2º Logos sobre as matrizes corpóreas que constituem o Quaternário Inferior. O fato é que não só o grande mestre da Galiléia, como todo aquele que trilhe o caminho iniciático, deve em uma etapa do trabalho encarnar o Cristo Íntimo. O Cristo é a manifestação do nosso Ser em nós, assim como o receptáculo da energia Universal representada pelo "filho". O Natal, simboliza o nascimento do Cristo dentro do iniciado. Por mais que o Cristo nasça em Belém, de nada adiantaria se não nascesse no coração do iniciado. Pois a Mônada é algo individual, cada um tem a sua. O Cristo a princípio se apresenta como uma criança, e pouco a pouco vai crescendo até se tornar um homem. Lógico que isto é uma alegoria de cunho esotérico.

O fato é que segundo os antigos preceitos, se diz que o Cristo encarna no discípulo logo após Alma Humana e Alma Divina se unirem em matrimônio. Isso acontece com a edificação do corpo Causal. Então se calcula que o advento do Cristo se dê no período em que o adepto está trabalhando sobre o corpo budhico.

Uma pergunta sempre recorrente naqueles que buscam o caminho espiritual é: Por que edificar corpos e levantar Kundalinis? Querido leitor, primeiro quero lhe informar que os corpos e Kundalinis, pertencem ao pai da nossa Mônada, o nosso Ser. Quando o iniciado vai ascendendo no trabalho íntimo, paulatinamente o Ser vai assumindo os corpos com seus atributos. Veja que a Cristificação é um ótimo exemplo disto. Aqui o Ser começa a assumir os frutos do trabalho obtido pelo seu Bodhisattva. Mas não se engane, se o iniciado realizou um trabalho desta envergadura, é porque seu Pai lhe deu a força e impulso necessário para tal. No fundo este é um trabalho realizado por todas as partículas que compõem o nosso Ser. Ainda poderíamos dizer, que ninguém vai ao Pai se não for da vontade dele. Veja que ele e nós, somos o mesmo Ser. A grosso modo podemos dizer que a vontade dele se confunde com a nossa. Claro que tirando a influência do desejo egóico em nós.

Em segundo lugar, quero lhe informar que, se por acaso alguém, sem os corpos levantados, viesse a encarnar o Cristo ... esta pessoa morreria instantaneamente fulminada. Em suma, os corpos naturais não suportariam a voltagem do Cristo. Eles seriam calcinados. Dizem antigos relatos, que Jesus ao se Cristificar costumava suar sangue. Mesmo os veículos solarizados, precisam de um tempo para que os mercúrios se acomodem. Os "sais alquímicos" fixam os Hidrogênios em seus devidos lugares. Isso leva algum tempo.

Em terceiro lugar, saiba que uma Mônada sem seus veículos, não deixa de ser um Deus, só que um Deus "imanifestado". O Ser necessita dos corpos com seus atributos para se tornar um Deus "manifestado". Diz-se então que esta é uma Mônada "auto-realizada". Só desta forma o Ser pode atuar em todos os rincões do Universo. Os antigos falavam que o Universo era sustentado pelo "Coro de Anjos", ou ainda, os orientais falavam da grande "Muralha do Som". O fato é que estes textos parecem descrever a procedência da energia que sustenta todo processo vibratório. Lembre-se de um capítulo anterior, em que falávamos da fonte energética que dá início a toda onda? Para as Escolas Iniciáticas, a origem da manifestação se dá pelas Mônadas auto-realizadas. Elas dispõem da capacidade de se unir em uma grande vontade, e criar ... criar todo o Universo.

*** 3ª) Mundo Átimico (Ternário Superior)

Vamos falar agora sobre o Mundo Átimico. Esta é a região mais sutil dentre os mundos dimensionais e corresponde a 7ª dimensão. Aqui só existe uma lei. Querido leitor, esta lei nada mais é que o próprio Pai. Aqui só se faz a vontade dele. Neste mundo o Ser é soberano em presença, vontade e glória. Estar nesta região é se fundir com o Ser na sua forma mais elevada. Estando aqui, nos sentimos muito próximos de quando habitávamos a morada de nosso Pai. Um dia saímos da nossa casa, e uma dia voltaremos a ela. Só que daremos muito mais valor a esta felicidade que outrora desfrutávamos, e que só se torna possível no seio da nossa Real Família.

Sempre há aquele momento na vida em que as pessoas se inclinam por saber as coisas da espiritualidade. Isso é natural. No entanto, elas se sentem perdidas frente a tantas possibilidades religiosas. Tantas doutrinas. Tantas escolas. Tantos caminhos. É bem verdade que a vida aqui apresenta grande imperfeição, temos um emaranhado de opções, de possibilidades, levando em consideração a distância do Mundo Tridimensional aos Mundos Superiores. Mas apesar deste labirinto de tantas possibilidades, se pudesse fazer uma síntese do caminho, diria que ele está na palavra raiz do termo "religião", me refiro ao "Religare". Sim, "Religare", esta palavra significa simplesmente o ato de "se religar", "voltar a se unir", "se reconectar". Você pode me perguntar naturalmente: "— Se religar a quê?". Bem, o "Religare" é simplesmente, voltar para onde viemos ... retornar a nossa verdadeira morada ... voltar para casa do Pai. Não importa a sua religião, escola, filosofia de vida ... o caminho começa quando buscamos o nosso Ser. Quando nos damos conta da sua realidade, e optamos por fazer a sua vontade. Quando rezamos, oramos, ou como queira chamar, de fato estamos buscando a integração com Ele. O Ser se alegra quando nos chegamos a Ele. Toda caminhada começa com um primeiro passo ... quando deixamos de ser um peso nas costas da humanidade e passamos a nos harmonizar com a criação. Porque o nosso Ser e todo o Universo, estão em profunda harmonia, e isso pode ser sentido ao visitarmos o Ternário Superior.

Vale lembrar, que o Átimico é a região com o maior nível vibracional, logo possui as estruturas vibratórias mais complexas no tocante ao registro dos eventos que compõem o que chamamos de Akasha. Com apenas 1 lei, a liberdade vibratória é inimaginável. Se no Budhico já não conseguíamos conceber sua atuação, que dirá aqui no Átimico. Só poderíamos dizer que aqui temos uma "onda-ação" mais complexa. Ou seja, o mais profundo registro e manifestação a nível dimensional.

Nem preciso dizer que a experimentação do Átimico se dá por mérito. Esta é uma decisão que cabe ao nosso Ser. No entanto sempre podemos suplicar aos nossos Pais para lograr essa experiência. Para um grande iniciado do caminho dos grandes mistérios, em uma etapa muito avançada do trabalho se faz necessário vir a esta região.

A saída em Corpo Átimico:

Caro leitor, a saída em corpo Átimico se dá pela mesma prática que utilizamos para lograr a saída em Budhico, com exceção da súplica a Divina Mãe. Primeiro fazemos o relaxamento, como em todas as outras práticas. Depois suplicamos a nossa Sagrada Mãe para que nos conceda a graça da experimentação do Mundo Átimico. Então mantemos a concentração no "vazio", e esperamos até que sejamos atendidos. Vale periodicamente, interromper o foco no vazio e voltar a fazer a súplica. Isso vai do sentimento do praticante.

Vale repetir aqui, o mesmo que eu disse na saída em Budhico. Devemos repetir a prática até obter resposta. A persistência é fundamental. Faça a súplica com todo o seu coração. Lembre-se que esta região está muito além da mente, logo aqui atuamos com a intuição.

Caro leitor, se coloque no lugar da sua Mãe Divina ... eu vou lhe fazer uma pergunta sincera: Se um filho seu lhe pedir algo, e persistir, por que motivos podendo atende-lo, você não o faria? Pense que o mesmo ocorre com a nossa Sagrada Família. Não tenha receio de pedir. Mas reflita primeiro: — Será que o que estou pedindo tem alguma serventia, ou não passa de um simples capricho?

Agora, vamos falar um pouco sobre o corpo átimico. Quero informar que assim como o corpo budhico nós possuímos este veículo completamente constituído. Este corpo é o principal veículo de expressão utilizado pelo nosso Ser. Por ser o corpo mais sutil, este é um veículo esplêndido. É constituído pelo Hidrogênio H1, ou seja, 1 átomo do Pai. Cabe ao iniciado através dos processos alquímicos solarizar este veículo como também levantar o Kundalini sobre ele. Assim como todos os outros corpos, o Átimico também possui o fio de prata, além de todos os nades: Idá, Píngala e Sushumna.

Vale lembrar que este corpo não é utilizado pelo Bodhisattva e sim pelo Ser, logo ele não se dissolve com a morte. Este veículo assim como os outros que compõem o Ternário Superior não se prestam ao processo reencarnatório.

*** O Absoluto

Querido leitor, você deve imaginar o que haverá além dos mundos dimensionais? Sim, fora das regiões que compõem a manifestação vibratória que se fragmenta nos mundos dimensionais, há o que chamamos de Absoluto. Todas as Mônadas vieram de lá e para lá voltarão um dia. Devido a isso, também chamamos o Absoluto de Região Monástica. Todo o Universo é arquitetado e manifestado a partir da Grande Vontade que emana do Absoluto. Do Absoluto são "vomitadas" as Mônadas para a manifestação. Lá coabitam o Ser e o Não Ser. Jamais a mente compreenderá Deus neste estágio de perfeição e onipresença. Vale ressaltar que esta não é uma região dimensional, não podemos concebe-la tomando como base estados vibratórios.

O Absoluto como estado manifestativo, é o que é ... o que sempre foi ... e o que sempre será ... apenas isso. Talvez a melhor explicação para compreender isso, é que o Universo se desenrola em um ciclo, que se inicia em um "Dia Cósmico, ou Mahavântara", e se recolhe em uma "Noite Cósmica, ou Pralaya". Veja que estes processos cíclicos do Universo sempre existiram. Pois bem, o Absoluto está além do Mahavântara e Pralaya. O Grande Ser assiste a esse processo e sempre esteve presente em todos os Mahavântaras e todos Pralayas, já que ele mesmo é a origem da criação.

Segundo a Cabala Hebraica o Absoluto apresenta 3 aspectos. Veja que eu não disse regiões, e sim aspectos ... já que esta não é uma manifestação dimensional. Eles são: "AIN SOPH AUR", "AIN SOPH", e "AIN".

AIN SOPH AUR

Este é o terceiro aspecto do Absoluto a que se refere a Cabala. Aí se encontra o Protocosmos. Este é o aspecto que está mais próximo da manifestação. Do "Ain Soph Aur" partem as Mônadas para a experimentação das regiões dimensionais. Podemos encontrar aqui os inúmeros Sóis Espirituais.

AIN SOPH

Este é o segundo aspecto do Absoluto. Durante a Noite Cósmica (Pralaya), todas as criaturas são recolhidas ao "Ain Soph" ... isso ocorre por não terem o direito de penetrarem no "Ain".

AIN

Este é o primeiro aspecto do Absoluto a que se refere a Cabala. Aí está o que é dito como "Imanifestado Absoluto". Este aspecto está além da forma, do pensamento e do Átomo.

Para penetrar no "Ain" a Mônada precisa estar auto-realizada.

Quando uma Mônada opta por entrar no "Ain", ela jamais volta ... não há retorno. Certa vez um discípulo perguntou a uma grande Hierarquia, se tudo acabava no "Ain"? O grande Hierarca respondeu: "— No AIN é onde tudo começa".

CAPÍTULO 8

O INSTANTE IMPERFEITO

Caro leitor, nos capítulos anteriores vimos um pouco dos elementos que participam da formação da nossa realidade no tocante a constituição da própria matéria, como também de sua manifestação. Enfatizei as características insubstanciais da formação do próprio Universo, não só no Mundo Físico tridimensional, como em todas as regiões dimensionais. Vimos um pouco da realidade vibratória que está por trás de todas as coisas, como o princípio da própria manifestação ondulatória e suas características. Analisamos ainda este princípio, sobre o foco da manifestação energética que dá início ao estado vibratório, e que aparentemente nos aponta para a "Grande Vontade Criadora", ou seja lá como queira chamar.

No decorrer desta obra, vimos como os estados vibratórios, dependendo da região em que atuam, possuem a possibilidade de representar e manifestar elementos complexos da própria existência como: sentimentos, pensamentos e até a própria ação ... além de muitos outros estados que nem sequer podemos conceber.

Analisamos ainda o conceito de que no Universo, tudo tem o seu oposto perfeito ... isso mesmo, matéria e antimatéria, energia e contra-energia, sentimento e contra-sentimento, pensamento e contra-pensamento e até a ação e contra-ação.

Querido leitor, você pode agora me questionar, e é bastante natural que o faça ... a questão é: — Se esta história de "coisa" e "contra-coisa" a que me refiro, venha a existir apenas como uma espécie de possibilidade, ou se ela realmente se encontre presente no Universo? Ou ainda, se isso é de fato uma regra para tudo na Criação? Para ser muito objetivo, e lhe dar uma resposta direta, eu digo que sim. Para tudo no Universo, há sim, uma contraparte perfeitamente oposta. Esta contraparte tem a mesma natureza, porém se manifesta com a polaridade invertida.

Caro leitor, lembra que nós vimos isso em um capítulo anterior, quando eu usei como exemplo o átomo de Hidrogênio para exemplificar matéria e antimatéria? Eles têm a mesma natureza, porém o Hidrogênio da matéria tem o elétron negativo e o próton positivo, e o da antimatéria o elétron positivo e próton negativo. Porém ambos se comportam como átomos de Hidrogênio.

Lembra-se ainda que com o conceito da "matéria" e "antimatéria" eu exemplifiquei o conceito da "ação" e "contra-ação", onde uma ação gera uma contra-ação de mesma natureza, porém com sentido contrário. Como exemplo, quando você pratica uma ação como "ajudar alguém", gera uma contra-ação de mesma natureza, porém desta vez você é que vai ser ajudado por alguém. Veja que o sentido da ação é que muda, já a natureza da ação permanece. Isso exemplifica muito bem a atuação do karma e dharma. Vale ressaltar que esta mecânica vale para tudo como: matéria, energia, sentimentos, pensamentos, intenções, emoções, estados anímicos, etc. Porque tudo que existe, do mais denso ao mais sutil, nada mais é que apenas estado vibratório.

Caro leitor, você pode ainda questionar: — Qual o motivo desta mecânica que gera opostos em tudo? Bem, eu diria que essa realidade vem do simples fato que o Universo tem que resultar em zero. Tudo no Universo tem seu oposto perfeito, pelo simples motivo que o Universo é composto de nada ... ele é completamente insubstancial. Logo, tudo tem que gerar sua contraparte para que se anule perfeitamente. Caso contrário o Universo teria que ser feito de algo. E nós sabemos que ele é completamente vazio.

Para dar um exemplo bem simples, que se aplique bem aqui, imagine uma onda qualquer percorrendo as plácidas águas de um lago ... ela tem uma fase de "crista", onde se projeta acima da superfície, e outra de "vale", projetando-se para baixo da superfície. O "vale" e a "crista" se anulam perfeitamente. Quando a onda passa, tudo volta ao seu estado normal. Este "estado normal", nada mais é que uma superfície plana.

Vimos em outro capítulo, que a onda transfere energia, mas não transporta matéria, e nem modifica o meio por onde passa. Ela apenas o deforma temporariamente, enquanto se desloca.

Caro leitor, se tudo que existe tem como princípio um processo ondulatório, podemos dizer que todas as coisas tem necessariamente que promover uma contraparte que a anule. Sim, eu disse "promover", veja que no exemplo da onda, a "crista" acaba gerando o "vale". Ou também o "vale" vem como consequência da própria "crista". Ou ainda a "crista" promove ou acarreta o "vale". Veja que existe uma espécie de atratividade entre a "crista" e o "vale". Da mesma forma que existe atratividade entre ação e contra-ação.

Em suma, o Universo tem que resultar em zero. Qualquer resultado fora disso, seria matematicamente impossível.

Caro leitor, neste momento você pode indagar: — Tudo que foi dito até aqui parece muito teórico, mas vamos ser francos ... Onde está a contraparte das coisas? Por que eu não as vejo? Por exemplo, levando em conta a questão da "ação" e "contra-ação", por que existem pessoas perversas tão bem-sucedidas, enquanto outras que dão sua vida pela humanidade, se encontram em estado tão vulnerável? Veja que há pessoas que passam sua existência promovendo a dor aos semelhantes e que vivem como reis. E se isso não bastasse, quanto mais ascendem, mais pisam sobre os demais. Parecem agraciados pela sorte. O contrário também se torna evidente. Pessoas que vivem em função de ajudar os seus semelhantes, e que vivem uma vida duríssima na miséria, na doença. Onde está a contraparte? Onde está a perfeição? Onde se encontra a justiça? Além disso, onde está a contraparte do pensamento, dos sentimentos, da própria matéria, enfim de tudo? A vida é tão injusta! Tudo é tão imperfeito!

De forma alguma eu poderia contestar a sua percepção da vida, pois as coisas realmente aparentam ser assim. É inequívoco que a materialidade na terceira dimensão é sem dúvida absurda. A sensação de total imperfeição, nos dá a falsa impressão da inexistência do Divino em nós ... que "Deus" é apenas uma invenção do homem para confortar sua condição enquanto "carne" ... de que todas as coisas são fruto da mais pura casualidade ... que as ações não geram consequências ... e que podemos fazer tudo que quisermos, do jeito que desejarmos, sem que sejamos confrontados algum dia com o resultado dos nossos atos. O pior, podemos nos convencer enquanto subvertidos pelo Ego, na condição de bodhisattva, que somos "Deuses" e que não dependemos das nossas partículas superiores ... aliás, possivelmente somos levados a concluir, que elas nem sequer existam. Encarnamos assim a essência do materialismo. Senhores do desejo. Vivendo em busca do prazer. Um bichinho que busca o prazer e foge da dor. Conduta previsível esta! Não nos perguntamos a que custo obtemos o tal prazer. Até quando a manutenção do nosso prazer gera a dor nos demais? Na melhor das hipóteses, tolhe a possibilidade aos outros de uma vida mais justa. Olhando as coisas por esse ângulo, você pode perceber onde nasce a escravidão ... porque tudo que existe no Universo, mesmo que de forma natural, existe pelo sacrifício de "alguém". Porque até mesmo o estado vibratório que compõe todas as coisas, existe pelo sacrifício de quem o sustenta e o mantém vibrando.

Você pode ainda indagar: — Se somos seres espirituais, por

onde anda a nossa parte Divina que eu não a percebo? Por que ela não se apresenta? Por que ela não intervém?

É fato que a enorme distância dimensional que nos encontramos frente as nossas partículas superiores, nos faz termos apenas uma tênue percepção da sua existência. Olha que isso é para quem busca o contato, o "Religare". Já quem está no Mundo material, dificilmente se dará conta desta realidade. Não só se torna difícil perceber a manifestação do nosso ser em nós, embora isso ocorra o tempo todo de forma sutil, como também é difícil para o Ser agir de forma, digamos, "direta" no tridimensional. O Ser age no físico por uma espécie de estado de influência que permeia todas as coisas, de forma análoga a ação do karma.

*** O Ternário Superior

Cabe agora falar um pouco sobre o Ternário Superior. Você já deve ter se indagado: — O que torna o Ternário Superior, "superior" ... além da diferença vibratória, é claro? Por que estas regiões são chamadas de céus? O que torna o Ternário Superior uma instância de perfeição? Por que as partículas do nosso Ser habitam estas regiões?

Respondendo-lhe sem mais rodeios, saiba que o Ternário Superior tem como característica primordial o fato de que todas as contas estão sempre zeradas. Sim, aqui todo o Universo resulta em zero a todo instante. Todas as contas estão fechadas. Aqui há o que chamamos de "Instante Perfeito". Se pudéssemos seccionar o Universo no tocante a essa região, em um instante qualquer, ele resultaria em zero. Aqui, todas as coisas, já vem junto com sua contraparte. Se pensamos, já há um contra-pensamento instantaneamente brotando em nós. Se sentimos, já há o contra-sentimento no mesmo instante ... e mais, nós o sentimos com a mesma intensidade que imprimimos no sentimento inicial. A matéria já vem manifesta com sua antimatéria correspondente. Lógico que a matéria aqui é praticamente um estado energético, não tem a substancialidade do físico. Aqui só existe a parte viva das coisas. É bem verdade que tudo no Universo é vivo. Toda ação já vem junto com sua contra-ação. Por exemplo, quando confortamos alguém, já sentimos ser automaticamente confortados. Se ofendemos alguém, já sentimos sermos ofendidos. O mais incrível, é que essa ofensa não vem do outro e sim de nós mesmos. Isso se processa analogamente ao exemplo anterior da onda, onde a crista acarreta o vale e o vale vem em decorrência da crista. As contas se fecham em função da pessoa para a própria pessoa. Pois o praticante da ação, é a origem e também o destino ao mesmo tempo. A polaridade da ação está fechada no próprio autor. Tudo que fazemos vem junto com as consequências da ação em nós mesmos.

Eu sei que é bastante difícil visualizar isso. Veja que aqui não existe o karma. Tampouco existe a possibilidade de existir a cadeia karmica, pois não há o Ego, logo a ação não é transmitida ao outro, ela termina nela própria. Perceba que nas regiões que compõem o Ternário Superior tudo se encerra em si mesmo. Com isso todas as contas estão sempre fechadas. O Universo nesta região está permanentemente em completo equilíbrio. Porque aqui, em todo momento o Instante é Perfeito.

Caro leitor, outra coisa interessante que experimentamos quando adentramos as regiões que compõem o Ternário superior, é a fusão com tudo. Aqui quando nos concentramos em algo, passamos a vivenciar a realidade desta coisa. Por exemplo, se visualizamos um objeto, como uma cadeira, nos fundimos com o objeto. Passamos a ser o próprio objeto, temos a síntese da sua história. Vemos todos os lugares por onde aquele objeto passou. Isso também acontece para todas as coisas, como para sentimentos, pensamentos, ações, etc. Quando nos concentramos em um evento qualquer, por exemplo, um acontecimento histórico, percebemos a ação de todas as pessoas que estiveram inseridas naquele evento ... o que elas sentiram ... o que as levou aquela ação. Sentimos dentro dos limites pessoais, internos, tudo que envolveu aquele evento. Quando nos concentramos em uma ação qualquer, praticada pelo outro, sentimos como se estivéssemos cometendo a ação, e também sentimos as consequências desta ação. Isso cria uma certa sensação de impessoalidade em tudo. Entretanto, quero deixar claro que a individualidade não é perdida. Simplesmente tudo é compartilhado. Não há nada que possamos fazer, pensar, ou sentir, que não esteja acessível a qualquer um. Não há nada que possa ser escondido. Até mesmo a intenção da ação não praticada, pode ser percebida. Para isso basta nos concentrarmos em qualquer coisa que queiramos saber.

Gostaria de apresentar um relato feito por uma pessoa que tive o prazer de conhecer a algum tempo. Pessoa muito séria. Um praticante bastante avançado na arte da meditação. Essa pessoa me relatou que teve uma experiência na região Causal. Lembre-se que essa é a primeira região que compõe o Ternário Superior. Ele relatou, que ao se concentrar no vazio, para lograr a saída em Causal, se sentiu como se desfazendo. É a sensação de se esvair. De poder deixar de existir enquanto individualidade. Eu cheguei a falar sobre esse efeito em um capítulo anterior. Bem, em seguida quando essa sensação passou, este senhor se deu conta que se encontrava em alguma região superior ... provavelmente a região Causal. Era justamente o que ele buscava com essa prática. Decidiu então continuar a se concentrar no vazio. Em seguida sentiu fundir-se com todo o Universo. Experimentou ser o próprio Universo. Chegou a vivenciar todo o Mahavântara (Dia Cósmico) que estamos passando. Percebeu ainda, a inatividade aconchegante do último Pralaya (Noite Cósmica). Sentia-se ser do tamanho do Universo. Podia tocar as galáxias, pegar as estrelas ... senti-las, compreende-las. Obteve a síntese de tudo. Infelizmente ao retornar desta experiência fantástica, muito pouco se pode trazer para este cérebro físico, que é bastante limitado frente a grandiosidade de uma experiência desta natureza. No retorno ao físico, fica apenas a tênue lembrança e a sensação natural de "êxtase". Fica impossível impedir que as lágrimas corram. O fato é que as pessoas que alguma vez tiveram experiências nestas regiões, jamais esquecem. Nunca mais serão as mesmas. A experimentação do Ternário Superior é sem dúvida transformadora. Muitas vezes, é justamente o impulso que se precisa para se decidir trilhar o caminho da busca espiritual.

*** O Quaternário Inferior

Caro leitor, vamos falar agora sobre as regiões que compõem o Quaternário Inferior. Quando passamos do Causal, região mais densa do Ternário Superior, e adentramos o Mental, a região mais sutil do Quaternário Inferior ... percebemos alguns fenômenos muito "estranhos". Em primeiro lugar aqui a "Ação" e a "Contra-ação" já não ocorrem no mesmo instante. Há um espaço de tempo que as separa. A ação acontece, mas não há um fechamento de contas imediato ... sim, é como nas operações matemáticas quando há uma espécie de vai 1, e o acerto fica para o futuro.

Neste ponto você pode estar indagando: — Como ficam as contas do Universo? É claro que o Universo tem que resultar em zero. Logo, é simplesmente inevitável que o fechamento das contas venha a se concretizar de alguma forma. Sendo assim, só posso dizer que é inegável, o Universo tem realmente que zerar suas contas. Não há como fugir disso. O fato é que nestas regiões, existe uma defasagem no tocante não só ao tempo, como também ao espaço entre a ação e a contra-ação. É claro que isso acontece para tudo, pensamento, sentimento, etc.

Vamos parar para refletir um pouco. Se a "ação" ocorreu, e ainda não houve a sua "contra-ação", as contas não estarão fechadas e o Universo estará em desequilíbrio. Sim, porém eu quero lembrar, que as contas estarão pendentes apenas temporariamente. Pode estar certo que logo acontecerá um outro evento (contra-ação), para fechar as contas de forma perfeita. Mas enquanto a contra-ação não acontece, podemos dizer que naquele exato momento temos o que poderíamos chamar de "Instante Imperfeito". Isso é uma grande verdade ... se seccionarmos um instante qualquer nas regiões que compõem o Quaternário Inferior, teremos um Universo com as contas pendentes de fechamento ... logo podemos concluir que o Instante é Imperfeito.

Euler de Assis Ribeiro

Outro fenômeno interessante nesta região é a polarização das coisas. Entre um evento qualquer e seu contra-evento, há a troca de polos, o que não ocorria no Ternário Superior. A própria matéria se polariza em matéria e antimatéria, alternando seus estados. No caso da ação e contra-ação, a polarização se dá em função do sentido da ação, entre quem pratica e quem recebe. Isso já foi exposto aqui. O fato é que a polarização cria uma certa sensação de "pessoalidade" em tudo. No tocante a ação, elas normalmente são praticadas por pessoas distintas, trocando entre si apenas o sentido, pois a natureza da ação permanece. Nesta região quando se pensa em uma ação qualquer, se pensa automaticamente em um autor, como também na pessoa ou pessoas receptoras da ação. Sem dúvida, a polarização confere muito mais densidade e materialidade a realidade experimentada no Quaternário Inferior.

O fato é que aqui uma ação vai acarretando outra ação, que caso as contas não se fechem, podem acarretar outra ... e assim por diante. Neste caso chamamos isso de "Cadeia Karmica", ou "Corrente de Eventos".

*** As Relações Karmicas

Neste ponto, eu gostaria de explanar sobre as três situações clássicas na relação entre os participantes de uma Ação qualquer. Veja que estou vendo pelo ângulo do autor da ação.

A primeira é a mais difícil de acontecer. Digo inclusive que é bastante rara. É quando uma pessoa pratica uma ação em relação a uma outra, e na contra-ação as mesmas pessoas participam com o sentido da ação invertido, ou seja, a que praticou a ação agora recebe, e a que recebia agora pratica a ação, neste caso, tudo bem, as contas se fecham completamente. Tudo termina perfeitamente.

A segunda, é quando na contra-ação entram pessoas que não participaram da ação, pois foram atraídas por terem a mesma dívida karmica contraída em uma outra ação. Essa é bem mais comum de acontecer. As contas se fecham apenas para aquela pessoa. A situação das outras pessoas, vão depender da sua condição no contexto karmico.

A terceira é a mais comum de todas. É quando uma pessoa entra na contra-ação, sem ter nenhuma dívida karmica contraída em alguma ação passada. Simplesmente a pessoa participa da contra-ação por atração egóica. Veja que o Ego, só existe no Quaternário Inferior, ele é fruto da deformação causada pelo instante imperfeito. Desta forma, a pessoa participa da contra-ação pelo simples estado de atratividade que o arrasto karmico gera sobre a psique egóica. É fato que o ser humano está profundamente contaminado com a segunda natureza, o Ego. Quando isso acontece, temos a continuidade da contra-ação em uma outra contra-ação. Veja que quando pessoas distintas vão entrando nesta corrente de eventos, então as coisas complicam, e surge desta forma a "Cadeia Karmica". Em um mundo tão complexo, com tantas leis como as regiões que compõem o Quaternário Inferior nem sempre é possível que as contas se fechem entre as mesmas pessoas que participaram da ação inicial ou pessoas com a mesma pendência karmica. O fechamento de contas se dá de forma caótica, por pura atratividade.

Você pode perguntar: — Onde eu quero chegar com isso? Observe que no tocante à cadeia karmica, a "ação" e contra-ação, também são conceitos relativos. Isso mesmo, imagine uma cadeia karmica. Desta forma, cada pessoa que entra nesta corrente, se julga autor da ação, como também vê o outro, autor da ação seguinte que resulta no próximo elo dessa corrente, como o agente da sua contra-ação. Logo, cada um se vê autor da ação, e ao outro como autor da contra-ação. Só que olhando de fora toda a cadeia karmica, percebemos que todos são ao mesmo tempo autores da ação e da contra-ação. A polarização é que foi responsável por criar essa sensação de individualização da ação. Ela foi responsável por repercutir a ação inicial, em uma cadeia de ações e contra-ações. Eu sei que esse conceito é muito difícil de ser visualizado. Mas é uma forma de perceber até quando a polarização promove o sentimento de "pessoalidade" tão presente nestas regiões que compõem o Quaternário Inferior.

*** O Arrasto

Bem, sabemos que no Quaternário Inferior todos os contrários se polarizam e se separam. Existe uma distância temporal entre os opostos. As contas não se fecham imediatamente e o instante é imperfeito. Com isso todo evento atrai seu contra-evento para que as contas venham a se fechar. Podemos dizer que esta atratividade se comporta como uma espécie de "arrasto". Algo que interfere em tudo. Que deforma toda a realidade. Que arrasta todas as coisas mesmo que de forma sutil. Mas não se engane, o fato de ser sutil não significa ser ineficaz. Esse arrasto pode deformar tudo a sua volta. Ele se torna irresistível, pois interfere inclusive dentro das pessoas, induzindo a elas pensamentos e desejos. Você já parou para analisar de onde vem as vontades que brotam a cada instante dentro de você? De onde elas vêm? São aleatórias? Há uma lógica por trás de cada desejo, cada pensamento, cada emoção? Até quando a expressão da nossa vontade é fruto deste "arrasto"? Da mesma forma, até quando é fruto do livre-arbítrio?

Você pode se questionar: — Se há um arrasto nos atraindo no sentido de contribuirmos para que um determinado evento ocorra, dando condições que as contas do Universo se fechem, logo este arrasto vai perdurar até as contas finalmente se fecharem, não é? Outra pergunta seria: — Conforme o tempo passa esse arrasto permanece com a mesma intensidade?

Preste bem atenção no que eu vou te dizer. "O arrasto varia em intensidade de acordo com o tempo". Sim, se por exemplo, fazemos uma ação qualquer, a princípio existe uma força que busca atrair uma contra-ação no sentido de fechar as contas. Mas conforme essa contra-ação demora a ocorrer, o arrasto vai aumentando para que haja um contra-evento correspondente. O arrasto vai se tornando cada vez mais forte. Bem, o Universo tem seus mecanismos para se manter em equilíbrio. As contas têm que ser fechadas. Vamos imaginar que já se passaram 100 anos terrenos, e o contra-evento ainda não ocorreu. Agora este evento já possui um peso gravitacional muito mais forte. Seu arrasto deforma muito mais a realidade circundante. Veja que a analogia entre o arrasto e a gravidade, representa muito bem este fenômeno, pois é exatamente como ocorre. O arrasto atrai e deforma, assim como quanto mais massivo é um corpo, mais ele deforma o espaço-tempo. Veja que é inegável que o arrasto da ação em busca de contra-ação, também deforma o espaço-tempo. Vamos supor que agora já se passaram 300 anos e a contra-ação ainda não ocorreu. Seu peso gravitacional agora é muito forte, ele arrasta tudo a sua volta. É inevitável que tão logo seja possível, a contra-ação ocorrerá. É quando tudo conspira para que um determinado evento ocorra. É improvável fugir da sua força atrativa.

Querido leitor, 300 anos é muito mais do que podemos viver. Logo só poderíamos supor que para este fim teríamos que aceitar o fato de retornarmos em novo corpo o que chamamos de "reencarnação". Observe que muitos dos acontecimentos que passamos, podem ter origem em algo que fizemos a várias reencarnações. Sim, muitas das influências a que somos submetidos, podem refletir eventos que ocorreram em tempos remotos. De certa forma, somos em parte vítimas do nosso passado. Há uma parte boa nisso tudo, o fato é que da mesma forma, podemos mudar o nosso futuro, mudando a forma de agir no "agora". O futuro será em parte o reflexo do que fazemos hoje.

A pergunta mais comum quando tocamos neste assunto, é: — Quanto tempo pode tardar para acontecer uma contra-ação? Na verdade, não se sabe exatamente, pois depende de muita coisa. Existem casos onde foram relatados eventos que tardaram até 500 anos. O fato é que não há como estabelecer um tempo limite. A maioria dos eventos se fecham em pouco tempo. O Universo naturalmente procura seus meios para alcançar a estabilidade.

Você já deve ter reparado que muitas vezes vemos situações na história, em que seus protagonistas escolhem por trilhar caminhos que claramente o conduzirão e um desfecho fatal. Você pode retrucar: — Por que estas pessoas não tomaram outra atitude? Por que elas não foram por outro caminho dando um desfecho diferente aos acontecimentos? Parece que as pessoas aí inseridas, caminham para a morte. Sim, caro leitor, às vezes o arrasto é tão grande que as pessoas nem sequer concebem tomar outro caminho, se não aquele imposto pelo destino. As influências vão tomando um vulto insustentável. A distância temporal entre evento e seu contra-evento gera um arrasto tamanho, que deforma toda a realidade, traga até mesmo o ânimo das pessoas. Elas não conseguem enxergar um outro caminho. Tudo a sua volta concorre para o mesmo fim. Não há como fugir. O desfecho é inevitável. Parece que há uma conjuntura que tende a um evento, ou ainda, poderia dizer que tudo coincidiu para um determinado fim. Esse conjunto de coincidências, nada mais são que o arrasto se manifestando. É justamente nesta hora que podemos perceber o arrasto, embora ele esteja presente em quase tudo.

Caro leitor, analise agora a sua vida. Verifique as situações em que tudo coincidiu para te colocar em uma determinada direção. Não há uma pessoa que não tenha percebido isso ... que não tenha vivenciado esta situação pelo menos uma vez na vida, a ponto de se surpreender com tamanhas coincidências. Lembre-se agora de tudo que você sentiu. Você vai concordar que o arrasto é muito sutil, mas muito eficaz. Isso ocorre porque ele nos deforma, além é claro, de toda a realidade a nossa volta. Em suma, nós também fazemos parte da deformação, e pior, não nos damos conta que estamos inseridos neste contexto.

Outra pergunta comum é: — A cadeia karmica é eterna? Essa é uma questão muito interessante. Vamos falar sobre isso.

Em primeiro lugar a cadeia karmica é algo absurdo, uma aberração. Ela só existe por causa da atratividade do arrasto sobre o Ego. Sim, o Ego. Ele é uma espécie de deformação da psique humana, que ocorre nestas regiões do Quaternário Inferior. Por isso, a própria deformação decorrente destas regiões atrai o Ego que também é fruto da mesma deformação que permeia tudo aqui.

O normal seria que uma ação atraísse para sua contra-ação, as próprias pessoas envolvidas na ação inicial com as polaridades invertidas. Ou então, pessoas com as dívidas karmicas de mesma natureza, contraídas em uma outra ação. Com isso as contas se fechariam e tudo morreria aqui. Mas a complexidade destas regiões é absurda ... nem sempre as pessoas estão encarnadas para cumprir a contra-ação entre elas. Nem sempre elas vivem no mesmo lugar. Nem sempre se encontra alguém que satisfaça a natureza daquela ação. Logo, acaba entrando uma terceira pessoa por atração egóica para satisfazer as condições que permitam fechar as contas do Universo. O arrasto tem profundo efeito sobre o Ego. Desta forma a cadeia karmica existe em grande parte pela ação do Ego. O que atrai as pessoas para o contra-evento sem ter dívida karmica semelhante para justificar isso, é o Ego. O Ego torna as relações karmicas ainda mais complexas.

Sabemos que a distância temporal e espacial que separa todas as "coisas" de suas "contra-coisas", provoca uma deformação na realidade. O Quaternário Inferior é uma zona de imperfeição. Por conta do "Instante Imperfeito", a própria realidade aqui se torna muito caótica, aparentemente injusta, imperfeita. Essa deformação distorce não só os acontecimentos, como todas as coisas. Por exemplo, em tudo que nos cerca, é verificado "o atrito", "o envelhecimento", "o desgaste". É inegável que podemos evidenciar que a decrepitude se encontra em tudo. No próprio ser vivo verificamos aquilo que chamamos de envelhecimento. Há desgaste em todas as coisas ... esta é a regra. Isso tem como origem a deformação do espaço-tempo. Esse é o estado de imperfeição a que tudo é submetido no Quaternário Inferior.

Caro leitor, respondendo agora a sua pergunta sobre a cadeia karmica, eu digo que a cadeia karmica felizmente também sofre desgaste ... mal comparando, ocorre uma espécie de atrito que a retarda, lhe tira a força e por fim ela morre. Ela é uma distorção, fruto da atratividade entre a ação e contra-ação. Embora haja o peso karmico, um arrasto que ocorre devido ao tempo decorrido entre a coisa e a contra-coisa, há um decaimento no sentido de que tudo nestas regiões morrem, tudo tem seu fim. Por mais tempo que algo dure, um dia acaba. Não existe o eterno aqui. Até a própria deformação karmica sofre desgaste e esmorece. O estado de imperfeição gerado pela distância entre coisa e contra-coisa desgasta todas as coisas. Ainda bem que a cadeia karmica também acaba, pois se ela fosse eterna, cada ação se somaria as consequências de todas as outras gerando uma malha gigantesca de eventos. Isso seria absurdo. A vida seria tão complexa que existir nestas regiões se tornaria simplesmente impossível.

Vamos esclarecer alguns pontos que geram muita confusão. Não podemos confundir o "arrasto" gerado entre um evento e seu contra-evento, com o "decaimento" da força da ação entre gerações (elos da cadeia). O decaimento está diretamente ligado à natureza do evento, à força do evento inicial e ao impulso que deu início a todo o processo. Já o arrasto é uma influência que deforma o espaço-tempo para fechar as contas, e que será potencializado conforme o tempo passa. Ele é uma relação temporal entre evento e contra-evento. Portanto não podemos confundir as duas coisas.

Caro leitor, veja que a primeira ação que dá início a uma cadeia karmica, é sempre realizada pelo livre-arbítrio, e gera uma contra-ação inicial. Ela tem muita força. Logo que a contra-ação ocorre, grande parte das contas se fecham. As contra-ações seguintes decorrente desta contra-ação inicial, são digamos, residuais. Elas apenas vão dando fechamento as contas. Por isso depois da ação inicial e a sua contra-ação inicial, todas as outras contra-ações que formam os elos da cadeia vão perdendo força, até que por fim ela acaba, pois as contas se fecham completamente. Logo, podemos concluir que a ação inicial feita pelo livre-arbítrio, tem um peso karmico relativamente maior. Já todos as outras contra-ações decorrentes, são em parte realizadas sob influência do arrasto, que deforma a realidade e atrai coisas e pessoas. Isso vai depender da natureza do evento, é claro. Em suma, quando alguém pratica uma ação pelo livre-arbítrio, isso infere uma "culpabilidade" muito maior que alguém que foi arrastado para aquele evento. Isso é inegável.

*** A Descaracterização

Outro ponto importante para a compreensão da natureza da mecânica por trás do Quaternário Inferior, está na palavra "descaracterização". Tudo nestas regiões se descaracteriza e morre. Veja que a descaracterização está ligada à natureza das coisas. Vamos pensar em um objeto qualquer. Por exemplo, uma cadeira. Sabemos que tudo nestas regiões envelhecem e acabam. Logo que essa cadeira é feita, ela está nova e formosa. Com o tempo ela vai sofrendo ranhuras devido ao uso. A própria madeira resseca. Os insetos como cupins e brocas, vão danificando sua estrutura. Logo podemos dizer que esta cadeira vai se descaracterizando com o tempo. Por fim, ela sofre algum dano e perde uma de suas pernas. Desta forma, a cadeira perde a sua característica mais essencial que é "servir para sentar". Ou seja, ela se descaracteriza a tal ponto que perde a sua natureza primordial ... o sentido de sua existência. Então ela vai para o lixo, ou vira lenha. Existe descaracterização em tudo. Outro exemplo somos nós ... quando somos jovens temos um veículo físico vigoroso. Com o tempo, todo este veículo se deteriora e se descaracteriza. Tudo envelhece e tende a rigidez. Por fim, os próprios órgãos vão perdendo as suas características fundamentais e vão deixando de cumprir com as funções que justificam a sua existência. Então o corpo entra em colapso e perece, pois a descaracterização da natureza fundamental de todos os órgãos atinge um nível insustentável.

Bem amigos, veja que a cadeia karmica também se descaracteriza. Lembre-se que tudo no Quaternário Inferior está calcado na sua natureza inicial. Tomando como exemplo a ação ... toda ação gera uma contra-ação de mesma natureza com polaridade invertida. Bem, neste instante, vamos nos deter na natureza da ação quando acontece dela resultar em uma cadeia. Conforme a ação inicial vai originando todas as contra-ações seguintes, elas por sua vez vão deformando a natureza da ação. Sim, cada elo da cadeia não é mais exatamente como o elo anterior. As pessoas que entram na cadeia não são em grande parte, as mesmas que deram início a cadeia. A natureza da ação inicial vai se perdendo. Por fim, ela cessa pois não mais cumpre com seu objetivo inicial, que é o fechamento das contas do Universo. Mesmo porque, em parte as contas já foram fechadas. Veja que devido ao decaimento entre os elos da cadeia, sua força vai se tornando residual na proporção que a cadeia se descaracteriza.

Querido leitor, as relações que podemos evidenciar sobre o karma são infinitas. Para se analisar uma situação que envolve um evento qualquer, tem que se tomar um a um. Cada evento é único. Não há dois eventos iguais no Universo. Pois as possibilidades decorrentes de um evento qualquer são tão grandes, que se eu tentasse apenas expor algumas situações de natureza karmica, assim como suas mais esperadas repercussões, precisaria escrever muitos livros. Veja que existe ação de uma pessoa para outra, de uma para muitas, de muitas para uma, de muitas para muitas, até de uma pessoa para si mesma. Existem ainda eventos que tem como autor as forças da própria natureza, costumamos chamá-los de "eventos naturais". Perceba que neste caso podemos concluir que não há um autor determinado. Normalmente quando uma pessoa pratica uma ação qualquer com outra, é muito pouco provável que estas mesmas duas pessoas juntas sejam participantes da contra-ação. Veja como são complexas as possibilidades que se abrem para cada ação praticada. O fato é que de alguma forma o Universo luta para fechar as contas.

Querido leitor, gostaria de analisar a realidade experimentada nestas regiões que compõem o Quaternário Inferior, descrevendo um pouco de cada um destes Mundos, do mais sutil ao mais denso.

Quando entramos no Quaternário Inferior pela sua região

mais sutil, o Mundo Mental, verificamos a existência de uma distância temporal entre os eventos e seus contra-eventos. A polarização em tudo é sem dúvida o mais perceptível neste mundo. Se percebe a imperfeição em tudo. O número de leis deixa as relações mais complexas. Já se pode ver uma certa materialidade em todas as coisas.

Ao entrarmos na região seguinte, o Mundo Astral, com o aumento do número de leis, a materialidade se torna mais evidente. A distância temporal entre os eventos e seus contra-eventos é perceptivelmente maior. A imperfeição em tudo é ainda mais acentuada. Perceba que tanto o Mundo Mental como o Mundo Astral, fazem parte de 5ª dimensão. Ou seja, dentro da mesma dimensão já se vê o descenso em tudo.

Ao entrarmos na próxima região, ainda mais densa que é o Mundo Vital, se percebe uma materialidade muito mais acentuada, pois agora adentramos na 4ª dimensão. O número de leis, agora maior, torna todas as relações ainda mais complexas. A distância temporal entre evento e contra-evento é muito grande.

Bem, agora entramos na região mais densa de todas, o Mundo Físico onde vivemos. Estamos na 3ª dimensão. A materialidade aqui é simplesmente absurda. A vida aqui é extremamente complexa. A imperfeição é tanta, que tudo se deteriora rapidamente. Nada aqui dura muito tempo, tudo se descaracteriza e perece. A distância entre evento e contra-evento é simplesmente absurda, podendo durar muitos séculos. O número de leis é enorme. A gravidade atrai tudo de forma a confinar grande parte da vida sobre a crosta do planeta. Dois corpos aqui não ocupam o mesmo lugar no espaço. As coisas quando se quebram, não possuem a capacidade de se regenerar. Tudo dura pouco. Nada resiste a tanta materialidade. O tempo decorrente entre evento e contra-evento é tanto, que nos dá a falsa sensação de que tudo que ocorre, é fruto da mais completa casualidade. Não conseguimos perceber aqui a relação entre os eventos e seus contra-eventos, pois a distância entre eles, como a complexidade do desfecho a que chamamos hipoteticamente de contra-evento, impossibilita a sua observação. Parecem que as coisas são do jeito que são. É muito fácil nesta região, negar a existência de algo transcendente. Digo mais, é pouco provável que se perceba o jogo de influências que caem sobre nós. O quanto somos arrastados de um lado para o outro como marionetes. E tudo isso, em grande parte por afinidade egóica.

O importante aqui, é compreender os mecanismos básicos que compõem a realidade no Quaternário Inferior. Compreender o que é o "Instante Imperfeito". Compreender o fenômeno que separa coisa e contra-coisa. Compreender a polarização que há em tudo no Universo. Entender o conceito da natureza intrínseca em todas as coisas, como por exemplo, a natureza da ação. Entender o que é o "arrasto" e sua relação temporal entre coisa e contra-coisa. Entender os mecanismos que conferem o decaimento entre os elos da ação. Perceber a descaracterização que deforma tudo ... o envelhecimento ... a decrepitude. Sobretudo, compreender que no fundo o Universo tem que resultar em zero. Ele é insubstancial. Todas as contas têm que ser fechadas. Caso contrário, o Universo teria que ser feito de alguma coisa, e ele é composto por nada. No fundo, ele nada mais é que vontade manifestada ... densificada.

CAPÍTULO 9

O EGO

Caro leitor, falamos bastante sobre o Quaternário Inferior, e o mecanismo por trás dos processos que resultam na deformação da realidade nestas regiões. Vimos a polarização de tudo que se encontra nestes mundos, com a separação entre a coisa e a sua contra-coisa correspondente. É bem verdade que tudo sofre deformação aqui. O arrasto draga e deforma a realidade circundante. A distância temporal entre a coisa e sua contra-coisa gera esta deformação na forma do que chamamos de "arrasto". No fundo este processo existe no sentido de possibilitar o fechamento das contas do Universo. Ou seja, a força que busca o acerto das contas gera toda essa situação. Por fim, de uma maneira ou de outra, o Universo encontra uma forma de se manter em equilíbrio ... e não poderia ser diferente, o Universo é completamente insubstancial ... logo, tem que resultar em "zero". A quantidade de leis que compõem o Quaternário Inferior, torna essas regiões, expressão de uma materialidade absurda. Quando chegamos ao Mundo físico, encontramos a realidade mais densa, a materialidade em seu estado mais grosseiro.

Bem, sabendo da deformação que afeta todas as coisas, gostaria de dizer claramente que essa deformação também atua sobre a psique humana. Sim, a expressão do Ser aqui nestas regiões, que somos nós, o Bodhisattva ... também sofre deformação. A esta deformação chamamos de Ego. Isso mesmo, Ego. Vale ressaltar que esta deformação só acontece no Quaternário Inferior. O Ego jamais experimentará os Mundos Divinais do Ternário Superior. Pois lá não existe a imperfeição, o instante é sempre perfeito. As contas estão sempre fechadas a todo instante.

Dizem vários textos muito antigos, que o demônio do desejo, o cavaleiro da perdição, é filho do tempo. Existem várias interpretações para isso. Veja que o Ego é resultado da deformação causada pelo tempo entre causa e efeito, ou coisa e contra-coisa, como queira chamar. Logo, poderíamos dizer que ele é oriundo deste tempo. Veja agora que esta interpretação cai como uma luva, não é? De certa forma, os antigos tinham razão.

Podemos dizer então, que o Ego nada mais é, que uma deformação da psique, causada pelo arrasto presente em todas as coisas do Quaternário Inferior, no sentido de dar fechamento as contas do Universo. Eu sei que essa definição é bastante simplória, pois há muitos outros elementos que precisamos considerar sobre a realidade Egóica.

*** Os Sete Pecados Capitais

Na Bíblia sagrada, o Ego vem representado pelos 7 pecados capitais. Veja que interessante, a Bíblia conceitua o Ego em função dos seus atributos. Os antigos também se referenciavam ao Ego como "os demônios vermelhos de Set". Veja que a palavra satã é oriunda do algarismo "sete", "7". Algumas correntes espiritualistas dividem o Ego em 7 Cabeças de Legião. Cada uma personificando um dos atributos relativo aos 7 "pecados capitais". Os 7 pecados são:

1) A Gula. Representa a necessidade desenfreada de comer e beber, por puro prazer, sem necessidade orgânica. A Gula está

muito ligada a Cobiça. Ao ato de tomar tudo para si, de sorver tudo que for possível. Veja que a Gula, como a maioria dos defeitos psicológicos são compulsivos, são uma espécie de vício.

2) A Cobiça. Este pecado está ligado ao desejo de possuir tudo a sua volta. Uma necessidade doentia de tornar-se dono de tudo que se possa ver e perceber. De tudo que possua valor na perspectiva do cobiçoso. Em suma, é um desejo de posse doentio.

3) A Luxúria. Este é um pecado que gera muita confusão. A Luxúria está ligada ao descontrole sexual. Ela representa a busca incessante pelos prazeres carnais, sexuais, assim como todas as suas variantes. O luxurioso, vive sua vida em função do sexo. A Bíblia afirma que este é o pecado original. Veja, que a energia sexual é a mais poderosa força produzida pelos centros energéticos do homem no mundo espiritual. Todo o Ego concorre, quando possível aos centros sexuais para se fartar desta energia. Esta energia, além de fortalecer o Ego lhe dá maior poder de manifestação. É possível que o princípio sexual seja o primeiro a sofrer deformação, criando os primeiros eus já no Reino Mineral.

4) A Ira. Representa a inflexibilidade perante as vicissitudes da vida. A reatividade cega e desproporcional frente a qualquer inconformidade, qualquer resultado indesejado, qualquer confronto. A Ira toma de assalto o canal de manifestação. Ela se retroalimenta enquanto se manifesta. Cria uma espécie de ciclo fechado, que cega o Iracundo. É com certeza a manifestação egóica mais fácil de se perceber, não só por quem lhe é manifestada, como também por todos a sua volta.

5) A Inveja. É o ato de se incomodar com os progressos alheios, com os atributos conferidos aos outros que possuam algum valor na perspectiva do invejoso. Não está somente ligado ao ato de cobiçar as coisas do outro. Às vezes é apenas não aceitar o avanço do outro. Não querer ver o outro por cima. Se incomodar com a felicidade alheia. Mas também pode vir junto com a cobiça.

6) A Preguiça. Representa a imobilidade, a inação frente às necessidades de realizações que inevitavelmente são requeridas pela vida. O desejo de não realizar, de jogar as responsabilidades para o futuro, ou para os demais ... de não fazer absolutamente nada. A preguiça está intimamente ligada à procrastinação, ao ócio, a falta de zelo pelas coisas, como também por si próprio.

7) A Vaidade. Representa a necessidade social exacerbada de querer ser amado, querido, notado. De se ver no centro das atenções. De ser reconhecido pelos demais. Às vezes pode ser apenas uma necessidade de aceitação por si próprio. Normalmente, é uma espécie de reação a um profundo sentimento de inferioridade.

*** Como o Ego surge?

Você pode questionar: — Como o Ego surge? Querido leitor, em um determinado momento, o Ser decide que precisa fazer consciência. A expressão é essa mesmo, "fazer consciência", pois o Universo se alimenta de consciência. Desta forma, ele envia uma partícula de si para a manifestação. Essa partícula somos nós, o Bodhisattva. O Bodhisattva é composto por uma porção do que chamamos de "Essência". Essa Essência é pura, algo imaculado que vem à manifestação pela vontade do Ser, o nosso Pai, o Atman, o Brahma. Diz-se esotericamente, que o Bodhisattva é vomitado à manifestação pela suprema vontade do seu Ser. Veja bem, é muito importante saber que a Essência que compõe o Bodhisattva fica localizada no Mundo Causal, região mais densa do Ternário Superior, e não no Quaternário Inferior. No entanto, cabe lembrar que ela encarna em veículos corpóreos que estão aqui no Quaternário Inferior. Ou seja, ela apenas se manifesta aqui no Quaternário Inferior pelos corpos onde ela encarna ... isso enquanto esses corpos não perecerem, é claro.

Logo que a Essência que chamamos de Bodhisattva vem à manifestação, primeiro ela encarna em corpos minerais. Sim, cada porção rochosa, é corpo físico para um Ser. Cada porção mineral encerra uma possibilidade de moradia a um ser Elemental. Este é o Reino Mineral, primeira porta que se abre a manifestação da Essência no físico. Quero ressaltar que "Elemental", é o nome que se dá aos seres que encarnam nos Reinos: Mineral, Vegetal e Animal. Depois de um longo tempo vivendo neste reino, a Essência adentra o Reino Vegetal, onde vivencia todos os processos vegetais: o enraizamento, a floração, a absorção dos nutrientes, os processos da fotossíntese, etc. Depois de um longo tempo, a Essência então passa a tomar corpo em seres animais. Aqui experimenta viver em uma infinidade de corpos, com as mais diferentes características. Mais tarde começa a encarnar em corpos humanos.

Bem, respondendo à pergunta de como o Ego surge, saiba que ele vai se formando conforme o Ser experimenta a manifestação em corpos no Quaternário Inferior.

Mas como se dá isso? A palavra-chave é incompreensão. A Essência ao encarnar aqui, dependendo do Reino em que se encontra, vai paulatinamente experimentando a dor, a fome, o frio, as necessidades fundamentais para viver. A Essência é submetida a uma quantidade absurda de leis que compõem a realidade nestas regiões. Mas sobretudo, a Essência experimenta através do veículo que encarna, a imperfeição. Ela é submetida ao arrasto que está presente em tudo. A própria estrutura atômica que compõe o corpo a que ela assume, sofre deformação. Perceba que a nossa Essência está presente em cada átomo do nosso corpo. Pois o átomo é vivo. Veja que a Essência até então era 100% perfeição.

Logo que a Essência vai ascendendo, tomando corpos de Reino em Reino, vai surgindo esta segunda natureza na sua psique. Cada vez que a Essência não consegue trabalhar internamente uma situação que vivencia aqui, ela se fragmenta. Parte dela enlouquece. Se encapsula em si mesmo. Se fecha pela impossibilidade de dar uma satisfação consciente a uma questão qualquer a que é submetida. Enlouquece por não conseguir trabalhar as impressões que chegam a um veículo corpóreo tão limitado, em uma região tão densa. A própria "polarização" que ocorre no Quaternário Inferior, imputa um estado dualista à manifestação da Essência ali incorporada. A Essência é consciência, até então ela não conhecia o dualismo da "mente" na matéria densa. Parte dela entra em loop. Entra em estado subvertido e então, nasce o Ego.

Logo que a Essência enlouquece, parte dela se fragmenta, se separa do resto e passa a se manifestar na 5ª dimensão nos Mundos Mental e Astral, no Quaternário Inferior. Quero ressaltar aqui, que a Essência subvertida no "eu", jamais deixa de estar no Ternário Superior, simplesmente ela passa a não enxergar mais o Ternário Superior. Dessa forma, passa a atuar apenas nas regiões inferiores. Em suma, nestas regiões que compõem o Quaternário Inferior, ficam manifestas todas as porções de Essências enlouquecidas, na triste condição daquilo que chamamos de "eu". Sim querido leitor, esta Essência subvertida, se torna mais um "eu", que vai se juntar a legião, o Ego. Veja que o Ego, nada mais é que o coletivo de "eu". Pode se dizer que o Ego é composto por uma legião de eus. Conforme esse "eu" se manifesta na psique, ele vai roubando energia do Bodhisattva e assim começa a criar seus próprios corpos nos Mundos Mental e Astral. Já no Mundo Físico e Vital, o "eu" se manifesta pela psique do corpo encarnado, atuando assim nos veículos destas regiões. É o que ele faz a todo momento dentro de nós aqui no físico. Quero lembrar que cada "eu" que criamos é composto por parte da nossa própria Essência, logo é uma parte de nós.

Costuma-se reunir essa legião em 7 grupos pela natureza da sua incompreensão. Essa natureza é o motivo da sua criação. Foi por onde a incompreensão surgiu, dando vida àquele eu. É o nó que encapsula e amarra aquela porção de Essência. Pobre porção de Essência, agora é prisioneira de si mesma. Não responde mais ao "Pai", vive em função de si própria, dos seus próprios desejos. Os eus que compõem o Ego, não possuem uma unidade, uma espécie de organização, cada um vive para si, como se fosse apartado dos demais. Vivem de forma completamente egoísta. Não enxergam mais o Pai, nem os seus parceiros de infortúnio, como parte do seu próprio ser. Aliás, nem possuem mais acesso ao Ternário Superior. Mal comparando, os "eus" se comportam como uma célula cancerígena que se individualiza a um tal ponto, que passa a se dividir irregularmente, conforme a sua vontade, sem conformidade com o Todo.

Podemos dizer agora, que a Essência se encontra dividida em 2 aspectos. Digo mais, particionada em duas naturezas. Uma parte da Essência que se manteve em seu estado normal, se encontra manifesta a partir do Mundo Causal no Ternário Superior. Ela também é chamada de Essência Livre, pois permaneceu com sua natureza Divina. Ela é a nossa porção consciente. O segundo grupo, é composto pela porção da Essência que enlouqueceu, se encapsulou em vários "eus" e se densificou. Esta Essência se manifesta nas regiões que compõem o Quaternário Inferior. Ela compõe o que chamamos de Ego.

Então nós, o Bodhisattva, temos a nossa manifestação dividida em dois estados bem distintos, a Essência livre e a Essência subvertida no Ego.

Uma coisa que gera muita confusão, é a localização da nossa psique e a região em que nos manifestamos. Temos que distinguir as duas coisas. Vamos tomar como exemplo onde nós estamos agora. Embora a nossa psique esteja dividida em Essência livre no Ternário Superior e Essência subvertida no Ego na 5ª dimensão (Quaternário Inferior), nós estamos manifestos, unificados, neste corpo físico. Estamos vivendo aqui no físico. Experimentamos a manifestação através deste corpo. Isso é inegável. Não podemos confundir a região onde tomamos corpo, onde nos manifestamos, onde nos unificamos, com a região de onde parte a manifestação da nossa psique. Não se esqueça que todos os corpos que nós possuímos estão intimamente interligados.

A expressão "se unificar em um corpo", significa que a Essência passa a usar o cérebro deste corpo para processar, escrever sobre a sua memória, lembrar, sentir e comandar todos os seus movimentos. Assumir todos os processos deste corpo, assim como cada célula, cada átomo. Em suma, passar a viver pela perspectiva deste veículo. Veja que interessante isso, no fundo é o mesmo que a expressão "encarnar".

Outra coisa que gera muita confusão, é a ação do nosso cérebro físico e a manifestação da nossa Essência na forma do que chamamos de psique. Veja, nós usamos este cérebro físico para processar todas as coisas, gravando tudo nesta memória física, tudo isso aqui no físico, é claro. Vivenciamos o ato de sentir através de determinados processos do nosso próprio cérebro. Não se engane, o cérebro físico é poderoso, ele realmente pensa, sente, processa e armazena. A psique não é o processamento nem o armazenamento com a lembrança. A psique não é o pensamento orgânico e nem o sentimento instintivo que pertence ao próprio cérebro sob influência dos processos metabólicos do corpo. A psique é o estopim que dá início a todo processo de existir. Ela interfere em todo pensamento e sentimento pela vontade íntima. Ela é o desejo fundamental que dá sentido ao pensamento e a emoção. Ela é o motivo por trás da manifestação.

Muitos poderão discordar, pois esta minha preleção difere bastante do discurso acadêmico consensual sobre a origem da manifestação interna de cada indivíduo. Ou ainda, o motivo por trás da ação humana. Eu apenas digo que esta é uma visão de cunho esotérico, e não científico. Porém se você parar para analisar a vida a sua volta, você vai acabar percebendo que tudo aqui exposto faz muito sentido. Existe uma enorme diferença entre aquilo que observamos na prática, o que é de fato percebido por todos, com a teoria a qual queremos encaixar na vida. Como dizia um grande sábio: — As coisas são como são. Por mais que queiramos filosofar sobre os aspectos da vida, ou ainda teorizar sobre o homem, as coisas continuam sendo do jeito que são. Às vezes precisamos ter um "olhar de criança" para enxergar o óbvio. Descobrir que nenhuma teoria é mais forte que a mera observação da vida. A vida conta os seus mistérios por si própria. No fundo, as antigas Escolas de Mistérios tinham razão.

Caro leitor, você pode indagar: — Depois da morte, podemos ficar aguardando no Ternário Superior, Mundo Causal, até a próxima reencarnação? Bem, isso seria possível caso não tivéssemos o Ego. No entanto, a realidade egóica impede que possamos ficar com a nossa porção de Essência livre unificados no corpo Causal. Por causa do Ego, depois da morte, nos unificamos no corpo astral, na 5ª dimensão. Ali aguardamos até recebermos um novo corpo aqui no físico. Quando reencarnamos, este corpo astral vai se dissolvendo lentamente.

Alguns grupos espiritualistas afirmam que a humanidade possui em média, apenas 3% de Essência livre e que o restante (97%) está sob a forma do Ego. Não podemos dizer com precisão os números percentuais da situação psicológica da humanidade terrena. O fato, é que a conduta desta humanidade, reflete um percentual de consciência bem baixo.

O homem comum vive em visível estado de adormecimento. Ao andarmos pela rua, percebemos muitas pessoas pensando na vida com o olhar vago, totalmente desconectados do momento presente. Alguns falam sozinhos. Parecem mortos vivos. O corpo está ali, mas a psique está muito distante. Todos nós passamos por esses momentos, e experimentamos o sono. Não dormem apenas aqueles que descansam em suas camas, mas também muitos que caminham pelas ruas. Estar acordado, não significa estar presente ... consciente. O Ego nos transporta ao passado, ao futuro, ou fantasia coisas. Inventa histórias para satisfazer os anseios do sonhador, enquanto se alimenta da energia do pobre homem.

Chamamos de "Canal de Manifestação", a região psicológica onde a Essência se manifesta em nós ... tanto a Essência livre como o Ego. Este Canal é uma espécie de interface por onde a nossa psique toma manifestação. Tudo que sentimos, pensamos, passa pelo Canal de Manifestação. Nada que brota dentro de nós pode ter se apresentado sem passar por ele. Este Canal está intimamente conectado ao veículo corpóreo onde estamos unificados. Em suma, o corpo físico onde nos manifestamos.

Cada "eu" se alimenta quando se manifesta, quando ganha supremacia sobre o Canal de Manifestação. Nesse instante ele absorve um pouco da energia, e robustece seu corpo na 5ª dimensional. Depois de saciado, ele deixa o Canal ou é colocado para fora por outro "eu", ou "eus" que tomam seu lugar. Assim os "eus" concorrem freneticamente ao Canal para poderem se alimentar.

*** Eliminação do Ego

Caro leitor, neste momento podemos enfatizar que uma das formas de enfraquecer o Ego, é justamente tirar o seu alimento. Isso é possível quando não nos identificamos com os eventos da vida. Quando nos mantemos presentes, despertos a cada momento. Quando nos esforçamos para nos manter sempre com atenção voltada para dentro da psique, como um vigia em tempo de guerra. Pois o inimigo está dentro. Estando em auto-observação, rechaçamos a manifestação egóica e tomamos o controle, entregando desta forma o canal de manifestação a Essência livre. Ela é quem por direito deveria controlar o canal. Fortalecemos a presença da Essência livre no canal, quando fazemos as atividades diárias com muita atenção, sem adormecer. Quando evitamos fazer mais de uma atividade simultaneamente. Quem faz muitas atividades ao mesmo tempo acaba adormecendo, pois não consegue manter a concentração, tendendo a fazer as coisas mecanicamente, sem consciência. Caros amigos, com isso torna-se inevitável que o Ego vá diminuindo, enfraquecendo. O corpo que ele construiu na 5ª dimensão vai se desfazendo gradualmente.

É bem verdade que podemos enfraquecer a atuação do Ego tirando o seu alimento, porém a Essência que dá vida ao Ego, só se liberta da condição de "eu", através da profunda compreensão da condição psicológica que lhe deu vida. Em suma, podemos enfraquecer o Ego lhe tirando o alimento, uma vez que vai perdendo seu corpo, mas a Essência que está aprisionada ali, só se torna novamente Essência livre, quando compreendemos profundamente o motivo da sua criação. Quando um "eu" é eliminado, ou seja, quando uma Essência subvertida é libertada, ela deixa de estar apartada do resto, volta a se fundir ao restante da Essência livre. Cada vez que um "eu" é eliminado, aumentamos a porcentagem de Essência livre, logo nos tornamos mais conscientes.

Felizmente dentro do nosso Ser, existe uma força capaz de desfazer o "eu". De libertar a pobre Essência da condição egóica. Esta força faz parte da porção feminina do nosso próprio Ser. Ela se encontra na maioria das religiões como a "Grande Mãe".

Na Bíblia Sagrada, ela vem descrita em função dos seus aspectos na condição das várias "Nossa Senhoras". Nossa Senhora, representa toda a manifestação da Suprema Divina Mãe, inclusive a Mãe da Morte.

A morte a que me refiro aqui, não é a morte do desencarne. Me refiro ao fim do Ego ... sua completa eliminação ... a libertação da Essência subvertida. Essa é a verdadeira morte interior, que nos liberta do mal. Ela também é conhecida como a "Aniquilação Budista". Diz o antigo texto: "— É mais fácil vencer a mil homens em mil batalhas, do que a si mesmo ... eis o grande mérito".

É interessante analisar as diversas imagens da Nossa Senhora. Em uma de suas representações, ela está pisando com o seu pé direito sobre a cabeça da serpente. Esta representação simboliza o controle consciente sobre o desejo animal, a negação de si mesmo pela vontade sagrada, a auto-observação, a supremacia do Ser sobre o Ego, a não conformidade aos impulsos animais.

O mais interessante, é que a Grande Mãe representa para a Essência livre, o amor infinito, o bem-querer, o sublime carinho materno..., porém para o Ego, sua presença lhe faz tremer de pavor. A Mãe ama seu filho, por isso ela luta para liberta-lo da condição subvertida.

*** Os 5 Aspectos Fundamentais da Grande Mãe

Os antigos textos alegam que a Grande Mãe possui 5 aspectos fundamentais que precisamos analisar.

Dizem relatos que no Indostão, a grande Mestra Helena Petrovna Blavatsky, presenciou a aparição da Sagrada Vaca de 5 patas. A sua quinta pata ficava em suas costas. Este belo animal de cor muito branca era guiado por um jovem seguidor da seita Sadhu. Ele só se alimentava do seu leite. Essas 5 patas guardam o profundo simbolismo esotérico dos 5 desdobramentos da nossa Divina Mãe. Além do mais, representa também a pentalfa, a estrela de 5 pontas. O iniciado deve trabalhar sobre os 5 poderes simbolizados pela pentalfa, provenientes da manifestação da Grande Mãe.

Esta vaca era simplesmente algo transcendente, um capricho da natureza. Ela era a representação viva dos 5 aspectos da Grande Mãe. Estes aspectos são:

1) A Mãe Imanifestada Kundalini. Ela é a Mãe Cósmica. É o princípio do próprio "espaço", palco onde toda manifestação ocorre. Ela gesta toda criação em seu Sagrado Ventre. Dela resulta a matéria primordial de que tudo é feito. Tudo no Universo provém dela, e retorna a ela. Esta Mãe é de caráter Universal, não é uma manifestação particular do nosso Ser. Ela é uma força fundamental da criação do próprio Universo.

2) A Mãe Manifestada. É conhecida pelos Astecas como Tonantzin, ela é a Casta Diana da Grécia, Ísis do Egito, etc. Ela está presente através do fogo serpentino, o kundalini. Ela é a responsável pela ascensão do fogo pelo canal medular do iniciado.

3) A Mãe-Morte. Ela é responsável pela desintegração do Ego animal. É a rainha dos infernos e da morte. Ela é um trio de "Terror, Amor e Lei". Também conhecida no Egito como

Prosérpina, ainda na Grécia como Hécade e pelos astecas como Coatlicue. Na sua luta para libertar o seu filho amado das garras do Eu pluralizado, ela nos conduz às duras provas, para que possamos compreender os defeitos psicológicos, manifestação palmaria do Ego em nós. Só através da profunda compreensão do "eu" é possível que a Mãe Prosérpina venha desintegra-lo, liberando assim a porção de Essência que estava aprisionada nele. Para o Ego (Essência subvertida), ela é o terror, pois luta para a sua libertação ... para a Essência (o Bodhisattva), ela é a mãe amorosa, pois ela odeia o "pecado", mas ama o "pecador" ... para o Universo ela é a perfeição, a justiça. Sem ela o Universo se transformaria em um caos.

4) A Mãe Natura particular, ela é responsável pela criação dos nossos corpos físicos em cada reencarnação. Ela regula os nossos processos químicos e hormonais. Ela também é conhecida como sendo a nossa Mãe Particular, pois é a emanação do nosso próprio Ser.

5) A Maga Elemental. Ela é responsável pelos aspectos que trazemos dos Reinos Mineral, Vegetal e Animal. Ela está presente no próprio instinto natural, tão necessário a vida em todos os Reinos. Sua manifestação também é percebida como o impulso vital. Ela também faz parte do nosso próprio Ser.

*** O Nosso Mundo Interior

Caro leitor, com um pouco de esforço podemos observar dentro de nós, muitas realidades, muitos eus. Cada eu é como se fosse uma pessoa, tem suas vontades, seus compromissos, sua vida particular. Existem uma infinidade de pessoas que habitam o nosso mundo psicológico. Pessoas que nem sequer supomos existir, e que fazem parte de nós. Você pode se espantar, mas saiba que dentro de cada um de nós existem todos os tipos de deformações psicológicas. Podemos encontrar defeitos que nem sequer imaginamos a sua existência. Gente de todo o tipo. É verdade que nem todos estes eus estão manifestos, mas eles estão lá, pronto a aflorar a qualquer momento. É fato que pouco conhecemos sobre nós mesmos. O homem conhece mais sobre as estrelas que sobre seu estado interno. Se pudéssemos ver nosso mundo interior, ficaríamos espantados com tanta podridão, tanta feiura. Internamente carregamos muitos monstros. Cada qual, representa uma subversão psicológica ... um estado de incompreensão encapsulado dentro de um desejo absurdo, sem lógica. O Ego é como uma droga, uma compulsão que nos toma. Negar o Ego, é como lutar contra um vício. Quanto mais forte for o "eu", mais ele nos ataca no sentido de tomar o controle do canal de manifestação da nossa psique. Esta é uma luta terrível, poucos ousam virar o jogo.

Sempre é mais fácil fingir não perceber o que levamos dentro e nos julgar bondosos, justos ... verdadeiros santos. Basta olharmos um pouco para o nosso estado interior que descobriremos que de Santo nós não temos nada. Para mudar o nosso estado interior, a princípio precisamos nos dar conta desta realidade. Não podemos lutar contra o que não percebemos.

O homem possui dentro de si as ferramentas necessárias para uma mudança íntima. Para isso, basta a vontade, o desejo íntimo. Cada Ser tem o seu momento, isto é muito particular. O "Pai" dá o impulso necessário a seu tempo. No entanto, cabe ao Bodhisattva se colocar a caminhar. Existem aqueles que não querem mentir para si ... que não se conformam com a ilusão ... aqueles que querem a verdade. Esses são os "revolucionários". A verdadeira revolução não se faz com sangue e armas, e sim com uma transformação íntima consciente de cada indivíduo. O verdadeiro revolucionário faz a revolução dentro de si. O verdadeiro revolucionário é um inconformado consigo mesmo. Por mais que tentemos mudar o mundo, enquanto o estado subvertido existir dentro do homem, o Ego em parte nos governa. Rodamos, rodamos, vamos daqui para lá, mas no fim, de uma maneira ou de outra acabamos fazendo o que o Ego quer. Ele age pela mente, desta forma acabamos criando uma justificativa para satisfazer o seu desejo. No fundo nos convencemos, pois não imaginamos que na mente está a subversão ... cada pensamento, cada sentimento pode guardar por trás um desejo esquerdo, sombrio ... somos marionetes ... quase sempre não fazemos a vontade do nosso Ser. Quase sempre não fazemos a vontade da nossa Essência que se encontra livre, pois ela representa em média apenas 3% da psique humana.

Não podemos mudar o mundo, mas podemos fazer a revolução dentro de nós. É bom lembrar, não podemos fazer a revolução dentro do outro, apenas em nós. Uma das condutas que define bem a magia negra, é justamente tentar transformar o outro contra a sua vontade. Induzir pessoas e multidões para os seus interesses, usando de meias verdades, e meias mentiras. Cada pessoa é a manifestação de um Ser Divino, logo interferir no processo íntimo do outro, sem o seu consentimento, é uma falta grave. A transformação é uma decisão pessoal, consciente, íntima e intransferível.

*** Somos Seres Múltiplos

Neste ponto, não é difícil imaginar porque o ser humano é tão contraditório. É claro que o motivo vem do fato de que carregamos muita gente dentro, muitos desejos, muitos objetivos, muitas expressões infraconscientes. Cada eu, é uma entidade completamente apartada das demais, logo seus desejos normalmente não se afinam com o resto.

Querido leitor, em suma quero dizer que devido ao caos da nossa psique, estamos constantemente mudando de ideia. Não temos firmeza de propósito. Cada grupo de eus que estão momentaneamente presentes no nosso canal de manifestação, dita a nossa conduta, o nosso desejo, os nossos sentimentos.

Um bom profissional da área de vendas, sabe muito bem que quando um cliente está interessado em adquirir algo, é fundamental que a venda seja efetuada naquele momento. Embora não sabendo o motivo, o bom vendedor faz de tudo para que isso aconteça. O fato é que depois de algum tempo não serão mais os mesmos eus que estarão manifestos na psique do cliente, e talvez ele não sinta mais vontade de efetuar aquela compra. Como se diz na gíria "vontade é algo que dá e passa".

O fato é que não possuímos uma mente centrada, fixa em um propósito. O Ego desloca constantemente o nosso rumo, as nossas metas, os nossos objetivos. Isso ocorre também com as promessas, já que o grupo de eus que prometeram não mais estarão manifestos na hora de honrar a palavra. O mais interessante é que a pessoa que promete, quer de verdade cumpri-la ... há sinceridade no seu coração, só que esta realidade é momentânea, passageira. O ser humano não tem constância, muda o tempo todo. Precisamos de muita disciplina para manter o foco no que nos programamos a fazer. Os antigos já diziam que "a disciplina é uma libertação".

Quero dizer claramente que somos seres múltiplos. Somos legião. O que nos salva, é justamente a porção de Essência livre que ainda preservamos. Ela não está pulverizada na forma de eus. Esta Essência livre nos confere a lucidez. Nos garante a palavra frente a promessa. Nos traz o brilho nos olhos. A sinceridade da alma. Ela é expressão do Divino em nós. É a porção da nossa manifestação que está unificada com o Ser, e que não se corrompeu. Ela nos confere a honradez que cumpre a palavra e edifica o nosso caráter. Ela deve estar presente para planejar conscientemente o caminho a tomar, atenuando a interferência do desejo passional vindo da legião.

*** Um Breve Relato

Gostaria de fazer um relato sobre um evento que aconteceu comigo. Em uma fase da minha vida, tive que sair do Rio de Janeiro e morar em uma outra cidade por motivos profissionais. Era o ano de 1989. Quando cheguei a esta cidade, aconteceram várias situações em que eu não conseguia encontrar um lugar para residir. Então fui chamado por um colega para morar em uma Ordem Espiritualista. Ele sabia que eu era um sincero buscador destes assuntos, e que não haveria problemas com a minha presença. O fato é que eles precisavam de alguém para ajudar a compor os custos com o aluguel desta casa. Confesso que relutei, a princípio declinei do convite, pois queria ter um pouco de privacidade. Depois de algum tempo, não encontrando moradia acabei aceitando.

Nos primeiros dias, acabei chegando tarde do trabalho e fui direto dormir. Até que um dia cheguei um pouco mais cedo e pude participar de uma conferência. Devo admitir que gostei bastante. Dali em diante aproveitava para assistir todas as conferências que conseguia, inclusive aos sábados. Participava das práticas de meditação, além de outras atividades internas.

Logo nos primeiros dias, assisti uma conferência em que o instrutor falava sobre a multiplicidade interior. Dizia ele que nós éramos seres múltiplos ... e assim por diante. No fundo da sala eu clamava a Deus que me provasse se aquilo era realmente verdade.

Depois da conferência decidi sair para comer algo em uma lanchonete próximo dali. Liguei a moto e saí. Quando passei em um grande cruzamento junto a uma praça, vi um carro vindo velozmente a minha direita. Ele havia passado o sinal vermelho e ia me pegar em cheio. Não havia mais o que fazer. Naquele momento, instintivamente fechei os olhos, recolhi a perna direita sobre o tanque, e esperei o impacto. Ouvi uma breve freada ... o tempo foi passando e nada, nada ... abri os olhos e olhei ao redor, não via mais o carro. Era tarde, a rua estava vazia.

A adrenalina invadia meu corpo. Tive um rompante de ira. Cheguei a tremer de raiva. Foi quando em um relance me lembrei das palavras do instrutor: "— Nós somos seres múltiplos". Neste instante consegui tirar a atenção da ira e me voltei para dentro. Pela primeira vez, consegui sentir a ira em toda a sua dimensão. Só que desta vez, com o olhar de um observador. Consegui percebe-la lentamente se recolhendo, passando pelos pulsos, e pelas jugulares. Sentia a energia pesada fluindo pelas veias. Foi saindo aos pouquinhos. Foi então que eu percebi algo insólito ... a "ira" havia se dado conta que estava sendo observada. De alguma forma, naquele instante, eu virei o jogo. Sentia o que ela sentia, pois ela guarda parte da minha Essência. Dentro dela está parte de mim. E eu exclamei: "— Eu sou múltiplo!".

*** Quem Pode Observar o Ego?

Caro leitor, para iniciar um trabalho de autoconhecimento, devemos começar por enxergar o que se passa dentro de nós. Isso parece óbvio, mas é sempre bom lembrar esses conceitos. Se não conseguimos nos enxergar, é claro que não somos capazes de nos conhecer. Não somos capazes de avaliar os motivos por trás dos nossos atos, dos nossos sentimentos, dos nossos pensamentos. Se não entendemos esses mecanismos dentro de nós, dificilmente entenderemos o outro. Pois é justamente vivenciando todos os processos que acontecem dentro de nós, é que podemos avaliar a dimensão do que ocorre dentro do outro. No fundo somos todos legião. É bem verdade, que cada um tem seus defeitos mais fortes e outros mais fracos. Isso é um dos motivos que confere características personais a cada pessoa. Mas no fundo, possuímos todos os defeitos, só que em diferentes proporções. Alguns eus estão constantemente em nosso canal de manifestação, outros podem passar toda uma existência sem se apresentar. Existem defeitos fáceis de se perceber, como a cólera, porém também existem aqueles que são muito sutis.

Além dos corpos nas diversas dimensões, nós possuímos ainda uma espécie de veículo da personalidade. O que se costuma chamar de "Corpo Personal". Este corpo é construído a cada reencarnação. Com o nascimento, lentamente ele vai sendo edificado e fica pronto a partir dos 6 anos aproximadamente. Com a morte ele se dissolve lentamente. O corpo personal é uma espécie de interface. Sem ele o Ego não consegue concorrer ao canal de manifestação. Sem o corpo personal, só é possível a manifestação da Essência livre dentro da nossa psique. Por isso que o recém-nascido possui aquele brilho nos olhos, pois nesta idade ele ainda é só expressão da porção da Essência que se encontra livre ... expressão do nosso Ser. Conforme a personalidade vai se formando, os eus começam a acessar o canal de manifestação da pobre criança, aparecendo os primeiros defeitos psicológicos ... os primeiros desvios de caráter.

O corpo personal guarda íntima correspondência com os corpos Físico e Vital. Na verdade, são de mesma natureza. Parte das nossas características físicas se expressam no nosso jeito de ser. Não é por acaso que karmicamente nascemos com determinados traços característicos. Esses traços são definitivos na formação da nossa personalidade. Existem relatos de pessoas que após uma cirurgia plástica, sofreram uma significativa mudança na sua personalidade. É sabido que a perda de uma parte do corpo pode alterar a personalidade.

O mais interessante é que da mesma forma, quando mudamos a nossa psique, ou seja, quando alteramos o nosso corpo personal, podemos com isso acarretar uma mudança nos nossos traços físicos. Pode-se verificar que muitas pessoas com o passar do tempo mudam os seus traços ... uns desaparecem, outros se acentuam. Essas mudanças não acontecem por acaso.

Quando empreendemos um trabalho íntimo sobre a nossa psique, aos poucos vamos mudando a nossa personalidade. Vamos melhorando o nosso estado interior. O trabalho íntimo, acarreta com o tempo uma suavização das características físicas. Isso normalmente confere mais formosura ao caminhante que busca trilhar a senda do autoconhecimento. Já diziam os antigos sábios: "— O externo, é um reflexo do interno.".

Você pode se perguntar: — Como faço para observar o Ego? Eu digo que a melhor pergunta seria: — Quem pode observar o Ego? Sim, primeiro temos que ter em mente o que está disponível dentro de nós, para que nos permita observar os mecanismos por trás dos processos que brotam da nossa psique. Em suma, qual a ferramenta que temos para observar a nossa realidade interior? Bem, sabemos que os eus estão totalmente apartados de tudo, inclusive dos outros eus como também do próprio Ser..., isso é claro. Logo o Ego jamais se observa. Cada "eu" vive em função de si mesmo, pouco se importa com os demais. A legião é completamente desunida.

Então, eu posso dizer que somente a "Essência livre" é capaz de observar a psique. A Essência livre está acima da mente, por isso ela está em condições de observa-la. Ela possui a lucidez necessária para agir conscientemente no sentido de descortinar o véu do adormecimento. Ela pode observar, separar e analisar cada impressão que brota no nosso canal. O Ego, sendo uma subversão que se expressa na mente, não consegue se enxergar. Não consegue enxergar a mente. Para observar algo, precisamos separar observador e observado. Mal comparando, é como se quiséssemos estar secos, imersos em uma piscina. Primeiro temos que sair da piscina antes de nos secar. Temos que nos apartar do ambiente que nos contamina, para então poder enxergar a situação a que estávamos submetidos.

*** O Silêncio

Desta forma, precisamos estar centrados em nós, para que a Essência livre possa ampliar a sua presença no canal de manifestação. Vale ressaltar, que quanto mais nos esforçamos para nos mantermos presentes aqui e agora, mais fortalecemos a atuação da Essência livre no canal de manifestação. A dica é nos mantermos sempre atentos, conscientes. Por isso a necessidade de treinar o silêncio interior. Quando colocamos a nossa psique em silêncio, fortalecemos a presença da Essência livre no canal ... trazemos o Ser para junto de nós. Como tudo na vida, o "silêncio" é desenvolvido com a prática. Um mestre nesses assuntos é capaz de se colocar em silêncio em questão de segundos. A tagarelice interior, é a viva manifestação dos eus em nós. Por isso a maioria das escolas iniciáticas trabalham com o desenvolvimento do silêncio.

Existem algumas dicas para ajudar a nos manter em

silêncio. Podemos usar os mantras. Os mantras são muito usados pelos orientais. Não existe uma regra quanto a isso. Aqui no ocidente podemos usar uma oração, como por exemplo o "Pai Nosso". Pode ser qualquer oração. Pode ser uma oração particular, feita com suas próprias palavras. Podemos usar sons. Conheci uma pessoa que para se manter desperto, segurava firmemente um objeto, no caso uma caneta.

Outra prática que surte muito efeito, é se concentrar no coração, ou ainda na respiração. Existem mestres que conseguem a proeza de se concentrar no próprio silêncio.

Com a prática do silêncio, a Essência livre vai paulatinamente assumindo o canal de manifestação. Quando ela se apodera do canal, se diz que o iniciado "despertou a consciência". Este é um passo inicial para o caminhante na senda que conduz a libertação. A posse do canal, pode ser perdida caso não se mantenha a constância no trabalho íntimo. Esta é uma luta sem trégua. O iniciado que vacila em um instante, pode perder a batalha. O importante é levantar e persistir, pois uma guerra é feita de muitas batalhas. Quem ganha a guerra é aquele que vence a batalha final. Como o Ser é eterno, não há batalha final. A ascensão interior, é um caminho ... querendo ou não, todos nós já estamos nele.

CAPÍTULO 10

UM FIM PARA O MAL

Caro leitor, como vimos até então, é fato que a deformação que ocorre no Quaternário Inferior, interfere também na nossa psique. Isso se dá com a finalidade de dar fechamento às contas do Universo ... o que é inevitável. Não há nada que consiga fugir ao arrasto. A imperfeição impera nestas regiões.

Nós vimos que a princípio a nossa Essência se encontrava 100% livre. Era a pura expressão do nosso Ser em nós. Vivíamos no seio da nossa família. Mas um dia viemos à manifestação por vontade do nosso Pai. Logo que chegamos à criação ainda possuíamos a Essência Integra ... livre de toda imperfeição. Tínhamos uma conduta amorosa com os demais, pois estávamos em harmonia com o Universo. Vibrávamos esta harmonia que é resultado de um estado de consciência pura, emanação legítima do Ser.

Conforme essa Essência vai tomando corpos nos Reinos da Natureza, uma segunda natureza vai se formando. Essa segunda natureza é desarmônica, passional e individualista. O mais triste é que ela aprisiona parte da nossa Essência. Cada "eu" carrega uma fração da Essência. Esta fração de Essência que compõe o "eu" passa a se comportar conforme os seus próprios desejos. É uma espécie de enlouquecimento. Em decorrência disto, perdemos uma fração da nossa consciência, fração esta que não mais expressa o Ser. Sim, cada porção de Essência subvertida, resulta em perda de parte da consciência. Isso deve ficar bem claro. Com a deformação da nossa psique passamos a manifestar uma forma esquerda de sentir e pensar. Um estado desarmônico de existir. Perdemos a comunhão com toda a criação. Vimos em capítulos anteriores que a individualidade é uma regra no Universo. Porém, temos que diferenciar a individualidade com consciência, com harmonia, a individualidade que se manifesta em conformidade com a criação, aquela que honra a vontade do Pai, diferentemente da individualidade egóica, egoísta, individualista, absurda, focada apenas em si. Por isso mesmo a chamamos de "eu". O "eu" é uma entidade que vive independente de tudo. Eu posso estar sendo repetitivo, mas é bom que isto fique bem claro. Pois existem grupos exotéricos ligados as hostes do mal, que pregam e existência de um Ego bom. Inclusive, prestam culto a ele. Por trás de um falso discurso de amor, levam os seus seguidores a robustecerem ainda mais os eus. Cabe a cada um estar em estado de alerta, e observar bem os lugares onde frequenta.

Eu apenas posso dizer, que não existe Ego bom. As ações cometidas pelo Ego são casuais, fruto dos seus desejos. Como tudo na vida elas podem resultar em coisas boas ou ruins, porém a intenção por trás desta ação será sempre de cunho individualista. Ela normalmente estará centrada nos seus próprios interesses. Dificilmente levará em conta os outros, porém quando o fizer, será de forma estratégica, objetivando alguma vantagem, ou ainda passionalmente.

*** Porcentagem de Consciência

Bem, voltando ao assunto sobre a descida da Essência à manifestação. Depois de passar por todos os Reinos da natureza, chegamos então a nos incorporar em veículos humanos. Quando aí chegamos, possuímos apenas uma pequena porcentagem de Essência livre, cerca de pouco mais de 3% na média. Veja que quase totalidade da nossa Essência já está subvertida no "Eu". Ela já está na forma de legião, o que chamamos comumente de Ego.

A pergunta que você deve estar fazendo é: — Será possível que alguém perca toda a sua Essência? Que esta pessoa tenha toda a sua Essência convertida no Ego? Será possível que alguém não tenha mais Essência livre?

Caro leitor, quero dizer que infelizmente com o passar do tempo, de reencarnação em reencarnação, podemos perder toda a nossa Essência livre. Se vivemos de forma completamente identificada, inevitavelmente acabaremos por subverter toda a Essência livre que nos resta. E digo mais, se assim procedemos, é normal que isso aconteça.

Se não fazemos nada para minimamente colocar alguma ordem na nossa psique, os eus vão se robustecendo, fortalecendo seus corpos, e por conseguinte sua atuação. Além do mais, novos eus vão sendo criados, aprisionando ainda mais Essência. É como um câncer na alma que vai nos tomando aos poucos. Respondendo essa questão diretamente, saiba que podemos sim, perder toda a nossa Essência livre. Podemos ter a nossa psique toda convertida em praticamente só Ego.

O fortalecimento dos eus gera mais inconsciência, mais adormecimento. Paulatinamente vamos ficando com menos percentual de Essência livre. Repare que tomando como exemplo um acesso de ira, podemos perceber que esta situação já é um princípio do que poderíamos chamar de possessão. Na verdade, os eus quando vão se robustecendo demasiado, meio que dominam a psique por algum tempo. Se você parar para pensar, vai perceber que na verdade toda manifestação egóica é uma forma de possessão. Com o robustecimento do Ego essa possessão pode chegar a níveis absurdos, a ponto de levar a pessoa à loucura.

Você pode reparar mudanças de humor no comportamento das pessoas. Observe que quando convivemos diariamente com alguém, vamos conhecendo cada personagem que habita a psique desta pessoa. Isso se dá observando seu jeito de andar, pelo modo de falar, pelos maneirismos, pelas expressões faciais. Com o tempo, você reconhece claramente quem está ali manifesto. Você pode ainda dizer com certa facilidade quais são os principais personagens que você pode observar naquela pessoa. Esses personagens normalmente não andam juntos, acarretam mudanças de personalidade que vão se alternando no passar das horas. Quando eu era criança, embora não soubesse nada sobre esses assuntos, quando observava o semblante da minha mãe, sabia quem estava ali ... eram pessoas bem distintas ... eu conhecia todas ... me divertia vendo as mudanças nela. Eu queria perceber onde estava "o ponto de ruptura", o instante exato onde um personagem se retirava e dava lugar a outro. Como se fosse uma troca de guarda. Normalmente existe um evento ou situação que promove essa troca de personagens na psique. Quanto a minha mãe, eu conhecia algumas circunstâncias que geravam esse ponto de ruptura. Fazia o possível para evitar que ela desse entrada a um personagem que eu não gostasse.

*** A perda da Consciência pode ser evitada

Caro leitor, o mais importante em tudo isso que eu estou dizendo, é que nós podemos também perceber quem está dentro de nós ... observar quem são os personagens que vagueiam em nossa psique. Essa percepção é transformadora, pois impõe um limite para o eu. Podemos desta forma colocar a nossa vontade acima dos interesses egóicos. Essa é a vontade genuína que provém da porcentagem de Essência livre que ainda carregamos. Mas isso só é possível se verdadeiramente conseguirmos nos ver. Sem a auto-observação, fica simplesmente impossível nos conhecer. O silêncio aliado a atenção em parte voltada para dentro, muda todo o jogo. Quem começa a se auto-observar muda para sempre. Quando colocamos luz sobre a psique ... nunca mais seremos a mesma

211

pessoa.

Voltando ao assunto sobre o percentual de Essência livre, saiba que se vivemos sem nos importar com o que carregamos dentro, fazendo as vontades do eu, torna-se inevitável que lentamente vamos perdendo a pouca Essência livre que nos resta. É importantíssimo ter em mente que a Essência livre nos confere a lucidez. Só ela pode observar o Ego.

Aquele que perdeu todo o percentual de Essência livre, se torna o que chamamos de "casa vazia". Uma pessoa nesta situação só possui a manifestação do Ego, vive em estado de possessão. Esta pessoa tem como meta única na vida, satisfazer os caprichos de cada eu que compõem o seu Ego. O "casa vazia" possui apenas uma espécie de cascão psicológico. Sua psique é como um festim dos eus. Não há mais ninguém para colocar ordem na casa. Mas não subestime a sua inteligência, pois na mente habita o Ego. Agora toda a sua inteligência está subvertida no mal, ou melhor, sob o comando da subversão na forma dos eus. Existem muitas pessoas no mundo que estão na triste condição de casas vazias. Estas pessoas caminham pelas ruas, trabalham, se casam, assumem cargos de poder. Sobem rapidamente nos governos e nas instituições, pois são mais fortes. São mais fortes por não terem escrúpulos. Fazem o que devem fazer ... não possuem nenhum tipo de remorso ... mentem com grande facilidade, poderiam até passar por um detector de mentira, tamanha a sua deformação psicológica. As pessoas assim, não se importam com as consequências dos seus atos. A satisfação dos desejos dos eus são seu único objetivo. Vivem apenas para a manutenção do seu prazer.

*** A Psicopatia

Veja que todos os sintomas que eu falei até então nos remetem a uma única palavra, a "psicopatia". O termo técnico para psicopatia é "Transtorno de Personalidade Antissocial". Aquele acometido deste transtorno apresenta uma conduta pautada em uma espécie de descaso com as regras de conduta. Elas apresentam como traço característico, um profundo desrespeito pelos direitos dos demais. Mentem facilmente, são dissimulados e cínicos. Vivem como se estivessem representando uma peça. Suas ações não são espontâneas. Por trás de cada gesto há uma intenção premeditada. O ego confere ao homem um estado maligno de pensar, sentir e agir. Sem a presença da Essência livre, se percebe a crueza do eu.

Existem graus e graus de psicopatia. É bem verdade que todo aquele que possui Ego, guarda algum grau de psicopatia, mesmo que pequeno. Sim, todos somos um pouco psicopatas. A baixa porcentagem de Essência livre está intimamente ligada ao grau de psicopatia de cada indivíduo. Por isso, um "casa vazia" é alguém muito perigoso, pois atinge um alto grau deste transtorno. Existem muito mais psicopatas no mundo do que você possa imaginar.

Falando claramente, o percentual de Essência livre define o nível espiritual de cada um. Quanto menos Essência livre, mais subvertida fica a psique. É simples assim. Isso é o que podemos chamar de "Nível Espiritual". Conforme o indivíduo se subverte no Ego, vai aumentando sua imperfeição ... o arrasto vai tragando ... deformando sua psique. A formosura interior vai se transformando em um estado de animalidade refinada pela mente. Seu grau de psicopatia vai aumentando rapidamente.

Quanto menos Essência livre possuímos, mais difícil fica a auto-observação, logo, mais rapidamente perdemos a pouca Essência livre que nos resta. A pessoa neste estado caminha a passos largos para se tornar um "casa vazia". Fica cada vez mais difícil reverter essa situação. Chega uma hora que simplesmente não há mais jeito ... não há mais como sair do estado de subversão a que se meteu ... a situação se torna insustentável.

Querido leitor, existe um ponto matemático, onde não se pode mais reverter o jogo. Ponto este, onde o percentual de Essência livre se reduz a um ponto que não há mais como vencer a batalha.

Pois não há percentual suficiente para se auto-observar. Por fim, o Ego acaba por tomar o canal de manifestação. A porcentagem de Essência livre restante vai sendo tomada cada vez mais rápido, se subvertendo em novos eus. E o eus que já existem robustecem seus corpos no mundo Astral e Mental. Sua força vai ficando muito maior. Os eus mais fortes brigam violentamente para permanecer no canal de manifestação, e se saciar com mais energia. Sim, o eu se alimenta enquanto se manifesta. Ele rouba energia dos centros, principalmente do centro sexual.

Cabe a nós lutar para que nunca cheguemos a esse ponto. Essa é uma decisão que deve ser tomada por cada um. O importante a princípio, é se dar conta do estado interior. Isso por si só já limita consideravelmente a ação do Ego. Quando nos observamos, colocando a atenção dentro, já começa a haver uma transformação na maneira de pensar e sentir. O ego vai perdendo terreno, pois conhecendo o canal ... nos damos conta do que vai dentro, e como se processa a manifestação. A liberdade de ação do ego vai se restringindo. Amigos, consciência é algo que edificamos por esforço pessoal. O ímpeto revolucionário está dentro de cada um.

Existe um momento que nada mais faz sentido. Observamos o mundo, e perguntamos o porquê das coisas. Não nos sentimos mais compelidos as coisas da vida. Nos sentimos como um peixe fora d´água. A inconformidade é o estopim para a transformação. Enquanto o indivíduo se sentir confortável neste mundo, ele não lutará por se transformar. Enquanto o indivíduo estiver profundamente identificado com as coisas da vida, nela ele permanecerá. Viverá como um tronco nas águas de um rio, indo onde a correnteza o levar ... vivendo conforme os desejos dos eus. Há um período em que o véu vai caindo, e passamos a ver as coisas como elas são, sem ilusão. As coisas sobre este novo aspecto, passam a não mais fazer sentido. Boa parte dos falsos sabores desta vida são na verdade ilusões. A verdade está nas coisas mais simples. A mente egóica cria uma infinidade de desejos e compromissos absurdos. A vida vai ficando complexa. Na verdade, precisamos de muito pouco para viver plenamente. A plenitude provém de um novo estado de pensar, sentir e existir.

*** Os Infernos

Bem, conforme eu falei anteriormente, existe um ponto matemático onde a quantidade de Essência livre não é mais suficiente para manter um mínimo de consciência. Então é inevitável que o Ego vá tomando a psique. Não há mais como remediar essa situação.

Você deve estar se perguntando: — Como fica essa situação? Poderia uma pessoa ficar perdida para sempre? Respondendo diretamente, não. O Universo é consciente, existe um mecanismo perfeito para cada situação. É nessa hora que percebemos a presença de uma inteligência magnânima por trás da criação.

Saiba que depois da morte, aguardamos a próxima reencarnação no Mundo Astral, região mais densa da 5ª dimensão. Com a perda do corpo físico e vital, a psique se assenta sobre o corpo astral. Esta é a região dos mortos onde toda a humanidade descansa após o desencarne.

Porém no Mundo Astral existe uma espécie de portal que conduz a outras regiões. Essas regiões não são mais densas que a região Astral. No entanto para psique subvertida no Ego, aí se encontra uma espécie de simulação. Sim, foi exatamente isso que eu falei, uma simulação onde o Ego pode experimentar regiões mais densas que o mundo físico. Porém só a psique egóica pode ser submetida a essas regiões. A Essência livre não sente absolutamente nada quando adentra nestes mundos. O Ego está intimamente ligado a essas regiões. Caro leitor, você deve estar imaginando que região é essa a que me refiro. Isso mesmo, essas regiões são o que chamamos de "Infernos".

Os infernos são fruto da deformação sobre a estrutura de todo corpo celeste. Não é difícil imaginar que como todas as coisas que estão no Quaternário Inferior, a deformação também atinge os corpos celestes. Já falamos bastante sobre todos os mecanismos que geram a deformação tão presente no Quaternário Inferior. Toda porção considerável de matéria que vagueia no Cosmos, guarda em sua estrutura um estado deformado que atua sobre a psique egóica. É bem verdade que um planeta desabitado possui estas regiões completamente vazias.

Quando criamos um novo eu, este já nasce ligado ao núcleo das regiões infernais. Esse núcleo coincide com o núcleo do planeta. Pois o Ego tem a mesma natureza dos mundos infernos, é fruto da mesma deformação. Em suma, o Ego vibra a energia do próprio inferno. Aquela pessoa que possui Ego, normalmente acaba reencarnando no mesmo planeta, pois está preso a porção de matéria planetária por atratividade. Só os nossos Pais internos podem fazer a transição da estrutura egóica entre planetas. Só desta forma podemos reencarnar em outros mundos.

*** A Mãe conduz seu filho ao inferno com muito pesar

Voltando a pergunta inicial, posso dizer que quando uma pessoa atinge uma porcentagem muito baixa de Essência livre, ela então adentra os infernos após o desencarne. Nos infernos se pode eliminar o Ego. A densidade dos infernos vai paulatinamente dissolvendo todo eu.

Quem decide o momento onde o indivíduo vai ser submetido aos mundos infernais, é a sua Mãe Divina. No seu aspecto de Prosérpina, a "Mãe Morte" assume todos os processos que conduz a morte do seu filho. Me refiro aqui a morte psicológica ... a morte em si mesmo. Neste momento a Sagrada Mãe conduz com muito pesar o seu amado filho ao portal que leva a morada de Plutão, os infernos. Ali o Ego experimentará a aniquilação. A Mãe sabe que o inferno é um remédio amargo. Porém sem ele o filho estaria perdido para sempre. Esta é uma dura decisão que a Mãe deve tomar. Diz-se esotericamente que o inferno só possui duas portas: Só se entra por uma, e só se sai pela outra. Isso significa que ao entrar nos infernos, o desencarnado tem que ser submetido a todo o processo de dissolução do Ego. Não se pode sair no meio. É um caminho de uma única via.

Caro leitor, preste atenção agora. Observe que os corpos que os eus fabricam no Astral e no Mental, assim como as regiões infernais, estão todos na 5ª dimensão. Todos têm a mesma natureza dimensional. Logo, esses corpos fabricados pelos eus, sendo manifestação da estrutura subvertida, são tragados para os infernos por simples afinidade psicológica. Atenção, não confundir os corpos fabricados pelos eus, com o nosso corpo Astral e Mental, são coisas distintas. A subversão atrai toda edificação fruto da própria subversão. Em suma, os infernos planetários atraem as estruturas subvertidas dentro da psique humana, e digo mais, a aprisiona. Veja que interessante, da mesma forma que cada eu aprisiona parte da nossa Essência, as regiões infernais aprisionam o eu pluralizado, aquilo que chamamos de Ego. A deformação planetária na forma dos Infernos, representa a possibilidade de um fim para a subversão da psique. As entranhas do planeta possuem os mecanismos em que o Ego é digerido, dissolvido ... por fim a Essência vai sendo libertada da prisão imposta pela subversão. Todos esses processos não seriam possíveis sem a conjunta atuação da Divina Mãe.

*** A Divina Comédia

A "Divina Comédia" escrita pelo grande poeta Florentino Dante Alighieri, foi intitulada originalmente como "Comédia". Foi Bocaccio, na edição de 1555, que a chamou de "Divina Commedia". Ela foi escrita na forma de poema, entre os anos de 1304 a 1321, e só foi editada com a morte do autor. Dante escreveu esta obra em dialeto Florentino, considerado vulgar para a época, quando se costumava usar o Latim.

A Divina Comédia é composta por 3 partes: Inferno, Purgatório e Paraíso. Nesta obra, Dante Alighieri trava uma viagem espiritual por essas 3 regiões, que supostamente se abrem ao desencarnado. Quem tem o papel de guia-lo nesta viagem é nada menos que Virgílio, o autor da "Eneida". Virgílio aparece como uma espécie de guia espiritual, e conduz Dante por todos esses mundos. Interessante que Dante é o autor e ao mesmo tempo o principal personagem desta obra. A Divina Comédia traduz uma viagem filosófica do autor em si mesmo. Nesta obra, ele propõe que estas 3 regiões se apresentem na forma de círculos concêntricos. Por isso o chamamos de "Círculos Dantescos". O número 3 aparece em toda estrutura da Divina Comédia. Ela está dividida em 3 partes: inferno, purgatório e paraíso, os poemas são compostos por 3 frases (terceto), o número de tercetos é composto por algarismos 3. Isso remete a Trindade Original: Pai, filho e Espírito Santo. Dante Alighieri foi um membro da Venerável Ordem Templária, desta forma ele tinha acesso ao conhecimento oculto oriundo das antigas Escolas de Mistérios.

Dante intitulou seu livro como a "Comédia", para poder dizer tudo que queria sem atrair a ira da Igreja. Ele ainda usou um dialeto vulgar, tirando assim a atenção sobre sua obra. Com isso seu livro passou como se fosse uma brincadeira poética. Porém, na verdade, Dante descrevia a dura realidade das regiões inferiores, onde passam os mortos que perderam a sua alma. Ou seja, que perderam toda a sua Essência livre.

Usarei para descrever os círculos Dantescos, os antigos textos das Escolas de Mistério. Os infernos são esmiuçados por muitos textos ocultistas. Basicamente, todo grupo que se debruça sobre as questões que envolvem o sentido da existência, a vida e a morte, acabam por ter sua própria concepção de inferno.

Às vezes, sem querer, entramos nos mundos infernais. Normalmente, os pesadelos muito nítidos, são experiências vividas nestas regiões. No baixo ventre encontramos uma espécie de portal que nos conduz as regiões infernais. Uma situação bem comum é quando dormimos com o estomago muito cheio e acabamos por ter um pesadelo.

Os Círculos Infernais são no total 9. Os 3 primeiros correspondem a recapitulação dos processos animais na forma descendente, também conhecido como círculos "Animaloides". Os 3 próximos (4, 5 ,6) correspondem aos processos de recapitulação dos processos vegetais descendentes, conhecido como círculos "Vegetaloides". Os 3 últimos se relacionam à recapitulação dos processos minerais descendentes, conhecido como círculos "Mineraloides". Ali se pode reviver todos os processos que foram aprendidos durante o período que o Bodhisattva passou pelos Reinos da Natureza, ascendendo até começar a encarnar como humano. Pois a descida aos infernos é uma espécie de fracasso para o pobre Bodhisattva, como também para o próprio "Ser". É como ser reprovado na escola. Nestes mundos, se recapitula todos os processos anímicos da manifestação, para então reiniciar tudo novamente. Depois de dissolver mecanicamente o Ego dentro das entranhas do planeta, se sai dos infernos subterrâneos pela segunda porta que conduz a superfície. Pode-se então, ver novamente a luz do glorioso Sol. Então, o Bodhisattva volta ao Reino Mineral para ascender tudo novamente. Volta a ser um puríssimo Elemental da natureza, com 100% da Essência livre. Quem o conduz a segunda porta, é a sua Mãe. Todos os processos de descenso aos infernos são acompanhados pela Divina Mãe.

*** Os 9 Círculos Dantescos

Caro leitor, gostaria de descrever de maneira breve, as 9 regiões que compõem os Círculos Dantescos ... elas são:

*** 1º Círculo Dantesco

Caro leitor, nos Mundos Infernais o Ego vai sendo desintegrado devido a densidade a que ele é submetido. Paulatinamente a pressão vai aumentando, criando uma ruptura na condição deformada da mente egóica. Veja que interessante, para aniquilar a psique deformada pelo arrasto, adiciona-se mais deformação. Mesmo a deformação encontra seu ponto de saturação, onde ela precipita em si mesmo. É como uma onda que acaba quebrando na praia, pois a baixa profundidade não mais a sustenta. Toda imperfeição tem o seu limite de saturação. Nos Infernos esse limite é levado ao extremo. Por fim, os eus viram pó, e a porção de Essência a que eles aprisionavam, se liberta.

O 1º Círculo Dantesco, é o primeiro Círculo onde o Ego é levado a recapitular os processos animais. Sim, nesta região se inicia os estados animaloides.

Recorde que no mundo Astral, onde se abre as portas do inferno, temos a matéria espiritual constituída de forma em que cada átomo astral possui 12 átomos do Pai. Bem, quando descemos ao 1º círculo Dantesco, sentimos como se este número subisse para 96. Sim, querido leitor, a matéria espiritual aqui, vai sendo saturada a ponto de promover uma sensação ao Ego equivalente a 96 átomos do Pai. Veja que isso é uma espécie de simulação, só a mente subvertida experimenta esta densidade, a Essência livre não a percebe. Quero deixar claro que a região mais densa do Quaternário Inferior continua sendo o Mundo Físico constituída por 48 átomos do Pai.

O 1º Círculo Dantesco é composto por toda porção oca que encontramos no interior da terra. Aqui temos as cavernas, as galerias subterrâneas, os rios submersos, etc.

Nesta região, encontramos uma repetição psíquica de tudo que temos aqui no Físico: ruas, casas, lojas, cidades, etc. Os mortos caminham por aqui, repetindo todas as atividades que faziam em vida. Não se dão conta que morreram.

*** 2º Círculo Dantesco

Caro leitor, neste 2º Inferno a mente subvertida

experimenta a sensação de vivenciar uma densidade equivalente a gerada em um mundo em que tivesse o átomo espiritual constituído por 192 átomos do Pai. Sim, a saturação aumenta terrivelmente. Neste Círculo o eu continua recapitulando os processos animais. Aqui o Ego prossegue a experimentação dos estados animaloides.

Cada Círculo Dantesco ressalta algum tipo de desvio de caráter. É bem verdade que os eus passarão por todas as regiões infernais. Porém alguns eus permanecerão mais tempo naquele Círculo que lhe trouxer mais afinidade. Pois cada eu é o resultado de uma incompreensão relativa a um desvio psicológico.

Lembre-se, somos legião. Quando se desce aos infernos, assim se faz na forma de legião. Ou seja, o indivíduo pode ter seus "eus" em vários Círculos Dantescos ao mesmo tempo. Ele desce como uma nuvem de eus ... cada eu vai vivenciando os infernos de forma individualizada. Perceba, que quando se entra nos infernos, a personalidade criada na última reencarnação já foi desintegrada. O corpo Vital está fora dos Infernos, logo não há corpo disponível para a legião se unificar. Os eus só podem usar seus próprios corpos. Estes corpos são arrastados para essas regiões, pois fazem parte do próprio Ego. Porém, cabe ressaltar que os corpos dos eus serão lentamente desintegrados.

O desvio psicológico que predomina no 2º Círculo Dantesco é o da Luxúria. Aqui ficam por mais tempo, os eus que se formaram pela incompreensão das coisas relativas ao sexo. Veja que o princípio do sexo, é o prazer. De certa forma, todo Ego está ligado a busca do prazer, ou a fuga da dor.

*** 3º Círculo Dantesco

Neste 3º Círculo, a densidade aumenta consideravelmente. Aqui, a mente subvertida experimenta a sensação de vivenciar uma densidade equivalente a gerada em um mundo em que tivesse o átomo espiritual constituído por 288 átomos do Pai. É um estado de saturação altíssimo. As estruturas psicológicas oriundas desta deformação, vão se enfraquecendo. O Ego vai sendo corroído pela sua base. Este é o último Círculo onde o eu recapitula os processos animais. Aqui o Ego conclui a experimentação dos estados animaloides.

Aqui encontramos os eus que levam o indivíduo a ficar de bar em bar, de orgia em orgia. A busca incessante pelo prazer é o limite. Esses eus levam o indivíduo a bebida, as drogas, ao jogo. Estes sempre estão em todos os eventos sociais. Nestes mundos os eus vivem em festim. Vivem para os prazeres momentâneos. Se ressalta aqui, a característica psicológica da "irresponsabilidade". A falta de compromisso consigo e com os demais. Como exemplo, se percebe este desvio de caráter, naquele indivíduo que gasta o seu dinheiro na farra, e não leva para casa o pão que alimenta seus filhos. Em todo aquele que coloca o prazer acima de todas as coisas ... que não mede consequências para desfrutar dos interesses do Ego. É sempre mais fácil levar a vida na farra, que assumi-la. Os irresponsáveis são muito envolventes, divertidos ... pois estão sempre brincando ... sorrindo. Porém, para aqueles que dependem dele a convivência é traumática. O irresponsável faz todos a sua volta sofrerem. Nunca se pode contar com essas pessoas. No fundo, ele é um traidor ... um fraco. Acaba sempre traindo não só a si próprio, como também a quem estiver a sua volta para satisfazer o seu prazer. Quer conhecer alguém? Então conviva com ele.

*** 4º Círculo Dantesco

Este 4º Inferno se localiza nas regiões de lava líquida abaixo da crosta terrestre. A cor do magma confere uma tonalidade avermelhada a tudo aqui. Nem preciso dizer que a densidade aumenta consideravelmente. Aqui, a mente subvertida experimenta a sensação de vivenciar uma densidade equivalente a gerada em um mundo em que tivesse o átomo espiritual constituído por 384 átomos do Pai. É um estado de saturação ainda mais alto. Tudo tende a se tornar cada vez mais inflexível, tornando as coisas mais passíveis de se fragmentarem. Neste Círculo, o eu inicia a recapitulação dos processos vegetais. Sim, aqui é a primeira região onde o Ego experimenta os estados vegetaloides.

Amigos, tudo no Universo é equilíbrio. Existe uma dose exata para cada coisa na vida. A diferença entre o remédio e o veneno às vezes está só na quantidade ministrada. O mesmo é esperado para o fluxo de valores que alimentam a humanidade. Sem rodeios, me refiro aqui ao equilíbrio dos nossos gastos para o melhor viver. Falo de tudo aquilo que consumimos e estocamos. Aquilo que desperdiçamos, como também aquilo que retemos, que provisionamos para necessidades futuras.

Nesta região, ficam por mais tempo, os eus que promovem o desequilíbrio na distribuição dos bens.

Temos aqui os esbanjadores. Aqueles que fazem circular os valores de forma acelerada. Isso causa danos à sociedade, pois desequilibra o fluxo dos bens. A pessoas que assim agem, acabam por causar inflação, empobrecimento, fome, além de vários outros desequilíbrios financeiros. Estas pessoas estão violando a lei do equilíbrio.

Aqui temos também os "Avarentos", aqueles que retém os valores. São conhecidos vulgarmente como "pão-duro". Estes são os que guardam tudo que recebem. Gastam o mínimo possível. Causam muitos danos aos demais, pois retardam o fluxo dos valores. Não permitem que a economia se movimente. Geram recessão.

Também encontramos aqui os eus da Gula. Veja que esta também é uma forma de reter, de tomar tudo para si. Além da Gula, encontramos também muitos eus que se afinam com a Cobiça. Se você parar para analisar, vai perceber que todo defeito psicológico está ligado a um desequilíbrio.

Os recursos do planeta são limitados. Da mesma forma que

quando retemos os bens, acaba ocasionando a falta para alguém; quando esbanjamos também resulta na mesma falta. O fluxo das coisas, devem estar em equilíbrio.

Todos nós fazemos parte do intrincado mecanismo que distribui os valores pelo mundo. Devemos compreender os eus que nos levam ao desequilíbrio para o nosso próprio bem e para o bem de toda a humanidade.

*** 5º Círculo Dantesco

No 5º Círculo Dantesco, a saturação atinge proporções inimagináveis. Ainda estamos no manto terrestre. Tudo aqui tem uma forte cor sanguinolenta. Nesta região, a mente subvertida experimenta a sensação de vivenciar uma densidade equivalente a gerada em um mundo em que tivesse o átomo espiritual constituído por 480 átomos do Pai. A inflexibilidade em tudo se torna ainda maior. Neste Círculo, o eu recapitula processos vegetais. Este Círculo está na região vegetaloide.

Nesta região ressalta-se as características responsáveis por toda forma de bruxaria. Caro leitor, posso te dizer que todos somos bruxos, mesmo sem saber. Quando desejamos mal a alguém, estamos emitindo vibrações negativas para essa pessoa, pois todos somos antenas, por onde emitimos e recebemos estados vibratórios. Essas vibrações interferem na vida dos demais. Uma situação terrível é quando nos reunimos em dois ou mais, para falar mal de alguém a qual temos aversão. Nesta situação formamos uma espécie de cadeia de ódio, que atinge o períspirito do indivíduo. Essas energias malignas depois de enviadas continuam transitando nos mundos espirituais, causando danos a outras pessoas que não tem nada a ver com a situação. Então saiba, que de uma forma ou de outra, todos somos bruxos.

Cabe a todos nós tomar consciência de tudo que pensamos e desejamos aos demais. Pois tudo que geramos se soma a vibração do planeta. Somos partes do miasma deste mundo. A qualidade dos nossos pensamentos e sentimentos, é algo em que devemos trabalhar. Da mesma forma, quando vibramos amor, quando intercedemos pelos demais, ajudamos a melhorar a vibração planetária. A velha máxima cabe aqui: "— Se não tens nada de bom para falar, então não diga nada".

*** 6º Círculo Dantesco

Nesta região a densidade vai deformando todas as coisas. O tom vermelho ainda predomina em tudo. No 6º Círculo Dantesco, a mente subvertida experimenta a sensação de vivenciar uma densidade equivalente a gerada em um mundo em que tivesse o átomo espiritual constituído por 576 átomos do Pai. Aqui tudo se move muito lentamente. A saturação retarda qualquer movimento. O tempo passa muito devagar. Os eus experimentam o fastio, o tédio a um nível insuportável. Este é o último Círculo onde se recapitula processos vegetais. Este Círculo faz parte da região onde se experimenta os estados vegetaloides. Por isso ainda há uma tênue flexibilidade.

Aqui se acentua as características psíquicas daqueles que odeiam tudo que tem sabor de bondade, de equilíbrio, de amor. Podemos ver na vida, aqueles que sentem atração por tudo que é errado. Vejam os movimentos jovens que buscam a liberdade e acabam prisioneiros do vício ... das drogas, do sexo indiscriminado ... da conduta irresponsável. Que liberdade? Esqueceram de dizer a eles que aqui neste mundo todos estamos no mesmo barco. Do velho à criança, todos experimentamos o cárcere dos limites corpóreos. Culpar os outros é uma infantilidade. O mundo vai aos trancos e barrancos carregando todos os conflitos, diferenças, opiniões. Chegamos onde chegamos, à custa de muito sangue. Mas me diga, de quem é a culpa? Normalmente é sempre do outro. Os jovens colocam a culpa nos que vieram antes. Mas eles também acabam dando continuidade a mesma velha história. Porque aquele que não muda a si próprio, no fundo, reclama, reclama, e não muda nada. Os anseios são muitos, mas quem governa, no fundo, são os eus.

Aqui os eus blasfemam contra a Divindade. Eles gritam e se desesperam. Estão inconformados com tudo que vivenciam neste mundo submerso do 6º Círculo Dantesco. Se sentem injustiçados, mas vivem em função do seu próprio umbigo. É fácil cobrar da humanidade, mas cabe responder: — O que fazemos pela humanidade? No fim das contas, este mundo é feito pelo sacrifício de todos. Os que menos fazem são sempre os que mais reclamam.

Existe uma atração natural dos eus pelo delito. É quando sabemos que algo é proibido e sentimos atraídos por realizar esta transgressão. Isso é bem característico da natureza egóica. A conduta correta, é fruto de um estado harmônico, consciente e responsável. Cuidar das coisas para garantir a felicidade alheia, é uma questão de amor. Pois o verdadeiro amor é desinteressado. O Ego jamais enxergará as coisas por essa ótica.

*** 7º Círculo Dantesco

No 7º Círculo Dantesco a rigidez se instala em tudo. O tom avermelhado que antes era brilhante, vai se tornando escuro. Aqui, a mente subvertida experimenta a sensação de vivenciar uma densidade equivalente a gerada em um mundo em que tivesse o átomo espiritual constituído por 672 átomos do Pai. Os eus vão se petrificando, pois a partir daqui eles iniciam o processo de recapitular suas experiências minerais. Sim, no 7º Círculo, devido a saturação, se experimenta os estados mineraloides. Tudo tende a rigidez tal como uma pedra. Aqui não há mais flexibilidade.

Nesta região se ressaltam os estados de cólera. Aqui permanecem por mais tempo os eus que se afinam com os estados de ira. Aqui estão os violentos, os iracundos. Aqueles que praticam violência contra si, contra os demais, e também contra todas as coisas materiais. Neste mundo vemos tudo na forma de escombros.

Remete-nos as imagens do pós-guerra. A violência está latente em todo eu. A todo instante sente-se explosões de ódio. O ambiente é desolador. Aqui está o princípio de toda guerra, de toda inconformidade. Para os eus, que vivem unicamente para si próprio, as divergências são uma realidade natural. Cada um vê, em parte, todos a sua volta como inimigos.

A ira vai de um tênue estado de desconforto a uma explosão de ódio. Mas não se engane, ela está em todo eu. A descontinuidade do estado harmônico interior, acontece subitamente. É como uma mola que vai se comprimindo ... uma hora, inevitavelmente ela se solta ferozmente.

*** 8º Círculo Dantesco

No 8º Círculo Dantesco a luminosidade é ainda mais fraca. O tom predominante é de um vermelho escuro. Estamos nos aproximando do núcleo ferroso da Terra. Aqui, a mente subvertida experimenta a sensação de vivenciar uma densidade equivalente a gerada em um mundo em que tivesse o átomo espiritual constituído por 768 átomos do Pai. O tempo é lentíssimo. O tédio é insuportável. A deformação é absoluta.

Aqui o Ego continua o processo de recapitular suas experiências minerais. No 8º Círculo, devido a saturação, o eu vai sendo submetido aos estados mineraloides. As coisas se tornam ainda mais rígidas. Porém a rigidez é tamanha, que tudo tende a se fragmentar. As coisas vão se tornando criticamente frágeis. Elas quase não suportam sua própria densidade, sua rigidez. Um minuto aqui, se torna uma eternidade.

Aqui encontramos aqueles que se utilizam da fé alheia para se beneficiar. São os falsos líderes religiosos e políticos. Pessoas que arrastam multidões com falsas promessas. Aproveitadores das fraquezas alheias. Aqui também está todo tipo de mentira. Toda meia verdade. Toda deformação da qualidade da percepção comum.

Os eus fazem de tudo para satisfazerem suas vontades. Perceba que este princípio está em todo o Ego.

Aqui também estão os que mentem para a Divindade. Os que atraiçoam suas Partículas Divinas. Aqueles que praticam a arte alquímica de edificar a serpente negativa, descendente ... o caudal dos tenebrosos. Estes despertam do mal para o mal.

*** 9º Círculo Dantesco

Este é o último Círculo Dantesco. Aqui se chega ao núcleo planetário. A luminosidade aqui, é muito fraca. Só se enxerga vultos. Tudo está praticamente parado. O tempo é lentíssimo. Chegamos ao estado máximo de saturação. A deformação, é submetida a própria deformação em seu grau máximo. A situação se torna insustentável.

A Sagrada Mãe, desde o 8º Círculo Dantesco, alegoricamente devora seu filho na forma de uma serpente. A Grande Mãe o digere, desintegra, até liberta-lo. Vemos então a face de Prosérpina, a Mãe Morte. A Mãe desce com seu filho aos infernos, e fica com ele por todo o processo. Ela nunca o abandona. Seu amor é infinito. Mal comparando com a vida terrena, amar não é só fazer as vontades do filho. Amar também é educar. Às vezes ter que repreender, castigar. Muitas pessoas confundem amor com permissividade. É sempre mais fácil dizer sim, do que ter o trabalho de assumir alguma posição. Para isso é preciso amar de verdade. Mas felizmente a Sagrada Mãe é perfeição.

No 9º Círculo Dantesco, a mente subvertida experimenta a sensação de vivenciar uma densidade equivalente a gerada em um mundo em que tivesse o átomo espiritual constituído por 864 átomos do Pai. Esta é a etapa final. Este é o último Círculo onde o Ego é levado a recapitular os processos minerais. Aqui se chega ao fim dos estados mineraloides. O Ego experimenta a rigidez absoluta. Paulatinamente tudo vai virando pó. A Essência vai se libertando do eu. A Essência livre não sente a densidade dos infernos. Ela sobe a superfície planetária flutuando tranquilamente. Então ela se funde ao restante da Essência que compõe o Bodhisattva. Desta forma ela passa a ser novamente 100% expressão do Ser.

Perceba, que se entra nos Infernos na multiplicidade, mas se sai na unidade. Agora o Bodhisattva está com 100% da sua Essência unificada em uma só vontade. Voltamos a ser unos.

O Bodhisattva então, inicia a sua caminhada novamente pelos Reinos Mineral, Vegetal e Animal, até atingir novamente a oportunidade de ingressar em veículos humanos.

Veja que nestes mundos infernais, todos esses aspectos descritos até então, serão desintegrados. Todos esses estados subvertidos virarão pó. Não sobrará pedra sobre pedra. Existe um limite para o mal. Tudo tem um fim. Não há mal que sempre dure. Dante Alighieri nos fala sobre uma segunda morte. Esta é a morte nos mundos Infernos. Por fim, a Sagrada Mãe se regozija ao ver seu amado filho resplandecer do lodo da mente subvertida, para a vida plena novamente. O belíssimo menino de puro ouro, alegoriza a unificação da Essência, na expressão genuína do Ser.

Caro leitor, eu gostaria de deixar bem claro, que a descida aos mundos Infernais só se dá quando efetivamente não há mais saída. Jamais a Mãe submeteria o filho a tão dura sina, se houvesse alguma possibilidade de reverter a situação. A Mãe esgota todos os seus esforços para que o filho perceba a situação em que se encontra, e reaja. Porém cabe ao Bodhisattva decidir, e tomar as rédeas da sua vida. A decisão, tem que ser consciente.

A simples percepção do estado interior a que nos encontramos já é por si só uma grande conquista. Isso vai nos conferindo uma espécie de maturidade espiritual. Depois vem a observação dos eus de forma isolada. Vamos entendendo os movimentos que vão se desencadeando na nossa psique ... os pensamentos ... as imagens ... as emoções. Nada que se observa na nossa psique está lá por acaso. Cada pensamento é fruto de um pensador, isso é inegável. Cada emoção foi colocada lá por alguém. Cada filme, imagem, cheiro, sensação que vamos percebendo, tem em grande parte das vezes, uma origem intencional. Tudo que lá se apresenta é em decorrência de alguma interferência. Nada brota sozinho. Essas interferências podem ser internas ou externas. É bem verdade que os próprios processos físico-químicos do organismo, conferem mudanças na psique. Mas perceba que grande parte dos processos físico-químicos, são o resultado de uma série de interferências egóicas no canal de manifestação.

*** A Psique x Saúde

Gostaria de dar mais um relato. Eu acho que isso cabe bem agora. Me refiro a uma senhora ... suas iniciais são SCV. Esta senhora passou a sua vida com problemas relativos a seu estado emocional. Ela somatizava por demais os problemas do dia a dia. Tomava muitos remédios para aliviar a angústia. Seu nervosismo atacava a sua digestão. Tinha constantes problemas como desarranjo, incontinência urinária ... às vezes taquicardia. Com a idade a Senhora SCV desenvolveu Alzheimer. Conforme a doença foi avançando, seu cérebro foi desligando. Com o tempo, sua família foi percebendo que ela não apresentava mais problemas de digestão. Não tinha mais desarranjo. Todos os outros sintomas referentes ao sistema nervoso, paulatinamente foram desaparecendo.

Isso evidencia o que já sabemos. A interferência da psique, afeta profundamente o nosso corpo, e todos os processos físico-químicos. Lógico que isso não implica que o contrário também não possa ocorrer. O que eu quero dizer aqui, é que normalmente tudo começa na psique. Ela é a origem da manifestação. A confusão se dá porque a psique afeta o corpo, e logo depois o corpo afeta a psique, então a psique afeta o corpo, e o corpo afeta a psique, ... Perceba agora que a manifestação subvertida cria uma espécie de ciclo fechado. Um processo que se retroalimenta. Isso acontece quando nos atemos a observar os processos físico-químicos do organismo em função dos estados internos. Este ciclo acaba potencializando os sintomas. Desta forma, temos que compreender que os remédios neste caso, são meros paliativos. A raiz do problema está na mente subvertida. É por ela que devemos iniciar o tratamento.

Muitos dos modernos remédios para tratamento dos estados de descontrole emocional, agem interrompendo a cadeia fechada entre psique e corpo. Porém estes remédios não trazem consciência ao paciente ... não libertam a Essência do julgo do "eu". Além de ser uma muleta que constantemente deverá ser ministrada. Não quero dizer que em uma situação de crise não seja uma solução. Porém é um paliativo. O maior tratamento para todos os males, está no trabalho interno. Ele nos liberta em todos os sentidos ... nos confere o bem maior, "a consciência" ... o "Religare" ... a comunhão com o nosso Ser.

Mas as vantagens não param por aí. Quando trabalhamos sobre nós, enfraquecemos a ação do Ego no nosso diário viver. Isso nos confere mais equilíbrio, discernimento, presença de espírito em todos os assuntos da vida. O mais importante ... faz com que não criemos mais karma. Querido leitor, veja que isso não deixa de ser um remédio contra os maus acontecimentos futuros que geramos em virtude do que fazemos hoje.

*** Amadurecimento Espiritual

Quando somos enviados à manifestação, e passamos pela primeira vez pelos Reinos da natureza até atingir a condição humana, é muito provável que acabemos por nos subverter na condição egóica com certa facilidade. Isso nos confere a descida aos Infernos. Porém, com o tempo vamos compreendendo melhor os assuntos da vida, e sobretudo os estados internos. Esse processo nos acarreta o que chamamos de "Amadurecimento Espiritual". O Ser se alimenta de consciência. Ele vem a criação através de nós, o

Bodhisattva, para vivenciar todos os processos da criação em mundos mais densos. Para o Ser reinar nos céus, ele deve descer a terra. Dizem os antigos textos.

Com o passar do tempo, vamos compreendendo melhor os desígnios da manifestação. É um processo lento, onde vamos repetindo e recapitulando todos os processos da existência. Uns aprendem mais rápido. Cada um tem seu ritmo.

A consciência da vida é um processo que adquirimos através da vivência. Toda consciência adquirida se faz pela experimentação da verdade. Diz o antigo texto iniciático: "A verdade é para ser experimentada". Se isso não fosse verdade, o Ser poderia simplesmente aprender sobre a vida, observando os outros, ou pensando sobre ela. Porém isso não acontece. Por que será? A consciência não se dá como fruto de um processo intelectual. Ela se faz pelo processo de percepção inerente a nossa Essência livre. A mente nunca conhecerá a verdade.

O fato é que vamos adquirindo consciência conforme vamos sendo submetidos à manifestação. Há um momento em que atingimos um estado de consciência onde não é mais possível que o Ego consiga absorver toda a Essência. Neste ponto se torna cada vez mais difícil a descida aos Infernos. Este ponto de equilíbrio é atingido através da consciência a que vamos desenvolvendo. Somos como uma pedra bruta que precisa ser trabalhada.

Caro leitor, saiba que podemos acelerar este processo. Aceleramos quando nos esforçamos para colocar ordem em nossa psique. Quando colocamos a atenção para dentro. Quando nos damos conta dos nossos estados internos. Quando mantemos o silêncio interior. Podemos ainda, meditar sobre todos os estados internos que observamos.

Podemos suplicar a nossa Sagrada Mãe que desintegre qualquer defeito que esteja na nossa psique. Mas para isso precisamos compreender profundamente o defeito. Precisamos levar cada "eu" a meditação, para compreende-lo em toda a sua dimensão. Só através da profunda compreensão do Ego, a Sagrada Mãe pode agir.

Consciência gera mais consciência. O trabalho interno acarreta trilhar o caminho mais rapidamente em direção a casa do Pai. Todos, de uma forma ou de outra, voltarão ao seio de sua família. Lá retornarão a vivenciar o que é a verdadeira felicidade. Porque fora da casa do Pai não há felicidade plena.

CAPÍTULO 11

A AÇÃO E O NOVO

Caro leitor, até então falamos sobre vários temas que orbitam sobre o tal "destino". Afinal, o que é o destino? Vamos aprofundar ainda mais no entendimento dos mecanismos que propiciam os ditos "eventos da vida". É bem verdade que usamos o tempo para medir a distância entre eventos. A sucessão de fatos vão nos contando uma história. Parece óbvio que cada evento guarde uma relação com os anteriores. A questão é até quando os eventos anteriores influenciam de forma "sutil" os acontecimentos presentes. Quando eu digo "sutil", me refiro a um "estado de influência", uma espécie de força oculta. Lógico que de forma "direta", todo acontecimento pode acarretar outro naturalmente. Da mesma forma, podemos indagar até quando os acontecimentos presentes influenciam sutilmente o que virá. Será que existe uma espécie de coluna vertebral, algo que venha estruturar a ordenação dos eventos ... que os alinhem logicamente?

Falamos bastante sobre os estados vibratórios. Vimos as condições necessárias para o desenrolar dos processos karmicos. Sabemos que o Universo é sem dúvida completamente vazio. Não há substancialidade na Criação. No entanto, todo processo ondulatório se inicia devido à atuação de uma fonte energética. Este é o grande mistério. Quem sustenta todo processo vibratório? Quem mantém o Universo em atividade? O fato é que existe uma lógica em tudo que se vê. Repare que é pouco provável que o Universo seja fruto da casualidade. Parece inegável a existência de uma inteligência por trás da Criação.

Pois bem, vimos que todo o Universo assim como todos os processos que se desenvolvem nele, precisam resultar em zero. Pois o Universo é composto por nada. Tudo deverá ter o seu oposto perfeito. Vimos que os opostos possuem a mesma natureza, porém com o sentido invertido. Isso acarreta o fechamento das contas. No fim, tudo tem que zerar. Esta é uma regra. Caso contrário o Universo teria que ser feito de algo ... e não é.

Vimos os processos que se observam no sentido de dar fechamento das contas no Quaternário Inferior. Aqui, os eventos e seus contra-eventos não mais existem ao mesmo tempo. Passamos a ter o "Instante Imperfeito". Quando descemos ao mundo Físico a imperfeição é absurda. A distância temporal entre evento e contra-evento deforma toda a realidade. Os acontecimentos da vida podem levar até séculos para alcançar seu fechamento. Aqui temos a falsa impressão de que tudo que vivenciamos tem sua origem como fruto da mera casualidade e que não há um criador. E pior, que nossas ações não geram consequências. Não é difícil dizer, que tudo nestas regiões nos leva ao materialismo. Aqui, temos a impressão que o Criador não passa de uma espécie de excentricidade ... fruto de uma busca por conforto, já que o homem se sente só, abandonado neste mundo tão vasto. Porém basta reparar a sua volta que se pode perceber um estado de influência em tudo. Uma lógica perfeita que permeia todas as coisas. Só a genuína intuição consegue enxergar, pois ela é expressão da nossa Essência livre, manifestação legítima do Ser.

Vimos então o arrasto gerado em tudo com fim de dar fechamento as contas no Quaternário Inferior. Sim, a deformação distorce tudo a nossa volta. Por fim, nos atemos a analisar a deformação dentro de nós. Vimos os estados da mente subvertida nos diversos "eus" que compõem o Ego. Entramos nos Infernos do Planeta Terra e vimos que a criação é tão perfeita, que propicia uma solução para cada situação. Acompanhamos os processos decorrente da entrada nos Círculos Dantescos que nos liberta do mal, graças a ação da nossa Divina Mãe.

O mais importante, vimos que podemos lutar para adquirir consciência ... para amadurecer espiritualmente. Podemos encurtar o nosso caminho. A descida aos Infernos pode ser evitada com trabalho consciente. Não é tão difícil trabalhar sobre si, basta uma decisão pessoal. O problema é que o Ego não se agrada dessas coisas. O trabalho íntimo tolhe sua liberdade ... acarreta um fim a sua própria existência. Não se esqueça, o Ego é uma parte da nossa Essência que enlouqueceu ... parte de nós. Logo podemos dizer que somos boicotados por nós mesmos. A resistência ao trabalho interno vem de dentro. Precisamos fazer um esforço para prosseguir ... para nos polarizar com a nossa Essência livre e afastar os estados infra-humanos da mente subvertida.

*** O Labirinto das Teorias

Quando adolescente buscava avidamente por todo texto de cunho espiritual. Ia em sebos e algumas livrarias especializadas. Na época, era difícil encontrar esse tipo de literatura, ainda mais em português. Tive que melhorar o meu espanhol e inglês. Esses assuntos não estavam na moda naquela época. De todas as pessoas que eu conhecia, só havia um amigo que compartilhava o interesse sobre estes assuntos espirituais, além da paixão pela música erudita.

Confesso que devorava todos os livros que me caiam as mãos. No entanto, muitos textos eram completamente teóricos e isso me frustrava. Não conseguia extrair deles nada que pudesse incorporar ao meu diário viver. Queria algo que fosse prático, que contivesse uma lógica aplicável à vida. Na época, já percebia que haviam homens maus que detinham muita cultura livresca, inclusive no âmbito espiritual. Sabia que a erudição não conferia avanço espiritual ao homem. Se o homem não conseguisse colocar em prática seus conhecimentos no sentido de se tornar melhor, de nada adiantaria. Melhor permanecer do jeito que está. Pois o homem mau com grande conhecimento, pode fazer muito mais mal a humanidade.

Desta forma, eu me sentia perdido em um mar de teorias. Eu me perguntava: — Onde esse texto me leva? O que de prático eu posso fazer com este conhecimento? Como eu posso usar esse conhecimento para mudar a minha vida? Para que serve um texto que não muda ninguém, que não transforma? Caro leitor, o caminho espiritual é 100% prático. As teorias sem prática são fruto do puro intelectualismo ... da mente.

O burilar das teorias intelectuais, se contrapõem, e deixam as pessoas confusas, sem saber em que acreditar ... para onde ir ... o que fazer. A vida ensina pela experimentação da própria vida. Como eu já disse antes, se fosse possível compreender pelo intelecto, sem a experimentação, o Ser não nos mandaria a criação. Ele simplesmente aprenderia apenas imaginando, observando e concluindo. Poderia assim criar teorias embasadas na imaginação da suposta realidade. Ainda mais, o próprio Universo não precisaria ser criado. Mas a verdade se encerra no cru realismo da vivência. A verdade é o que é ... simples assim. Não se discursa sobre a verdade ... a verdade é para ser vivenciada. Quem não a vive, nunca a compreenderá. Por mais que criemos teorias belíssimas, só a experimentação dos fatos traduz as coisas como são.

Nesta época, ingressei em várias Ordens Espirituais com intuito de receber um corpo de doutrina. Não que eu pretendesse ser um seguidor de alguma doutrina em especial. Eu queria apenas um ponto de partida. Algo que eu pudesse trabalhar, e ir alterando, conforme fosse observando os resultados das práticas espirituais, como também pelos próprios questionamentos pessoais. Cada Ordem em que passei, procurava a princípio apreender todo conhecimento sem questionar. Também realizava as práticas com muita seriedade e dedicação. Depois de um tempo, chegava o perfeito momento de começar a reavaliar tudo que ali tinha aprendido e experimentado como resultado prático. Desta forma, extraia o que julgava correto e questionava tudo aquilo que não me convencia. A princípio buscava respostas com o instrutor da própria Ordem. Depois de um tempo, me retirava e procurava as respostas em outro lugar. Desta forma, fui criando um caminho pessoal. Esse é o sentido lógico da busca.

A maioria daqueles que ficaram naquelas Ordens espirituais, continuaram lá, nunca se questionaram sobre o conhecimento recebido. Aceitaram todas as coisas sem questionar ... sem levar a prática ... sem colocar à prova. É mais fácil seguir pessoas do que lutar por trilhar um caminho ... por se ater a encontrar a saída a cada curva. Dá trabalho buscar a senda que encurta o caminho a casa do Pai, pois de qualquer forma um dia todos chegaremos lá. O amadurecimento espiritual se faz com muito esforço.

Precisamos confiar mais em nós mesmos. Lembre-se que somos emanação de um Deus, o nosso Ser. Tudo que nós precisamos, já está dentro. O Bodhisattva já vem à manifestação com todas as ferramentas que possibilitam sua voltar para casa. O Pai jamais colocaria seu amado filho a manifestação, sem muni-lo de condições para o retorno. Eu só posso dizer, confie em você. Não entregue o seu caminho nas mãos dos outros, pois ninguém irá trilha-lo por você. Tenha coragem de errar, e nunca deixe de levantar e prosseguir. Se tiver que errar, então erre pelo seu próprio erro ... não pelo erro dos outros. Quando seguimos alguém, seguimos também os interesses egóicos daquela pessoa, já que todos somos legião. Isso não é bom. Não é que as pessoas não possam ter boas intenções, o fato é que onde há o Ego, a coisa sempre toma um caminho em parte subvertido. Pois o "eu" sempre deforma a nossa percepção. Como diz o ditado: "De boas intenções o inferno está cheio". Perceba que isso acontece conosco o tempo todo. Somos vítimas do nosso desejo. Ele nos conduz sutilmente. Quase sempre não percebemos que somos manipulados pela nossa legião. Se você não compreende algo, é porque não é o preciso momento ... continue lutando. Questione tudo, coloque à prova. Tudo virá a seu tempo.

Muitas vezes, temos um conceito qualquer que amarra outros conceitos. Pois um envolve logicamente a veracidade dos outros. Estes outros por sua vez amarram outros ... e assim por diante. As pessoas evitam ao máximo indagar sobre os conceitos que estão na base do seu entendimento. Pois se o colocasse à prova, e percebesse sua inverdade, seria como tirar uma carta da base de um castelo de cartas. Tudo viria abaixo.

O caminho que conduz à compreensão, ao amadurecimento, vem da postura de colocar tudo à prova, até os conceitos mais fundamentais. No início nos dá medo, e sobretudo preguiça, pois isso acarreta o fato que teremos que recompor toda a base de conceitos que edificamos por uma vida. Depois, vamos percebendo que todos os conceitos fortemente gravados na mente, são amarras, um peso que carregamos. Quando derrubamos, nos sentimos leves, livres. A sensação é maravilhosa. É natural que desta forma vamos nos sentindo compelidos a cada vez mais indagar tudo, colocando tudo à prova, sem medo. Pois a compreensão que provém da nossa Essência livre é muito mais poderosa que os conceitos intelectuais da mente. Ela expressa uma lógica muito superior.

É bem verdade que muitos destes conceitos, nós simplesmente não conseguimos derrubar. Por mais que tentemos coloca-los à prova, eles perduram. Isso confere um fortalecimento às bases das nossas ideias. Fica muito mais fácil prosseguir quando temos firmeza na estrutura onde pisamos. Quando fortalecemos as bases, isso inevitavelmente nos confere mais certeza daquilo que queremos, e por qual caminho escolhemos trilhar. Isso nos torna menos suscetíveis a seguir cegamente aos outros ... a sermos convencidos, manipulados.

*** O Mentalismo

Vamos falar um pouco sobre o "Mentalismo". O Mentalismo sempre esteve muito em voga. Por séculos se formou uma vasta literatura sobre o tema. Cada geração procura aborda-lo sobre um novo enfoque. Mas no fundo é sempre a mesma coisa com nova roupagem. Agora a moda é dar um enfoque respaldado na física quântica, já que poucos sabem o que é a tal física quântica. Na verdade, quem quer mentalizar não está preocupado com isso, simplesmente quer que seus anseios se tornem realidade. Entre muitas formas de abordagem, ainda temos aquelas correntes que falam da tal reprogramação da mente, e coisas do gênero. De tempos em tempos vem uma nova abordagem ... qual será a próxima? O fato que este é um tema recorrente que atrai multidões.

Mas o que é o Mentalismo? Bem, tentando traduzir em palavras, Mentalismo é a impostação de uma suposta ideia repetidamente ... muitas e muitas vezes, seja com frases sugestivas, ou filmes mentais, onde o praticante tenta driblar o Cosmos, no sentido de criar uma nova realidade frutos dos seus desejos. O mentalista acha que ao repetir uma ideia inúmeras vezes com a devida concentração, poderá gerar aquela ideia aqui no físico. Fazer com que ela aconteça. Supostamente, se diz que quando mentalizamos, criamos uma espécie de realidade no mundo Mental. Depois de muito mentalizar, esta ideia vai tomando forma a ponto de descer para o físico, se tornando realidade. O termo correto é "desdobrar" do Mental para o Físico. Lógico que esse processo de desdobramento, se inicia quando é gerado no Mental pela mentalização, depois passa pelo Astral, Vital, e por fim chega ao Físico. É uma espécie de densificação do pensamento ... assim acham os mentalistas. Vamos ver em breve que não é bem assim. Mas vamos prosseguir. Muitos confundem o mentalismo com o positivismo, mas saibam que são coisas muito distintas. Manter uma postura positiva, otimista perante a vida, resulta em uma ótima prática. Veja que para se obter um estado harmônico, positivo, não se precisa usar a mente, basta manter o silêncio.

A melhor maneira de entender sobre o mentalismo é descrever suas técnicas mais antigas. O que temos hoje são o aprofundamento destas técnicas. No entanto o conceito é o mesmo. Podemos dizer que são duas as formas clássicas de mentalização:

1º) A Verbalização Intencional: Este processo se resume em repetir uma frase com toda concentração possível. Por exemplo: "Eu serei rico", ou "Eu terei muita saúde", ainda "Eu vou encontrar o amor da minha vida", também "Comprarei a casa dos meus sonhos", etc. O praticante faz a frase conforme seus anseios, ou seja, no sentido daquilo que queira obter. Desta forma ele repete a frase inúmeras vezes, por dias, semanas, meses até que o seu desejo se realize. Tem pessoas que repetem a frase se olhando no espelho ao acordar. Ainda há aquelas, que repetem suas súplicas de forma imperativa, como uma ordem ao seu subconsciente. Outras gravam, e repetem enquanto escutam. Existem muitas formas de realizar a "Verbalização Intencional". Cada um vai desenvolvendo o seu jeito particular.

2º) O Quadro Mental: Esta técnica consiste em criar um conjunto de imagens ou um filme, interiormente ... no sentido de tornar realidade, algo que se deseje. Ou seja, o praticante a princípio, elabora uma sequência lógica como um filme, ou um conjunto de imagens em sua mente conforme aquilo que deseja obter. Depois de criado, ele passa esse filme ou visualiza as imagens inúmeras vezes em sua tela mental com toda a concentração possível, até o desejo se realizar. Antes de iniciar a prática, é comum que o praticante faça um relaxamento. Procure uma posição confortável, feche os olhos, etc. Vamos dar um exemplo: Vamos supor que uma pessoa deseje o carro dos seus sonhos. Desta forma cria um filme onde se vê entrando em uma concessionária ... comprando o carro desejado. Se vê virando a chave, e dirigindo. O praticante também pode ver fotos do carro em questão para melhorar o seu filme mental, dando a ele mais detalhes.

Muitas pessoas usam as duas técnicas simultaneamente. Ainda existem outras variantes, mas essas duas são as mais usadas.

Normalmente os motivos clássicos que levam às pessoas a realizarem a mentalização são três: "Dinheiro", "Amor" ou "Saúde". Sim, essas são as três questões que mais despertam anseios ao ser humano. Existem outros motivos que não esses três. Por exemplo, eu já vi uma pessoa pedir avanço espiritual. Vi pessoas pedirem para passar em uma prova. Pode se mentalizar o que quiser. O fato é que não há regra quanto a isso.

Confesso que na minha juventude, buscando incessantemente respostas, houve uma época em que passei pelo mentalismo. Como tudo que fazia, me atirei de cabeça ... essa é a minha natureza. Tinha que saber se aquilo realmente funcionava. Na época lia muitos livros. Frequentei algumas Ordens de cunho mentalista. Não preciso nem dizer que logo que pude levei aquele conhecimento a prática. Fazia inúmeros testes. Estava ávido em compreender os processos por trás da mente. Será que a mente realmente conseguia gerar coisas? Sabia que às vezes a mentalização surtia bons efeitos, às vezes razoáveis, e grande parte das vezes, nenhum. Os mentalistas diziam, que se não surtisse efeito é porque o praticante não se concentrou direito nas práticas. Tenho que admitir que isso não me cheirava bem. Havia algo a mais em toda essa história. Eu queria descobrir qual a verdade no processo do mentalismo. O que está por trás da mentalização? Que energias são envolvidas? É possível gerar novas realidades com a mente?

Primeiro fiz alguns testes, mas não obtive resultados satisfatórios. Na época, procurava conversar com muitas pessoas sobre suas experiências. Elas me confidenciavam que também não tinham obtido grandes resultados. Lógico que eu buscava conversar com pessoas que julgava sérias. Eu mesmo fazia uma análise criteriosa dos resultados que obtinha, de forma a não me autossugestionar. Não é que eu não sentisse algum efeito, o fato é que nos livros, encontrava histórias fantásticas, mas na prática não via esses resultados. Eu permanecia cético como sempre. Pensava comigo: Será que eu não estou me concentrando o suficiente? Será que meu ceticismo está afetando a prática? Mas e os outros, por que também não percebiam bons resultados?

*** 1º Relato – O Estágio

Meu primeiro relato se passa comigo. Eram os anos 80. Nesta época eu era um estudante universitário. Cursava Engenharia. Foi quando iniciei um curso técnico de programação de computadores para complementar a faculdade. Na época, as pessoas diziam que a informática era o futuro. Pois bem, gostei tanto do assunto que abandonei a faculdade de engenharia e prestei prova para o curso superior de Informática. Tive uma excelente pontuação e iniciei o novo curso. Depois de um ano cursando Informática, decidi que era a hora de fazer um estágio. Comecei a procurar uma oportunidade. Passaram-se 6 meses e eu não conseguia estágio.

Esse momento coincide com meus estudos sobre mentalismo. Pensei comigo: Por que não testar essa técnica para conseguir um estágio?

Desta forma comecei a fazer meus planos para saber como iria proceder. Decidi que usaria a técnica da "Verbalização Intencional". Na época não havia mp3, tudo era gravado em fita k7. Para escutar um som andando pela rua, se usava um walkman. Walkman nada mais era que um gravador portátil preso à fivela do cinto, com saída para fone de ouvido. Foi nesta época que apareceram os fones de ouvido pequenos, até então eles eram enormes.

Desta forma, gravei repetidamente em ambos os lados de uma fita k7, a seguinte frase: "Eu vou conseguir um excelente estágio na minha área". Deu trabalho para preencher os dois lados da fita. Usei dois gravadores para ir copiando por partes.

Nesta época estavam lançando aqui no Brasil, o primeiro

walkman com "auto reverse". Isso significava que o gravador virava o lado da fita K7 automaticamente. Sim, ela tocava a fita indefinidamente. Quando terminava a fita, ele virava o lado e continuava tocando. Na verdade, ele não virava a fita K7 fisicamente. Ele apenas reposicionava a cabeça de leitura, e invertia o sentido de rotação da fita. Era exatamente o que eu precisava. Isso iria cair como uma luva para o meu experimento.

O walkman funcionava com quatro pilhas ou ligado a uma fonte de alimentação. A pilha só permitia escutar 2h de áudio, depois ela acabava. Na época não havia pilha recarregável. Desta forma tinha que fazer o experimento quase sempre ligado a tomada. Comprei duas pequenas caixas de som. Fiz uma ligação para que elas funcionassem na saída do fone de ouvido. Assim poderia ouvir sem o incomodo do fone de ouvido. Seria ótimo, inclusive para as horas de sono.

Esperei as férias da Universidade para dar início ao experimento. No dia escolhido, acordei, coloquei a fita no walkman, o fone no ouvido, e iniciei o experimento. Escutava a fita dia e noite initerruptamente. Tentava manter a concentração na frase. Às vezes repetia a frase junto ao walkman. Durante a noite colocava as caixas de som junto ao travesseiro. Durante o banho colocava as caixas fora do box e tentava repetir junto. Nas refeições usava o fone de ouvido para não ter que me explicar para minha família. Ficava trancado no meu quarto. Às vezes ficava olhando a minha prancha e dava aquela vontade de sair para surfar, afinal eu estava de férias. Mas logo eu me recompunha e colocava a minha meta a frente de tudo. Minha mãe me perguntava o que eu estava fazendo. Por que não saia do quarto? O que estava escutando o tempo todo? Eu dava uma explicação sucinta, mas ela não compreendia porque alguém faria aquilo. Eu sempre tive como característica marcante da minha personalidade, ser muito intenso em tudo que faço. Quando decido fazer algo, vou até as últimas consequências. Nunca faço coisas pela metade, é tudo ou nada. Essa é a minha natureza. Na juventude, essas características ficam ainda mais fortes.

Logo pela manhã, pegava o jornal e mandava meus currículos para todos os anúncios de estágio. Aliás a muitos meses eu os enviava sem resultados. Naquela época era difícil conseguir estágio para quem tinha pouco tempo de faculdade. Os dias foram passando. Eu ficava ligado ao telefone esperando respostas, enquanto prosseguia o experimento. A primeira semana se arrastou sem respostas. Só sai de casa para fazer uma seleção e entrevista. Eu me mantinha confiante. Não ia deixar me abater. Continuava escutando a fita sem interrupção. Chegou um ponto que dormia e escutava a frase ecoando no sonho. Acordava subitamente repetindo a frase.

No fim da segunda semana, recebi minha primeira resposta. Fui chamado para iniciar um estágio na Petrobras (empresa de petróleo). Na época a maior empresa do Brasil. Se isso já não fosse o suficiente, dois dias depois chegou outra notificação. Fui chamado para estágio na IBM. Sim, tinha conseguido dois estágios nos melhores lugares que tinha aqui no Rio de Janeiro. A frase do experimento era bem clara: "Eu vou conseguir um excelente estágio na minha área". Veja que foi exatamente o que aconteceu, só que em dobro. O resultado foi melhor do que eu esperava.

Fiquei eufórico, meu experimento havia dado resultados. Aliás não poderia ser melhor. Dessa forma, fazia estágio na Petrobras pela manhã, e IBM à tarde.

Depois do experimento, eu não conseguia tirar mais a frase da cabeça ... por mais que eu tentasse relaxar, ela continuava ecoando dentro da minha mente o tempo todo. Também pudera, depois de quase duas semanas escutando a frase sem parar. Eu tinha feito uma espécie de lavagem cerebral. Com tempo ela foi sumindo aos poucos. Confesso que demorou semanas para isso.

Animado com os resultados, resolvi fazer outros experimentos usando a mesma técnica. Caro leitor, por incrível que pareça, todos os outros experimentos não surtiram efeito nenhum. Quando eu digo nenhum, é nenhum mesmo. Eu não conseguia entender o porquê. Simplesmente não surtiam efeito. Como pode? Afinal o meu experimento tinha dado excelentes resultados, e agora não funcionava mais? O que teria acontecido? Onde eu falhei? Devia haver uma resposta para isso. Mas eu não conseguia encontrá-la. O fato é, por mais que eu pensasse no assunto, não achava uma explicação plausível que me possibilitasse realizar uma nova linha de pesquisa.

Caro leitor, você deve estar achando que essa história termina aqui, não é? Pois se engana, agora é que os fatos começam realmente a fazer sentido. Saiba que todo experimento pode acarretar consequências. Bem, vamos continuar o relato.

Com o tempo e a falta de resultados, fui desistindo destes experimentos e tocando a vida. Passei a me interessar mais pelo Budismo e também pelo estudo das obras do movimento Teosófico, de Helena Blavatsky, que englobava muitas correntes do espiritualismo.

Bem, depois que acabou os meus estágios, estava na hora de conseguir um emprego, ou outro estágio ... o que é natural. Agora, com mais experiência, seria bem mais fácil. Meus amigos de faculdade já estavam conseguindo emprego. Iniciei então a procurar por uma nova oportunidade. Voltei a enviar meus currículos ... a me debruçar sobre os classificados de emprego do jornal. Bem, não conseguia nada, nem sequer fazer entrevistas. O mercado estava aquecido e as pessoas conseguiam colocações sem muitas dificuldades. Porém parecia que eu estava em uma maré de azar.

Confesso que até pensei em usar as técnicas de mentalização. Mas aquilo não fazia mais sentido para mim. Eu não me sentia bem mentalizando. Era como se eu estivesse usando de artifícios para passar à frente dos outros. Me parecia na época algo desleal. Não sabia muito bem o porquê. Na verdade, eu não gostava daquela pessoa cobiçosa que eu observava dentro de mim. Ela tinha uma energia densa, que me incomodava demais. Para ser sincero, eu chegava a sentir um certo nojo dela. Mas era algo natural que estava dentro de mim e provavelmente habitava também o interior dos outros. O fato é que me incomodava bastante perceber aquilo em mim. Na época, não sabia nada sobre o Ego. Estava muito focado nas práticas de meditação e no desenvolvimento do desapego. Queria meu lugar ao sol, sem o embate da competição. Sonhava com um mundo onde todos tivessem oportunidades ... coisas de jovem. Achava que aquilo que fosse para ser meu, simplesmente seria ... aconteceria. Eu tinha mudado demais em pouco tempo.

Passou-se 1 ano e eu não conseguia nem emprego nem estágio. Estava preocupado. O que estava acontecendo? Por que só eu não conseguia uma colocação? A maioria dos meus amigos de faculdade estavam trabalhando. Tudo estava dando errado. Parecia uma influência que me impedia de obter uma oportunidade profissional. Confesso que já estava apelando para colocações em outros Estados. Bem amigos, desta forma esta situação se estendeu por quase dois anos. Só depois de todo esse tempo eu enfim consegui um emprego. Daí em diante, simplesmente as portas se abriram e as oportunidades vieram.

Querido leitor, antes de discutirmos sobre este relato gostaria de apresentar um segundo relato.

*** 2º Relato – Um par perfeito

Durante a época em que estava procurando emprego, tive contato com uma moça que me narrou a sua experiência com o mentalismo. Vou usar suas iniciais HF para referencia-la. HF me relatou que sonhava em encontrar seu par perfeito. Há muito ela procurava por alguém que realmente a completasse. Dizia que seus relacionamentos eram sem sentido. No início tudo era como fogo na palha, mais logo a chama se abrandava e o tédio da vida cotidiana transformava tudo em cinzas. Ela encarava cada fim de relacionamento como uma decepção. Ela julgava que realmente havia o que chamamos de alma gêmea. Através da mentalização ela achava que poderia encontrar a sua. Alguém que havia nascido para estar com ela até o fim, como nos contos de fadas. Sim, HF era uma moça muito sonhadora.

Confesso que nesse instante eu não resisti e a interrompi. Argumentei que talvez ela estivesse esperando muito dos outros pois não há pessoas perfeitas. Ainda lhe disse, que caso ela fizesse uma análise sincera ela encontraria muitos defeitos em si própria. Todo relacionamento dando certo ou não é uma oportunidade maravilhosa para reflexão e crescimento interior. E nunca deveria ser encarado como uma derrota. Como diz o poeta: "— Tudo vale a pena quando a alma não é pequena". Porque conviver é uma arte. Como tudo na vida, todo relacionamento tem seus ciclos altos e baixos. Disse-lhe que talvez estivesse confundindo amor com paixão. Ela aceitou em parte e prosseguiu com sua narrativa.

Pois bem, segundo seu relato ela usou a técnica do "quadro mental". Idealizou um filme onde ela se via em um parque onde estava juntinho a um rapaz. Eles se beijavam com paixão. Este moço, guardava a aparência física em conformidade com os seus anseios. Depois ela se via em uma catedral vestida de noiva junto ao rapaz. Então ela idealizava o filme do seu casamento. Por fim, se via muito feliz em sua casa, compartilhando momentos maravilhosos junto ao seu companheiro.

Então HF iniciou a mentalização. Ela deitava em sua cama confortavelmente. Se concentrava e passava o filme idealizado na tela da sua mente. Fazia isso várias vezes ao dia.

Um belo dia, ela encontrou este tal rapaz. Ela sabia, pois era incrível como ele guardava semelhança com o que ela tinha idealizado em seu filme mental. Ela deixou as coisas fluírem. Segundo ela me contou, o rapaz a cortejou e eles iniciaram um feliz relacionamento. Tudo era como um sonho. Esta união se estendeu por aproximadamente seis meses. Parecia que tudo estava perfeito. Aparentemente a mentalização teria surtido bons resultados. Um dia, sem nenhum motivo o rapaz sumiu ... simplesmente desapareceu sem deixar rastro. Desesperada ela procurou a família dele. Eles apenas disseram que o rapaz havia viajado e que estava bem. Depois de um tempo, ela recebeu uma carta onde o rapaz lhe pedia desculpas. Explicava que havia surgido uma oportunidade de estudar no exterior. Ele afirmou que ficou sem jeito, mas não pode recusar. Disse que sentia muito por não ter lhe contado pessoalmente. Em suma, de forma delicada ele deu fim ao relacionamento. O pior, através de uma carta.

Não preciso nem dizer que o mundo de HF desabou. Ela entrou em depressão. Passou um bom tempo tentando se recuperar do ocorrido. Desta forma, ela me relatou que muitos anos se passaram até que alguém surgisse em sua vida. Durante esse período, parecia que as coisas simplesmente não davam mais certo. Uma espécie de influência pairava sobre sua vida amorosa. Ela simplesmente não entendia porque não encontrava ninguém. Parecia que toda a sua "sorte no amor", havia se esgotado. Então, depois de um bom tempo as coisas foram melhorando.

*** 3º Relato – A Compulsão

Antes de entrar no tema, eu ainda gostaria de apresentar um último relato. Durante o tempo em que frequentei alguns grupos espiritualistas de cunho mentalista, era comum que as pessoas trocassem suas experiências, inclusive no tocante às práticas de mentalização. Foi nesta época que eu conheci um rapaz que fez um relato muito interessante para um grupo de pessoas que ali estavam. Eu particularmente gosto deste relato, pois ele lutava contra si mesmo. Eu já me interessava pelos assuntos inerentes a busca da tal transformação interior. Além do mais, a forma em que ele encontrou para abordar o seu problema era bastante interessante.

Sem mais rodeios, vou chamar esse rapaz pelas iniciais, JH. JH lutava desde a pré-adolescência contra a balança. Ele estava muito acima do peso. JH tinha a simpatia natural dos gordinhos. Ele sempre carregava um sorriso nos lábios e uma postura otimista. Todos gostavam de estar perto dele. Mas para minha surpresa, durante o relato percebia-se em seu semblante um ar de melancolia. Ele confessou que sentia como se a obesidade lhe houvesse roubado parte de sua vida. Pois devido a ela, JH tinha sido prejudicado no sentido de não poder realizar muitas coisas, como praticar alguns esportes, encontrar namorada, ir a todos os lugares, etc. Mas o que mais incomodava JH, era sua impossibilidade de lutar contra algo que habitava o seu interior. Sim querido leitor, JH se referia à compulsão. Dizia ele, que isso era algo mais forte que ele. Que lhe tomava a tal ponto que não conseguia lutar, nem sequer reagir, peitar, confrontar. Nessa época eu não podia ajuda-lo, pois não sabia nada sobre a ação da mente subvertida, o Ego. JH disse que comia muito além dos limites da sua saciedade. E pior, não conseguia parar.

Em um momento da sua vida, JH conheceu o mentalismo. Logo ele decidiu que usaria a mentalização para vencer o seu algoz, a compulsão. Escolheu a técnica da Verbalização Intencional. Ele usou a frase "Eu vou vencer a compulsão que me engorda". O que eu acho mais interessante neste relato é que JH não abordou o problema pelo efeito, e sim pela causa. Ele poderia ter abordado o seu problema usando uma frase pautada na "obesidade", no entanto ele focou na "compulsão".

JH repetia a frase mentalmente durante todo o dia. Ao deitar-se ia repetindo até ser tomado pelo sono. Depois de uma semana, JH disse sentir uma espécie de influência. Ele conta que acordou no sábado e saiu diligentemente a fazer a faxina em seu apartamento. Sentia-se forte e disposto ... senhor da sua vida. Parece que outro estado de viver brotava dentro de si. Aos poucos foi tomando o controle da sua alimentação e praticando exercícios regularmente. Coisas que outrora ele não tinha forças para fazer. Logo ele começou a emagrecer. Quanto mais ele emagrecia, mais força sentia. Durante o processo, ele disse que não parou de repetir a frase todos os dias. Após quase um ano, ele tinha eliminado muitos quilos.

Então foi quando JH começou a se sentir sem forças novamente. Voltou aos poucos a ser atormentado pelas mesmas compulsões de outrora. Bravamente tentou reagir fortalecendo a repetição da frase. Porém agora, ela simplesmente não surtia mais efeito. Por mais que tentasse reagir lhe faltava a força. Ele conta, que uma sensação de apatia lhe tomava. Agora a compulsão lhe parecia mais forte que antes. Ela voltou com mais força. Com o tempo, ele foi engordando e acabou por voltar ao peso que tinha antes da prática da mentalização. E então, após algum tempo, tudo se estabilizou. Ele voltou a ter um controle parcial da situação como tinha antes. O que teria acontecido com JH? Por que a compulsão voltou? Por que será que mesmo com o aumento das práticas da mentalização, tudo pareceu inútil?

Duas perguntas me consumiam naquela época. A primeira era: Por que será que só em alguns casos a mentalização funciona, independente da pessoa ter tido bons resultados antes? E a segunda era: Por que será que em muitos casos de mentalizações que acarretam resultados inequívocos, há uma espécie de rebote? É bem verdade que isso não acontece em todos os casos, mas é percebido o rebote em grande parte das vezes. Pensava que talvez esse fosse o ponto que me levaria a entender os mecanismos por trás de tudo isso.

Muitos anos se passariam para que eu pudesse compreender os processos que envolvem a ação da mente.

Querido leitor, a resposta está sobre a deformação decorrente da distância temporal entre causa e efeito, ou melhor, entre coisa e sua contra-coisa ... o que chamamos de arrasto. Em suma, devido aos efeitos que ocorrem no Quaternário Inferior para obter o fechamento das contas.

Caro leitor, você deve estar se perguntando: — Como isso se dá? Para explicar, vamos voltar a fazer uma analogia entre o karma

/ dharma, e o dinheiro. Sim, digamos que se fazemos boas ações geramos no futuro uma contra-ação que irá nos beneficiar. Vamos chamar tudo isso que temos a receber de "Moeda Cósmica". Da mesma forma, tudo que fazemos de ruim aos outros nos gera uma contra-ação, que nos virá cobrar ... prejudicar. Podemos chamar tudo isso que temos a pagar de "Dívida Cósmica". Veja que isso é apenas uma analogia para facilitar a compreensão, mesmo porque, "bom" e "mau" são conceitos relativos.

Amigos, vamos analisar um pouco estas questões. Sabemos que só a ação acarreta uma contra-ação. Ou seja, só a ação gera o que chamamos de "novo". Aqui no Quaternário Inferior, cada evento repercute no tempo acarretando a sua contraparte perfeita no futuro, pois nas regiões superiores eles acontecem no mesmo instante. Isso tudo vem no sentido de dar fechamento às contas. Quanto a isso, nós já falamos muito. O importante aqui é perceber que só a ação é capaz de gerar algo novo, que virá inevitavelmente no futuro para zerar a contabilidade do Universo. Não há como fugir disso. As contas tem que fechar. Mesmo as Hierarquias Divinas, como o próprio Ser, estão submetidas a essas questões que compõem a mecânica de todo o Cosmos. Pois tudo está em conformidade com essas forças que regem a criação. O nosso Ser age dentro dos limites destas forças. Elas são um dos princípios básicos que fundamentam a mecânica do próprio Universo.

Caro leitor, sabemos que só a ação cria uma nova realidade futura. Só a ação é capaz de gerar uma espécie de entidade futura, que podemos encarar como Moeda ou Dívida Cósmica. Algo novo que entra na contabilidade futura do Universo. Em suma, este "novo" a que me refiro nada mais é que a própria contra-ação. Sim, isto é o que chamo de "novo". Toda ação acarreta o "novo". Sem a ação não haverá a contra-ação, ou seja, o "novo".

Querido leitor, preste bem atenção. O "novo" não é a ação. Perceba que a ação nova, é fruto do "livre-arbítrio". O livre-arbítrio sempre pode criar novas ações. O "novo" a que me refiro é relativo à contra-ação. Eu sei que estou sendo bem repetitivo. Porém isso deve ficar bem claro, pois esse assunto costuma gerar muita confusão. Se não entender bem, peço que retorne e releia este trecho.

Lembre-se que quando eu falo em "ação", "contra-ação" ou "o novo", eu estou me referindo a eventos no Mundo Físico.

Veja que o tal "destino" que discutimos neste livro, embora seja o resultado das influências oriundas de todas as regiões dimensionais, se apresenta para nós, como eventos a nível físico. Perceba que é aqui no físico que nos expressamos. É neste corpo físico onde nos unificamos como consciência enquanto encarnados. São os acontecimentos que ocorrem aqui que nos interessam. Logo, o "destino" resulta em todos os eventos que nos aguardam aqui, na 3ª dimensão, o Mundo Físico. Eu sei que isso é óbvio, mas não custa ressaltar.

*** Qual o limite da ação da Mente?

A pergunta que nos cabe agora é: — A mente é capaz de criar o "novo"? Então, como a mente age? De onde vem seus resultados?

Falando abertamente, sem rodeios, quero frisar que a mente não cria nada. A mente não cria o novo. A mente somente arrasta a "Moeda ou Dívida Cósmica" que nós já possuímos, devido as nossas ações passadas. Isso mesmo, a mente apenas arrasta o que já foi criado. Voltando a analogia com o dinheiro, é como se pedíssemos emprestado do futuro. Recebemos agora algo que teríamos no futuro. Antecipamos os nossos proventos. Em suma, a mente não cria nada, não cria o novo, só arrasta do futuro para o presente. A mente age como uma espécie de catalizador que ancora o futuro agora. Porém ela só poderá arrastar do futuro, caso haja o que arrastar. Em suma se não geramos o "novo", não haverá nenhuma contra-ação para ser antecipada ... para ser arrastada para o presente.

Vamos esmiuçar melhor esse tema sobre o prisma que envolve as questões da mentalização. Se mentalizamos e temos Moeda Cósmica, podemos ser agraciados com bons resultados. Mas se não tivermos Moeda, não adianta mentalizar. A mente não vai ter de onde arrastar, pois ela não é capaz de criar nada. Só cabe a mente o ato de "arrastar", caso haja o que arrastar.

Voltamos agora ao meu relato sobre o estágio. A princípio, quando eu me dispus a mentalizar buscando obter um excelente estágio na minha área, eu tinha moeda suficiente para ser atendido. Minha mentalização foi tão forte que eu atraí toda moeda que estava disponível no âmbito profissional. Desta forma, antecipei do futuro tudo o que eu tinha para receber relativo ao âmbito profissional. Depois simplesmente a moeda acabou. Até que eu fosse gerando mais moeda, passei por um período de rebote, onde nada dava certo na minha vida profissional. Não havia mais o que a mente pudesse arrastar. Interessante que por mais que eu tentasse, não conseguia uma oportunidade. Nesta época, eu senti na carne um estado de influência muito forte. De certa forma, isso tudo foi muito bom para o meu entendimento, para poder parar e analisar tudo o que tinha ocorrido. Na época, as coisas simplesmente não fluíam. É como se o Universo conspirasse contra os meus anseios. Quando lutava para obter uma oportunidade no âmbito profissional, sentia uma espécie de desânimo muito peculiar. Desta forma, eu gravei muito bem essa sensação. Quando eu a sinto, eu sei que falta moeda para realização dos meus projetos. Busco então compreender os estados egóicos que me levaram aquela Dívida Cósmica, ou o porquê de não ter me dedicado mais ao meu semelhante. Eu encaro essas questões pelo ângulo de que se nos doamos sempre aos outros, nunca deveria faltar moeda. Se falta, é porque não nos dedicamos o suficiente em ajudar aos nossos irmãos. Em segundo lugar, precisamos analisar o que realmente necessitamos para viver. Sempre procuro viver da forma mais simples possível. No fundo, não precisamos de muito para viver plenamente. A sociedade gera inúmeros bens e necessidades que francamente ... são ilusórias. Nós não precisamos da maioria destas coisas. O materialismo é o grande mal que corrompe a humanidade. Ele transforma a convivência harmônica em competição selvagem.

Outro fato que eu quero ressaltar, é que a moeda a que me refiro, não é uma moeda genérica. Na verdade, Moeda e Dívida Cósmica são analogias a contra-ação. Nós sabemos que a contra-ação é gerada em função da natureza da ação que a criou. Quero dizer que assim como a ação gera uma contra-ação de mesma natureza com sentido trocado, a moeda que eu uso como analogia, está atrelada a natureza da ação. Isso parece óbvio, mas é bom deixar bem claro neste momento. Em suma, se eu de uma forma qualquer ajudo aos semelhantes no tocante ao âmbito profissional, então recebo moeda no mesmo sentido. No caso, recebo moeda relativa a assuntos profissionais. Por esse motivo é que eu disse que a moeda não é genérica. A moeda que recebemos está atrelada a natureza das ações que realizamos. Se ajudamos aos enfermos, recebemos moeda no âmbito da saúde. Se fornecemos aos necessitados provimentos, então obtemos moeda no tocante a manutenção dos bens que compõem as necessidades básicas do diário viver. Se ajudamos pessoas a obter moradia, obtemos moeda nesse sentido ... e assim por diante. As naturezas das ações são infinitas. Em suma, a moeda também possui uma natureza, e será usada para os fins decorrente das situações que envolvam a mesma natureza na qual ela foi gerada.

Evidente que tudo que foi dito até aqui, também vale para o que eu chamei de "Dívida Cósmica". Essas são o resultado das nossas más ações. Elas também podem ser arrastadas, embora ninguém em sã consciência vai querer mentalizar coisas ruins para si. Mais para frente vou falar sobre as situações onde as "Dívidas Cósmicas" são arrastadas. Lembre-se que tanto "Moeda Cósmica" como a "Dívida Cósmica", estão aqui apenas como analogia para facilitar o entendimento. Para o Universo só existe a natureza da ação, não importa qual seja ... nós é que classificamos em bom e mau.

No segundo relato, a jovem HF também consegue através da mentalização, "arrastar" do futuro os recursos referentes a tal "sorte no amor". Usando para isso toda a moeda que possuía no sentido de obter um relacionamento idealizado. Então, logo ela atrai uma pessoa conforme sua intenção e vontade. Não vou me estender neste ponto, mas é lógico que existem relações relativas à natureza dos eventos que envolvem ela e a pessoa atraída. Isso eu já discorri em um capítulo passado quando esmiucei as ditas "Cadeias karmicas". O fato é que logo que a moeda acaba, o cenário simplesmente se desfaz. Não há mais moeda que o sustente. Da profunda paixão que atraia aquele rapaz, passou para a mais completa indiferença. O rapaz nem sequer podia compreender o que aconteceu. As influências simplesmente mudaram completamente. Depois deste evento, estando sem nenhuma moeda, HF ficaria um período sozinha. As influências a sua volta não permitiriam a HF atrair um par por um bom tempo.

Perceba que em um relacionamento assim como tudo na vida, se processa em um jogo de atrações sutis. É interessante perceber que o que chamo de "sutil", na verdade é simplesmente o que rege todos os acontecimentos. Interessante como não há nada de sutil nisto ... o fato é que chamamos assim por não conseguirmos ver ... perceber. Porque somos todos partes da própria sutileza da influência. Estamos nela a ponto de não a enxergar. O peixe vive na água e não a vê.

O terceiro relato é bastante interessante, pois ele encerra a luta de JH contra um processo Karmico em andamento. Sim, JH guardava em seu estereótipo as marcas da compulsão e da falta de força. Normalmente estes sintomas são resultado de ações que denotam "inação", vulgarmente chamada de preguiça. Se torna bastante difícil classificar uma situação karmica com algum termo, pois as circunstâncias que desencadeiam a contra-ação são bastante complexas. Mas, não há outro jeito para se conseguir transformar ideias abstratas em texto. Caro leitor, quero deixar claro que não se gera uma Dívida Cósmica assim como uma Moeda Cósmica, apenas pelo que se faz, mas também por tudo que poderíamos fazer, e não fazemos. Existe karma e dharma na inação. A inação gera uma contra-ação que é a antítese da própria ação, pois ao inverter a polaridade em função da ação, gera uma espécie de falta de força, desânimo, apatia.

Esses processos karmicos que são gerados pela inação, estão normalmente ligados a situações em que o indivíduo se encontra em uma posição de mando, ou liderança, não só sobre si mesmo, como também sobre os demais. Se espera então que ele assuma suas responsabilidades, e ele nada faz ... se auto negligencia, como também, no caso de envolver outras pessoas, deixa-as a mingue. O fato é que normalmente se encara a inação apenas a nível de gerenciamento pessoal, mas saiba que isso vai muito mais além. É bem verdade, que a nível mais básico nós temos uma posição de comando sobre nós mesmos. O desmazelo com o nosso corpo, assim como também pelos nossos pertences, caracteriza a inação. Perceba que o corpo que nós recebemos, pertence ao nosso Ser. Foi criado pelo aspecto feminino do nosso Ser, a nossa sagrada Mãe Divina. Este veículo nos é emprestado, e cabe a nós cuidar bem dele.

No entanto, essa posição de comando, pode se dar no âmbito de um pai de família, que guarda responsabilidades sobre sua prole e seu cônjuge. Pode ser alguém em um cargo qualquer de liderança. Pode ser um político. Aliás, o político é um ótimo exemplo. Temos muitos políticos que governam para os seus interesses e deixam as populações abandonadas. Dependendo do âmbito do poder de mando, o karma se torna mais pesado.

Em relação aos bens que possuímos, perceba que se você parar para pensar, no fundo, nós apenas pegamos alguns bens "emprestados" durante a nossa existência. Um dia esses bens irão para o lixo, ou servirão para outras pessoas. Desta maneira, os bens que existem no mundo pertencem de certa forma, a toda humanidade. Por isso devemos cuidar bem de todas as coisas.

Você pode me perguntar: — JH era uma pessoa preguiçosa? Não, aparentemente não era. Querido leitor, escute com muita atenção. Os processos karmicos e dharmicos, são em grande parte "circunstanciais". Isso mesmo, "circunstanciais". Às vezes, estamos no lugar errado na hora errada. Por exemplo, quando em posição de comando, estando com a caneta na mão, podemos assinar algum documento que acarrete um benefício para muitas pessoas, como também muitos malefícios. Estar em posição de comando é sempre uma situação perigosa. Todas essas circunstâncias podem acarretar um karma que normalmente se apresenta pela falta de força e às vezes por uns quilos a mais ... veja que isso denota um peso karmico que se tem que carregar. Este é um caso clássico de um processo karmico em andamento. Ou seja, a contra-ação se desenrolando. Ou ainda, para manter a analogia, a Dívida Cósmica sendo cobrada.

Perceba que na Oração do Pai Nosso, pedimos: "E livrai-nos de todo o mal". Querido leitor, não é só do mal oriundo dos desejos do Ego que interferem na nossa conduta, mas também pelas "circunstâncias" que inevitavelmente nos conduzem ao delito. Já vimos em um capítulo anterior, que as ações quando realizadas sob a hedge do Ego são circunstanciais, pois seus fins são voltados somente para satisfação do seu desejo. Mas também há as situações que nos conduzem a uma ação equivocada, e essas, de certa forma, também são circunstanciais. Às vezes nos metemos em maus lençóis "circunstancialmente". É bem verdade que também podemos fazer muitas coisas boas "circunstancialmente". O fato é que independente das circunstâncias, cada ação gera sua contra-ação perfeita. Por fim, quero dizer que essa contra-ação é perfeita no sentido de dar fechamento as contas, porém as pessoas atreladas, ou melhor arrastadas por essa conta-ação, estão lá na proporção de sua "intenção". Pois não se esqueça que há o componente "intenção" em toda ação. É claro que a falta de intenção não nos livra de toda a culpa, pois o fato de termos nos polarizado com o desejo, e criado a legião dentro de nós, por si só já nos confere uma porcentagem de culpa. Em suma, nós já sabemos que cada ação gera sua contra-ação perfeita, porém o peso karmico que cai sobre seus participantes se dá na proporção de suas intenções.

Voltando ao nosso relato, não posso dizer categoricamente que somente a inação seja o caso de JH, mas é muito provável que as circunstâncias caminhem nesse sentido. O fato é que JH havia acumulado alguma moeda. Ele conseguiu arrastar essa moeda por algum tempo através da mentalização. Como em todo rebote, um dia a moeda acabou, e ele ficou sem nenhuma força que o possibilitasse reagir. Por mais que ele intensificasse as práticas de mentalização, não havia mais moeda para arrastar. A completa falta de moeda gera um rebote terrível. Interessante que JH estava passando muito bem pela sua dívida karmica, pois quase sempre não se queixava. Mantinha uma postura positiva. Era uma pessoa resiliente. No seu caso a solução era se doar mais a humanidade. Pagar a sua dívida karmica com a prática do amor pelos demais. A ação na forma da caridade, é um grande remédio para todos os males, principalmente quando é feita abnegadamente, sem esperar contraparte. Não se esqueça a importância do componente "intenção" em toda ação. O amor é o componente mais forte que existe. Ele apazigua todo o mal e harmoniza todas as coisas.

Nesta Instituição Espiritualista onde conheci JH, se realizavam muitos atos de caridade. Era prática comum, dedicar um tempo para os demais. Isso sem dúvida é excelente. JH participava destas atividades, o que o ajudou a angariar moeda. Por isso a princípio, obteve bons resultados na prática da mentalização.

Perceba que em todos os casos, o esforço sincero pelos demais na forma do que chamamos "caridade" é a grande solução. Podemos nos doar aos outros de inúmeras formas. Precisamos tirar o foco do nosso próprio umbigo. Ver o mundo pelo ângulo que comtemple as necessidades dos outros. Nos colocar no lugar dos demais. A princípio, podemos praticar a caridade com todos que estão a nossa volta. Com as pessoas que convivemos no nosso dia a dia. Com a nossa família, no trabalho, na rua. Isso pode se dar, não só com dinheiro, mas também com palavras, com a simples presença, com um sorriso, etc. São infinitas as formas de se doar a humanidade. O fato, é que toda caridade se converte em moeda.

É muito comum as pessoas atrelarem a caridade ao ato de ajudar aos pobres. Ela é muito mais que isso. Existe caridade em tudo que fazemos com amor. Em tudo que cuidamos com carinho. O Universo pertence a todos. Não há pessoa no mundo, por mais rica que seja, que não precise de atenção, de amor. Podemos estar temporariamente em alta posição social, no entanto somos todos iguais. Somos todos emanação de um Ser Divino, um Deus.

A tempos, conheci um rapaz que realizava muitos atos caritativos. Vou chama-lo de JC. JC estava constantemente envolvido em grupos de ajuda aos necessitados. Bem, este rapaz tinha um irmão. Este irmão era considerado pela família, como um desajustado. A família, assim como JC, meio que o deixavam de lado. Não lhe davam muita atenção. Não é que ele tivesse uma má índole, ele apenas sofria de uma angústia infinita que o consumia ... a depressão profunda. Ele carregava esta doença da alma desde a adolescência. Não conseguia se ajustar as coisas cotidianas. Não conseguia viver uma vida normal. Não conseguia se relacionar. Um dia, na sua terceira tentativa de se livrar daquela dor constante que o atormentava, conseguiu finalmente tirar sua vida. Se jogou pela janela do apartamento onde residia. Desta forma, JC teve que admitir tardiamente, que em muitas vezes, quem mais necessita de ajuda, está ao nosso lado. Querido leitor, quando quiser ajudar, não esqueça de olhar a sua volta.

Outra questão importante é o que chamamos de "Conduta Reta". Esta se resume em não gerar novas situações que nos coloquem em dívida karmica. Podemos também a definir como sendo a conduta que leva ao reto pensar, reto sentir e reto agir. Lógico que a conduta reta, vem pela ação do Ser em nós. Quanto mais nos polarizamos com a nossa porção de Essência livre, nos colocamos ainda mais alinhados com a "Conduta Reta". A Essência subvertida no Eu pluralizado, nos leva inevitavelmente a conduta equivocada. Já falamos bastante sobre a auto-observação. Ela é sem dúvida a ferramenta mais importante para que nos tornemos conscientes dos nossos atos. Veja que atos inconscientes são fruto dos estados de adormecimento. A auto-observação aliada ao silêncio interior, nos torna presentes aqui e agora ... evita que nos equivoquemos demasiadamente. Ela nos traz lucidez, e reforça a razão em nós. Devemos evitar agir de forma mecânica, pois a mecanicidade é coisa da Legião, e circunstancialmente pode nos conduzir ao erro. Sendo o erro gerado, inevitavelmente teremos mais uma dívida karmica para quitar. Isso de certa forma, vai complicando o nosso futuro, amarrando a nossa vida.

*** A Oração

Você pode se indagar sobre qual a diferença entre os resultados fruto da mentalização e da oração, uma vez que eles aparentemente operam milagres. Sim, eu disse aparentemente. Saiba que a Oração é um pedido realizado ao nosso Ser, muito diferente da mente animal. A oração tem um poder infinitamente superior a mente. A oração desencadeia uma ação consciente da Divindade. Ela nos integra ao nosso Ser. Falar com o Pai, é o princípio para trilhar o caminho que conduz ao "Religare". Saiba ainda, que o Ser possui o poder de gerar o novo, já a mente, não.

No entanto, uma vez que o novo é gerado pelo Ser, deverá ser pago por nós. Pois toda ação, seja lá qual for sua origem, gerará uma contra-ação. Veja que tudo está submetido a essa lei. Desta forma, o Ser usa a moeda que nós temos na proporção necessária, e ainda pode gerar o novo se assim quiser. Ele age conscientemente na proporção do que merecemos. Dificilmente o Ser interfere no Quaternário Inferior, gerando algo novo, se não for estritamente necessário. Isso porque qualquer ação aqui, acaba repercutindo em tudo, já que toda a criação está interconectada.

Em suma, é uma atitude inteligente deixar que o nosso Ser opere a moeda que angariamos. Pois ele sabe quando, e em que proporção nós precisaremos dos recursos que estão disponíveis. Vou dar um exemplo: Imagine que no futuro ... vamos dizer que em 2 anos, tenhamos que passar por uma situação karmica em que sofreremos por uma doença grave, ou um acidente qualquer. O Ser sabe, e de certa forma provisiona moeda relativa à saúde suficiente para esta situação. Podemos também passar por um período de desemprego ou estar em uma situação adversa qualquer. São infinitas as situações em que necessitamos de moeda, para melhor passar pelas adversidades que inevitavelmente virão. Entendam que desta forma, quando nos dirigimos ao nosso Ser em oração, devemos sempre incluir a frase: "Que seja feita a vontade do Pai, e não a nossa". Já dizia o velho texto Hermético: "O filho obediente anda por um bom caminho". O aprovisionamento feito pelo Ser, está aludido nos textos bíblicos na forma da passagem das 7 vacas gordas e das 7 vacas magras.

Sempre podemos acrescentar as nossas petições a palavra misericórdia. O pedido de misericórdia quando atendido, se apresenta no sentido de amenizar o sofrimento decorrente dos processos karmicos relativos as nossas dívidas. Não é que elas serão simplesmente perdoadas, pois isso não é possível. Porém essas dívidas podem ser suavizadas no sentido em que podemos paga-las em suaves prestações. Sim, o Ser pode fraciona-las, e dividi-las pelo tempo. Ele tem o poder de arrastar a dívida karmica se assim desejar. Além do mais, o Ser pode nos dar forças para melhor passar pelas duras situações da vida.

Caro leitor, o Ser constitui parte do que podemos chamar de Hierarquia Divina. Existem muitos níveis de Hierarquias. Elas são referenciadas de muitas formas, como por exemplo, Hostes Angélicas, Potestades Divinas, etc. A princípio cada Ser trabalha sobre o seu Bodhisattva. Porém, existem níveis e níveis de abrangência conferidas as Potestades Divinas. Existem Hierarquias que operam sobre um grupo específico, outros sobre uma região geográfica como uma nação, outros sobre um planeta ou um sistema solar, uma galáxia e assim por diante. Isso vai depender da magnitude destas Divindades. Lógico que as Hierarquias Divinas podem gerar o novo. Isso elas o fazem o tempo todo. Existem regentes em cada mole planetária, cada sol, cada galáxia, etc. Eles atuam em todo Universo, dando um ajuste fino a mecânica da criação, mantendo o Universo em marcha. Estas Hierarquias têm como corpo físico o próprio Universo na proporção de sua atuação. Como exemplo, um regente planetário, recebe como corpo físico o planeta em questão. Alguns textos ocultos definem "Deus" como o conjunto de todas as Hierarquias. Como um coro de Anjos que sustenta a criação.

Amigos, usamos a mente em tudo que colocamos a atenção. Quando nos concentramos em algo, de certa forma, estamos mentalizando sem saber. Estamos o tempo todo influenciando tudo a nossa volta com a nossa mente. Somos como antenas ... emitimos e captamos as vibrações oriundas dos nossos estados internos. Daquilo que pensamos e sentimos.

Manter um pensamento harmônico, suaviza os estados no Mundo Mental. Assim como, manter um equilíbrio emocional, suaviza os estados no Mundo Astral. Lógico que isso repercute no físico através das pessoas. O fato é que temos responsabilidade sobre o que pensamos e sentimos.

Uma pergunta comum que costumava ouvir nos grupos mentalistas é: — É possível mentalizar para os outros? Bem, eu acho que já meio que respondi esta pergunta nos parágrafos anteriores. Sim, podemos mentalizar para os outros. Fazemos isso o tempo todo sem saber. Pois veja, que tudo em que colocamos atenção com alguma intenção, não deixa de ser uma forma de mentalização. Porém, como eu já disse, a oração é muito superior a mentalização. Nela clamamos pelo nosso Ser, nosso Pai que está em secreto, nosso Deus Interior. Todos os resultados da Oração virão em virtude da consciência do nosso Ser. Desta forma, seria muito melhor orar pelos outros. Quando oramos por alguém, na verdade, pedimos que o nosso Ser interceda junto ao Ser daquelas pèssoas, conforme a vontade deste Ser. Veja que um Ser jamais interfere na soberania de um outro Ser relativa a seu Bodhisattva.

*** As Cadeias do Mal

É notório que quando desejamos mal a alguém e nos concentramos nisso, estamos fazendo uma espécie de mentalização que pode prejudicar este alguém. Isso pode arrastar alguma porcentagem das Dívidas Cósmicas desta pessoa para o presente. Alguns espiritualistas encaram isso como algo positivo, pois faz com que a pessoa preterida quite logo sua dívida. Chegam a ponto de abençoar a pessoa que lhe quis mal. Pois essa pessoa adquiriu uma Dívida, para ajudá-lo a quitar a sua Dívida. Encaram isso como uma espécie de sacrifício feito pelo seu algoz. Se você parar bem para pensar, de fato eles têm razão. O mal desejado aos outros acaba se voltando contra o maledicente na forma de uma Dívida futura. É necessária muita elevação espiritual para chegar a ponto de encarar as coisas por esse ângulo. Sem dúvida, não há nada mais grandioso que o Amor. O Amor também se dá pela compreensão ... iluminação.

De qualquer forma, precisamos tomar muito cuidado com o que pensamos. Cabe a nós cuidar para que melhore a qualidade dos nossos pensamentos, como também dos sentimentos. Em suma, pode se gerar um karma, na medida que se deseje mal aos outros. Isso se dá na proporção do quanto influenciamos o outro.

Quando duas ou mais pessoas se reúnem para falar mal de alguém, se forma uma espécie de cadeia do mal. Esta cadeia tem mais força, e pode arrastar com mais vigor as Dívidas desta pessoa.

Desta forma, perceba que as "más influências" que recebemos dos demais, agem sobre as nossas Dívidas Cósmicas, arrastando-as. Porém, se não temos Dívidas, não há o que arrastar. Sendo assim, podemos concluir que a melhor maneira de nos proteger das más influências, é ir quitando as Dívidas resilientemente. Outra boa prática é procurar não gerar mais Dívidas através do esforço de manter-se alinhado com a "conduta reta". Assim ficamos mais protegidos dos ataques energéticos dos nossos desafetos. Simplesmente as influências nos rondam, porém não encontram muita coisa para arrastar. Logo, acabam por se dissipar. No máximo, geram um pouco de desconforto interno.

É interessante lembrar dos textos bíblicos quando falam

claramente sobre o poder que o "verbo" tem. Veja que não só nos expressamos pela voz, como também pela língua interior. No entanto, quando o verbo se faz no sentido de invocar a divindade em nós, se apresenta como um estado de comunhão com o nosso Ser. Este é o princípio poderosíssimo da "Oração". Isso é muito diferente do que a mente sustenta, na prática da mentalização.

Caro leitor, às vezes nos aprofundamos tanto em um assunto, que acabamos por esquecer a origem da narrativa ... o que nos trouxe até aqui. Lembre-se que estamos falando sobre o "destino". O "destino" é o tema que dá origem as discussões travadas neste livro. Podemos dizer que o tal destino se apresenta na forma de eventos aqui no mundo físico. Esses eventos que vão se descortinando com o tempo, já estavam previstos. Já estavam lá, esperando para acontecer. Por isso mesmo se chamam "destino". Algo que nos é destinado. Eles vêm como um arrasto, influenciando toda a realidade, deformando tudo. Veja, que os eventos "não previstos", aqueles que simplesmente praticamos sem ser a resposta a uma ação passada, são fruto do "livre-arbítrio". Simples assim. Desta forma, todo evento previsto para acontecer, está lá em virtude de uma ação no passado. Ele é a resposta perfeita a essa ação, por isso se chama contra-ação. Esta contra-ação, é o que eu chamo de "novo", pois é uma situação nova que entra na contabilidade futura do Cosmos. Sim, no futuro todas as forças se anularão de forma perfeita. Tudo acarretará o seu oposto exato. O Universo tem que resultar em zero. Tudo ocorre para proporcionar o fechamento das contas do Universo. Em suma, a contra-ação é algo de novo que inevitavelmente nos espera no futuro. Desta forma quando fazemos uma ação qualquer, se gera o novo. O novo, existe como Moeda ou Dívida. Ele está lá, esperando o momento possível para se concretizar. A todo esse jogo de influências e eventos, que acabam por se concretizar aqui no físico, chamamos de "destino".

Outra coisa óbvia, porém, importante sobre o destino, é que ele está atrelado aos eventos que ocorrem aqui no físico. Nós sabemos que todas as dimensões se interconectam. Somos seres multidimensionais. Possuímos corpos em várias regiões dimensionais. Recebemos influências de todas as dimensões. Veja que isso nós já vimos em um capítulo passado. Porém, apesar de todas as influências que nos rodeiam, vindas de todas as dimensões, o que importa são os eventos que ocorrem aqui no físico. Veja que estamos unificados aqui neste corpo físico. Nossa realidade passa pela experimentação deste veículo corpóreo em que vivemos. É bem verdade que possuímos outros corpos, porém é no físico que nossa vida se desenrola.

Desta forma, o "destino" se apresenta em virtude dos acontecimentos que ocorrem aqui, na 3ª dimensão. Sabemos que nem tudo que acontece nas outras dimensões chegam a interferir aqui no físico. Por isso, eu chamei de "novo" a contra-ação, pois a palavra "ação" está ligada a um evento físico. Já o sentimento e o contra-sentimento, estão ligados a 5ª dimensão, Mundo Astral. Da mesma forma, o pensamento e o contra-pensamento, estão ligados a uma região mais sutil também da 5ª dimensão, que é o Mundo Mental.

Querido leitor, quando eu disse que a mente não cria nada novo, só arrasta, eu estava me referindo ao mundo físico. Estava falando sobre criar e arrastar "ações" ... ou seja, eventos físicos aqui na 3ª dimensão. Pois no Mundo Mental, a mente cria o novo na forma de um contra-pensamento. Veja que para cada pensamento há um contra-pensamento lá no Mundo Mental. Lembre-se ainda, que toda essa discussão se originou pelo fato de que os mentalistas acreditam que a mente seria capaz de criar "o novo" aqui no Mundo Físico. Ou seja, que a mente possuiria o poder de criar uma conta-ação. O que é impossível. Veja que só a ação física pode criar "o novo" aqui no físico. Eu quero deixar isso bem claro para que não haja confusão.

Caro leitor, eu sei que às vezes eu sou repetitivo, mas saiba que é proposital. A enorme quantidade de conceitos que vimos no decorrer desta obra são muito abrangentes. Eu sei que muitos leitores estão se deparando com estes conceitos pela primeira vez. Eu me empenho, de coração, para que essa obra chegue ao entendimento do maior número de pessoas. Pois apesar de tantos conceitos, esta é uma obra que leva a uma transformação na vida prática. Se não fosse desta forma eu nem escreveria este livro. De obras profundamente intelectuais, que não acarretam uma mudança de conduta, uma transformação, as prateleiras das livrarias estão cheias. Eu não quero escrever mais uma. Eu não quero gerar mais confusão na vida do buscador, e sim ser um facilitador. Eu quero leva-lo a reflexão ... a construir sua própria realidade ... a não ser um mero seguidor de homens sem um mínimo de senso crítico. Eu sei que sempre haverá pessoas que vão interagir com esta obra de forma puramente intelectual. Guardarão estes conceitos para usa-los em discussões acaloradas sobre as supostas realidades que se encontram por trás dos supostos eventos da vida. No entanto não levarão estes conceitos à prática. Infelizmente eu não posso fazer nada. O princípio revolucionário, é uma condição interior. Cabe a cada um, tecer a sua própria transformação.

Voltando ao assunto sobre o destino, vamos falar um pouco sobre o Mundo Vital, 4ª dimensão. Sabemos que na 5ª dimensão temos duas regiões: 1) O Mundo Mental, onde encontramos os princípios psíquicos que chamamos de pensamentos; 2) Em um nível mais denso, temos o Mundo Astral, onde experimentamos os princípios consonantes com os estados emocionais. Sabemos também, que na 3ª dimensão encontramos o nosso Mundo Físico, onde se desenrola a ação. Desta forma, você pode questionar: — O que se encontra como expressão da 4ª dimensional? O que há no Mundo Vital? O que o Vital gera? Pois saiba, que a 4ª dimensional é uma extensão da 3ª dimensão. Uma região complementa a outra. A 4ª dimensional nada mais é que a 3ª dimensão mais o fator "Tempo". O corpo Vital é também chamado de duplo etérico, pois ele é realmente, uma cópia perfeita do corpo físico. Tudo que encontramos no Físico, encontramos também no Vital. É bem verdade, que a recíproca não é verdadeira. Há coisas no Vital, que não encontramos no Físico.

Desta forma, respondendo a sua pergunta, saiba que no Mundo Vital encontramos também a "ação", só que em um estado mais sutil. Sim, no Vital também se expressa a "ação". Os estados anímicos que são descritos no Mundo Vital são no fundo formas mais sutis de ação. Nós já vimos um pouquinho disso em um capítulo anterior, mas vamos aprofundar um pouco agora. No Mundo Vital, encontramos uma grande gama de frequências vibratórias na estruturação de sua matéria. Temos coisas mais densas que se aproximam mais do Mundo Físico, e quase chega a toca-lo, como também outras coisas que se distanciam pelos estados energéticos mais sutis. A capa energética que se encontra ao redor do nosso corpo está ligada a região Vital. O ectoplasma usado por alguns sensitivos para gerar objetos físicos, está no limiar entre a 3ª e 4ª dimensional. Ele é um estado ligado ao corpo Vital. Veja que a ectoplasmia é um processo de transição entre a 3ª e a 4ª dimensão. Para se produzir ectoplasma é necessário ter um corpo físico.

Caro leitor, saiba que se pode gerar uma ação aqui no físico vinda da 4ª dimensão. Para isso é preciso ter ectoplasma e saber manipula-lo. O ectoplasma é uma forma de matéria intermediária, que causa ação física. Quando morremos, perdemos em pouco tempo cerca de 2 quilos e meio. Este peso, nada mais é que a porção de ectoplasma que nos circunda. Com a morte, ele se dispersa rapidamente. Usa-se o termo "efeitos-físicos" para expressar uma ação gerada com o uso do ectoplasma. Sim, o efeito-físico nada mais é, que uma ação gerada a partir da 4ª dimensão, ou seja, do Mundo Vital. Muitos sensitivos usam este estado de matéria não só para plasmar objetos, como também para move-los. Com o ectoplasma se pode interferir de inúmeras maneiras na realidade física.

Caro leitor, você pode concluir com essa preleção que as ações oriundas dos processos que se utilizam do ectoplasma, podem gerar a contra-ação ... isso mesmo, pode originar o "novo". Logo, essas ações acarretam deformação, no sentido de criar uma realidade futura. Desta forma, posso dizer que ela interfere diretamente no "destino".

No Mundo Vital nós encontramos várias representações

mentais que se densificaram a ponto de se plasmarem nestas regiões. Elas são gestadas através do ectoplasma do seu criador. Tudo que nós nos concentramos e sustentamos com a devida atenção, pode gerar uma representação no Mundo Vital. Essas estruturas são conhecidas como "restos psíquicos". Os restos psíquicos podem também ter sua representação em regiões como o Astral e o Mental. O próprio Ego pode se densificar a ponto de criar uma representação corpórea no Mundo Vital. Lógico que para isso tem que ser um "Eu" muito robusto. Os restos psíquicos podem se apresentar na forma de "efígies" e "entidades". As efígies são apenas representações ectoplasmáticas das ideias ou sentimentos de alguém. Ela aparece na forma de estruturas representativas, como uma espécie de estátua holográfica. Veja que elas não interagem com as pessoas, são apenas representações. Elas são alimentadas pelo reforço da ideia que as criou.

No entanto as "entidades", essas sim, podem interagir. Elas possuem individualidade e uma certa inteligência. Essas são o que chamamos de tupas. Essas entidades podem se apresentar de várias formas como os súcubos, íncubos, dragões, fantasmas, obsessores e etc. Elas interagem com as pessoas obsediando-as. Ainda podem ser chamadas vulgarmente de "encosto". No entanto, estas estruturas precisam ser alimentadas com ectoplasma para existirem. Desta forma, elas roubam o ectoplasma de tudo que está disponível a sua volta. Saiba, que nós temos uma espécie de capa energética que nos protege da ação dos restos psíquicos. Ela impede até certo ponto que nosso ectoplasma seja roubado. No entanto, encontramos entidades que se apresentam na forma de larvas que agem como sanguessugas, se aderindo ao nosso duplo etéreo.

O ectoplasma é produzido no Mundo Físico. Logo só os seres vivos, aqueles que tem corpo físico, podem produzi-lo e retê-lo. Desta forma, a prática da magia negra se dá pela ação destas entidades. Se oferece a elas ectoplasma na forma de oferendas, como por exemplo, alimentos, sangue ou até animais. Através deste agrado, se pede para que a entidade realize um trabalho, usando parte daquele ectoplasma. Desta forma, ela pode atuar aqui no físico. Pode gerar o novo. No entanto, esta ação também gera um pesado karma. Além do mais, essas energias costumam voltar para assediar o mago que as invoca.

Caro leitor, comento esses assuntos de forma bem rasa, pois eles de certa forma podem interferir no destino. No entanto, os trabalhos dos tenebrosos não fazem parte do escopo deste livro. A mim, não interessa. Coloco esse assunto para que você saiba que é necessário tomar providências no sentido de se proteger das más influências, pois infelizmente essa realidade existe. O mal existe em todos. O mal existe dentro de nós. Não podemos mudar os outros, mas podemos começar por nós. Saiba que a oração é a maior forma de proteção contra os tenebrosos. Nunca deixe de orar, pelo menos ao dormir. Quando nos pomos a falar com o nosso Ser, criamos um canal. Estreitamos a ação da nossa Divindade em nós.

Além do mais, saiba que desejar o bem a todos, é fundamental. Aceitar os momentos difíceis com resiliência torna o caminho mais suave. Enquanto possuímos um corpo físico, podemos interferir diretamente no destino, tornando esse mundo melhor. Tudo depende do esforço de cada um.

Tudo que eu falei até agora, de nada adianta sem que haja uma atitude íntima que conduza a uma transformação interior. Este é o princípio para lograr o amadurecimento espiritual. Só a transformação íntima, nos conduz a uma conduta cada vez mais reta, mais perfeita.

CAPÍTULO 12

A CARIDADE E A CONDUTA RETA

Caro leitor, se eu te perguntar agora: O que é o Destino? Certamente você terá muito a dizer. Por mais que você possa discordar do que eu dispus até aqui, é muito provável que a sua visão sobre o tema não seja mais a mesma. Veja que no decorrer desta obra, nós nos atemos a esmiuçar muitas possibilidades que interferem nos eventos vindouros. O destino é isso. Aquilo que se destina a nós. O que inevitavelmente nos tomará. O futuro já escrito.

No entanto, você pode se indagar, até que ponto o destino é exato? Até quando, ele guarda acontecimentos completamente definidos? Bem, nós vimos que o destino não é composto por eventos exatos. Ele se processa por um complexo jogo daquilo que chamei de "influências". Estas influências se apresentam na forma de um arrasto, que deforma toda a realidade circundante, possibilitando o fechamento das contas do Universo. Isso acontece, no Quaternário Inferior. Aqui, evento e contra-evento, não existem mais no mesmo instante. Logo, temos o "Instante Imperfeito". Lembre-se que o "Instante Imperfeito" se dá pelo fato de que, se seccionássemos estas regiões em um instante qualquer, as contas simplesmente não bateriam. Haveriam eventos, que ainda não foram anulados pelo seu contra-evento. Sabemos que as contas vão se fechar no futuro, porém agora, elas estão em aberto esperando fechamento. Por isso o Instante é Imperfeito. Sim, estas são as regiões de imperfeição. Aqui, encontramos muitos eventos pendentes de fechamento. Chegando ao Mundo Físico, nos deparamos com a imperfeição na sua forma mais grosseira. A distância temporal entre evento e seu contra-evento, pode levar muitos séculos. Enquanto encarnados, podemos tranquilamente não assistir o fechamento dos eventos durante a mesma existência. Temos a falsa sensação que tudo é casual. Vimos, que quanto maior a distância temporal entre evento e contra-evento, mais arrasto vai sendo gerado. Com o passar do tempo, o arrasto vai progressivamente aumentando, a ponto de distorcer toda a realidade a sua volta. O peso gravitacional desta influência deforma todas as coisas. Tudo vai sendo dragado, para que as contas se fechem. Veja que o Universo tem sua mecânica, as suas leis, para alcançar o equilíbrio.

Caro leitor, o destino é isso, um jogo de arrastos, influências, deformações. Em um jogo tão complexo, as coisas vão se fechando na medida do possível. Perceba que no fim das contas, a realidade se processa por um conjunto de deformações ... uma infinidade de influências. As coisas vão se acertando paulatinamente. O contra-evento mais antigo arrasta mais e mais. Isso não significa que o contra-evento recente, não se realize se houver oportunidade. De uma forma ou de outra, tudo vai se acertando. Os eventos acabam se fechando.

Lembre-se, o Universo tem que resultar em zero. Ele é completamente insubstancial. Tudo tem que se anular. Tudo deverá acarretar o seu oposto perfeito. Se não fosse assim, o Universo teria que ser feito de algo ... e não é.

Vimos como a deformação decorrente das forças que buscam o fechamento das contas atuam em todas as coisas. Atuam na matéria, causando a degeneração de tudo na forma do envelhecimento. Como já vimos, atuam em todos os eventos na forma do que chamamos destino. Por fim, vimos que a deformação também atua em nossa psique. Ela causa a estrutura subvertida dentro de nós. A legião é o resultado do enlouquecimento da Essência que nos compõe. Causa a ruptura da unidade de manifestação, uma vez que nos tornamos legião. Passamos a não ter mais um centro de consciência unificado. Uma unidade centrada na Essência livre. Ela que é, a expressão do Divino em nós. Pois a nossa Essência passa a apresentar uma porcentagem de si, pulverizada em diversos "eus". O que nos salva, é a porcentagem de Essência que ainda se encontra livre do Ego. O estado de subversão a que somos acometidos é o resultado da deformação que encontramos em tudo, no Quaternário Inferior.

*** O que tirar de prático deste Livro

Bem, o que realmente importa em tudo isso, é poder entender melhor, os desígnios da vida. Os motivos por trás dos eventos. Com a melhor compreensão dos mecanismos que regem o tal destino, fica mais claro definir aquilo que podemos fazer para melhor conduzir a nossa vida.

Veja que por mais que falemos e falemos sobre o assunto destino, no fim, chegamos sempre como solução prática, a luta pelo autoconhecimento. Sem uma mudança íntima, fica difícil mudar as nossas ações. Veja que a contra-ação é uma resposta a ação. Se quisermos mudar o nosso destino, temos que começar por mudar a nossa conduta, as nossas ações. Para mudar a ação, precisamos mudar o autor da ação. Veja que sem uma transformação íntima, não haverá uma mudança significativa na nossa conduta.

O destino de certa forma, acaba se apresentando em consonância com o nosso estado interior. Isso é muito justo. Em suma, agimos na medida do que "somos". Os estados internos vêm do nosso "Ser" e da subversão do eu pluralizado, aquilo que chamamos de Ego. Dentro da nossa psique há uma luta constante entre o Ser e a legião. Cabe a nós escolher a cada instante quem terá a supremacia sobre o canal de manifestação. As fraquezas virão, isso é inevitável, seremos tentados. Só a consciência nos confere mais força para lutar.

Com a libertação da Essência subjugada pela legião, vem a expressão do Ser na forma do "verdadeiro amor". Porque o nosso Pai é amor incondicional. Saiba que a porcentagem de Essência livre está diretamente ligada à manifestação do amor em nós.

Caro leitor, corra de todo aquele que diz haver Ego bom ... que o Ego é algo necessário ... pessoas que fazem culto à legião. Muitos lugares falam de amor, mas enaltecem o eu pluralizado. Saiba que essas coisas nunca serão compatíveis.

Durante esse livro, eu fui paulatinamente entrando nos assuntos que envolvem a mecânica do destino. Veja que alguns querem transformação, mas muitos vêm pela competição, pela cobiça. Confesso que o ritmo que impus a essa obra, foi proposital. Apenas falei tudo que tinha a dizer. Não estou preocupado em agradar a ninguém. Apenas escrevo para aqueles que têm sede de transformação ... os revolucionários. Aqueles que estão inconformados contra si mesmos. Eu sei que esses não são muitos. Tenho ciência que não escrevo para multidões.

*** O trabalho sobre Si

Volto a ressaltar a importância do trabalho sobre si. Esse trabalho pode ser dividido em três etapas:

1º) A Auto-observação: Não podemos querer mudar algo que simplesmente não percebemos. Enxergar a realidade íntima é o primeiro passo para uma mudança. O estado de alerta a todo instante nos confere a percepção da realidade por trás de tudo que se passa em nossa psique. Cada pensamento, cada emoção, cada postura física, se origina por um autor. Muitas pessoas habitam o nosso interior, eles compõem a tão falada legião ... a multiplicidade interior. Isso nos confere a tagarelice da mente. A falta de firmeza de propósitos. O constante estado de identificação com todas as coisas. Quem se auto-observa percebe a necessidade de colocar ordem no caos interior. Em suma, a auto-observação resulta em colocar a atenção para dentro e observar cada movimento que surge dentro da psique. Conhecer cada personagem que habita o nosso mundo interior.

2º) Retrospectiva e Meditação: Em um momento de relaxamento podemos fazer uma retrospectiva de tudo que passamos durante o dia tentando reviver cada momento. Em seguida, devemos levar à meditação todos os eventos interiores que percebemos. Desta forma identificamos a ação dos inúmeros eus.

3º) Súplica a Sagrada Mãe: Em seu aspecto de "Mãe morte" ou Prosérpina, pedindo para que ela elimine aquele "eu" observado. Esta súplica também pode ser feita durante o dia, na hora em que percebemos o defeito se manifestando.

*** A Caridade

Caro leitor, sabemos que todo ato de doação à Humanidade, que chamamos de caridade, resulta em "moeda". No entanto, melhor seria que o motivo por trás deste ato fosse o amor universal. Eu sei que muitos fazem a caridade por interesse ... visando vantagens futuras. Eu sei que a humanidade está longe de atingir um estado de amor incondicional. Exigir isso das pessoas seria absurdo. Porém, com a desintegração da segunda natureza, podemos ampliar a expressão do que chamamos "amor". Isso se dá pela manifestação do nosso Ser. A busca pela transformação interior é em parte a busca pelo desenvolvimento do autêntico amor. O nosso ser é um Deus. O nosso Ser é Amor.

Praticar a caridade não só ajuda a nós e a pessoa ajudada, como também gera um conjunto de ações que expressam doação aos demais. Sim, toda ação gera uma cadeia de ações como já vimos.

Logo, quando fazemos o bem essa ação repercute no futuro.

*** A Conduta Reta

Da mesma forma, quando evitamos prejudicar o nosso semelhante, afastamos as "Dívidas" do nosso destino. Sem dúvida, isso é muito bom. A caridade e a conduta reta, andam de mãos dadas. Fazer o bem e evitar fazer o mal é o melhor conselho para lograr um melhor destino ... para garantir um futuro com menos percalços e mais vitórias. Isso é bastante óbvio. Caro leitor, preste atenção: Veja que a conduta reta só se torna possível, se estivermos em auto-observação. Se dormimos, é inevitável que acabaremos por nos identificar com os eventos da vida cotidiana. Desta forma, cometeremos muitos erros. O trabalho interno está intimamente ligado a qualidade das nossas ações. Isso é inegável.

*** O Desenvolvimento do Autêntico Amor

No fundo, todo trabalho íntimo resulta no desenvolvimento do autêntico amor. A existência de cada individualidade só se torna possível pelo estado de coesão que as une. Isso é o princípio do amor. O amor é harmonia. É a cola que acolhe todas as expressões da unidade na multiplicidade.

Durante o período que eu escrevi este livro, deixei que a inspiração me guiasse. Se eu não me sentisse inspirado, simplesmente deixava tudo de lado. Às vezes, escrevia bastante em pouco tempo. Outras vezes, passava meses sem escrever uma linha sequer. Não impus nenhum prazo. Deixei que tudo fluísse naturalmente. Grande parte desta obra veio pela prática da meditação. Ela me traz a inspiração necessária. Não é que eu não soubesse o que ia escrever, o problema é como. É preciso estar inspirado para encontrar a melhor forma de se expressar ... de ter a palavra certa.

Sou adepto da meditação desde a adolescência. Atualmente costumo meditar durante a prática do stand up paddle. Normalmente pego minha prancha e saio do posto 6, da praia de Copacabana. Remo bastante rumo ao oceano até ficar bem distante de tudo. Essa é a distância ideal. De longe vejo os carros que trafegam pela Avenida Atlântica. Então eu me sento e contemplo o oceano. Coloco as pernas para um lado da prancha. Coloco o remo sobre as coxas e mantenho a coluna bem ereta. Respiro bem devagar ... tranquilamente. Deixo o vento soprar em meu rosto. Estando em silêncio absoluto, às vezes sou agraciado pela aparição de uma tartaruga que sobe para respirar. Algumas vezes aparece uma raia, um cardume de sardinhas e muitos outros peixes. Fico à mercê do sobe e desce das ondas. Não penso em nada. Deixo a correnteza me levar. Às vezes quando me dou conta, já estou bem distante. Quando percebo que está escurecendo retorno à praia. Muito deste livro veio através desta prática. Quando sinto a inspiração de escrever algo, então me ponho a digitar.

*** O Retorno

Querido leitor, um dia todos retornaremos a nossa autêntica morada. A casa da nossa real família, o nosso Ser. Saiba que todos os Bodhisattvas que são vomitados à manifestação, um dia retornam a casa do seu Pai. Pois tudo tem um fim. O "para sempre" é algo que não existe. Até mesmo a criação depois de um Mahavântara de plena atividade, se recolhe em uma noite cósmica, o Pralaya. Então se prepara para o próximo Mahavântara. Da mesma forma, um dia terminará o ciclo de reencarnações a que somos submetidos. Seremos então recolhidos pelo nosso Ser.

É provável que quando retornarmos a casa do Pai, haja uma festa. Assim narram os Mestres das antigas escolas iniciáticas. Seremos recebidos pelos nossos pais e por todas as partículas que compõem o nosso Ser. Será um momento de extrema felicidade. Por fim, retornamos ao ponto de onde partimos. Porém, não seremos mais os mesmos, isso é inegável. Poderemos sentar frente ao nosso

Pai e pedir a sua benção. Conversar descontraidamente com ele sobre tudo que passamos. Ouvir sua voz forte e doce narrando os fatos pela sua perspectiva. Poderemos abraçar com carinho a nossa Sagrada Mãe e conversas coisas que só mãe e filho sabem dizer. Teremos a oportunidade de estar frente a frente com o nosso Cristo Íntimo. É provável que nesta festa haja muita alegria. Será um momento único. Sentiremos o aconchego da nossa morada. Ali haverá plena felicidade. Pois, por mais que andemos pelos rincões do Universo, experimentando muitas realidades, saiba que só há a plena felicidade dentro do nosso Ser. O resto são resquícios de felicidade. O Religare por fim se dá, quando adentramos a nossa verdadeira morada.

Querido leitor, depois de sermos recebidos em nossa casa é bem provável que haja um momento de recolhimento, de descanso. Neste instante, poderemos reavaliar todas as coisas. Rever tudo que passamos. Estando em regiões superiores, dentro do nosso Ser, poderemos ter acesso aos Registros Akáshicos. Ver todo o Universo. Voltar ao passado e assistir toda a história da criação.

É muito provável que nestes instantes, no silêncio de nossa morada, iniciemos a relembrar tudo que passamos. Todos os lugares onde habitamos. Todos os planetas que tomamos como morada. Todos os corpos que recebemos. É provável que lembremos dos momentos felizes quando habitamos os Mundos Minerais vivendo em cada porção rochosa. Poderemos recordar os processos vegetais e animais em toda a sua dimensão. Lembrar de todas as formas corpóreas que tomamos.

Caro leitor, quantos rostos, quantos seres cruzaram o nosso caminho. Quanta gente. Onde eles estarão agora? Tudo que vivenciamos, os sonhos, os sorrisos, as dores, simplesmente se perderam no tempo. A grande verdade é que todas as coisas só fazem sentido no seu devido momento ... nem antes, nem depois.

Quantas vezes amamos. Quantas fomos correspondidos. Quantas vezes fomos perseguidos, e quantas fomos algozes. Tanto tempo se passou. Quantas vezes trilhamos o mau caminho e descemos às infradimensões. Quantas vezes vivenciamos na carne todas as etapas que compõem a vida. Do nascimento, a maturação e a decrepitude. Poderemos lembrar de todas às vezes que abrimos os olhos pela primeira vez e observamos o sorriso dos nossos pais. Quando sentimos o calor da nossa mãe em um forte abraço. Quando percebemos os primeiros sons do novo mundo. Nos lembraremos de todos os filhos que tivemos, pois vivenciamos com carinho as suas jornadas pela vida. É também provável que lembremos de todos os momentos de angústia, em que quietinhos aguardamos assustados, o fim derradeiro que se descortina a todo encarnado ... o último alento. Quantas vezes transitamos pelo mundo dos mortos. Quantas vezes fomos felizes, e quantas sentimos o fel amargo da vida sob a perspectiva da carne.

Você poderá bradar ao Cosmos, contemplando o infinito de dentro do Ser. Porém, é bem provável que neste instante, apesar de tudo, em um ato quase insano, você por fim admita ... Valeu a pena.

Porque o Pai sempre teve razão.

FIM

www.ingramcontent.com/pod-product-compliance
Lightning Source LLC
Chambersburg PA
CBHW021923040426
42448CB00008B/891